DER TAG, AN DEM …

Hamburger Morgenpost

DER TAG, AN DEM …

Hamburgs Geschichte in Geschichten

Olaf Wunder

JUNIUS

INHALTSVERZEICHNIS

Liebe Leserinnen, liebe Leser,

ganz ehrlich, wir hätten es 2012 selbst nicht für möglich gehalten, dass diese Serie ein so großer Erfolg werden würde. Wir wissen heute: Es gibt Leser, die Woche für Woche ganz gezielt zur MOPO greifen, weil sie neugierig sind, welches historische Ereignis die Redaktion sich denn diesmal vorgenommen hat. „Der Tag, an dem…“ hat viele Fans.

Seit zwölf Jahren erscheint diese Serie nun schon – sie dürfte eine der am längsten laufenden deutschen Zeitungsserien überhaupt sein. Das Konzept ist so simpel wie überzeugend: Immer freitags porträtieren wir auf vier Seiten einen Tag, der für unsere Stadt von besonderer Bedeutung war, einen Tag, der im wahrsten Sinne des Wortes Geschichte schrieb.

Rund 650 Folgen sind bisher erschienen. Wer aber glaubt, dass uns bald der Stoff ausgeht, der irrt gewaltig. Hamburg blickt auf eine tausendjährige Geschichte zurück, und es gibt noch so viel zu erzählen, dass wir sicher sind, die Serie auch zehn, zwanzig weitere Jahre Woche für Woche bestücken zu können.

2015 kamen die MOPO und der Junius Verlag zum ersten Mal auf die Idee, eine Auswahl der spannendsten Folgen in Buchform herauszubringen. Der erste Band ist schon lange vergriffen. Immer wieder fragten Leser an, wann denn die Fortsetzung kommt. Nun, hier ist sie.

Wir denken, dass wir auch diesmal wieder eine sehr abwechslungsreiche Mischung an Themen zusammengestellt haben. Die Palette reicht vom Tag, an dem die D-Mark nach Hamburg kam, bis zum Todestag der berühmten Sängerin Alexandra. Wir erzählen die spannende Geschichte des Glücksritters Bernhard Holtermann, der 1872 den größten Goldnugget der Geschichte fand. Aber auch das Leben von Georg-Henning Graf von Bassewitz-Behr zeichnen wir nach: Er vertrat SS-Chef Heinrich Himmler in Hamburg und zählt zu den schlimmsten Massenmördern, die die Stadt hervorgebracht hat.

Wollen Sie wissen, welche Geschichte mir am meisten ans Herz gewachsen ist? Es ist die über Aracy de Carvalho, eine Frau, die in den 1930er Jahren in Hamburg als Mitarbeiterin des brasilianischen Generalkonsulats über sich hinauswuchs und zu einer echten Heldin wurde. Unzählige Menschen verdanken ihr das Leben. Eigentlich unfassbar, dass der Name dieser Frau den meisten Hamburgern nichts sagt. Das soll sich ändern. Deshalb findet auch ihre Lebensgeschichte in diesem Band Platz.

Viel Spaß beim Lesen und Entdecken!

Olaf Wunder
MOPO-Chefreporter

Vor fast 350 Jahren wurde das erste privatwirtschaftlich betriebene Opernhaus Deutschlands gegründet. Lessing und Telemann, Händel und Mahler, Caruso und Pavarotti – alle haben Spuren hinterlassen.

Aufstände, Proteste, Duelle – und wunderbare Arien

1678 spielt der Glaube in Hamburg noch eine große Rolle, und die Pastorenschaft hat sehr viel Einfluss. Als eine Gruppe kunstsinniger Bürger ein Opernhaus gründen will, bricht er los: der Sturm der Empörung. Einige von Hamburgs Pastoren – vor allem die von St. Jacobi und St. Nikolai, die dem Pietismus zuneigen – wettern von der Kanzel herab gegen die Pläne und verfassen Streitschrift um Streitschrift. Für sie ist klar: Schauspielerei ist, wie überhaupt jede Art von Müßiggang, Teufelswerk.

Die lutherisch-orthodoxen Pastoren – einige von ihnen spielen selbst Theater – ergreifen Partei für die Opern-Befürworter, schreiben ihrerseits Streitschriften und Pamphlete. Der Konflikt, der als „Hamburgischer Theaterstreit" in die Geschichte eingeht, endet schließlich mit einem Kompromiss: Weder an Sonn- und Feiertagen noch an dem jeweiligen Tag davor darf gespielt werden. Außerdem ist es verboten, Anstößiges auf die Bühne zu bringen. Unter diesen Bedingungen kann es am 2. Januar 1678 eröffnet werden: das erste privatwirtschaftlich geführte Opernhaus Deutschlands. Es ist auch das erste Opernhaus im Land, das nicht von Fürsten zur Erbauung des eigenen Hofstaats gegründet wird, sondern von Bürgern für Bürger.

Gespielt wird anfangs dreimal die Woche, und zwar in einem äußerlich unscheinbaren, im Innern dafür umso reicher ausgestatteten Fachwerkbau am Gänsemarkt, der Platz für 2000 Besucher bietet. 25 Meter tief ist die Bühne.

Schnell zählt das Haus zu den musikalischen Zentren in Europa.

Namhafte Künstler sind dort tätig: Georg Philipp Telemann (1681–1767) beispielsweise hat ab 1721 das Amt des Stadtmusikdirektors inne und komponiert zahlreiche Opern. Er ist es auch, der den damals 18-jährigen Georg Friedrich Händel (1685–1759), welcher in seiner Heimatstadt Halle als Organist von sich reden gemacht hat, nach Hamburg holt. Hier soll er als Geiger am Opernhaus anfangen.

Natürlich ahnt Telemann nicht, was für ein Drama er durch diese Personalie auslöst: Alles beginnt damit, dass sich Händel mit Johann Mattheson (1681–1764) anfreundet, einem ebenfalls hochbegabten, vier Jahre älteren Musiker aus Hamburg. Aus Freundschaft wird Hass. Missgunst und Neid entzweien die beiden: Händel verkraftet es nicht, dass Mattheson das Orchester leitet, während er selbst nur die zweite Geige spielt. Zum Showdown kommt es, als Matthesons Oper „Die unglückselige Cleopatra" auf dem Spielplan steht. Mattheson hat bei den Aufführungen zwei Funktionen: Er ist Dirigent und singt außerdem den Part des Marc Anton. Solange Mattheson auf der Bühne steht, darf Händel die Orchesterleitung übernehmen. Sobald aber Marc Anton den Bühnentod gestorben ist, saust Mattheson nach unten und löst den „Ersatzmann" wieder ab. Für Händel eine große Schmach.

LINKS
In diesem 1765 errichteten Theater am Gänsemarkt wurde 1787 Schillers Drama „Don Carlos" uraufgeführt.

Georg Friedrich Händel (links) und Johann Mattheson (rechts). 1704 duellieren sich die beiden auf dem Gänsemarkt. Ein Metallknopf rettet Händel das Leben.

Am Abend der letzten Aufführung – es ist der 5. Dezember 1704 – will Händel es Mattheson mal so richtig zeigen und weigert sich, das Feld zu räumen. Vor versammeltem Publikum brüllen die Musiker einander an. Es setzt Ohrfeigen. Schließlich duellieren sich die beiden draußen auf dem Gänsemarkt – und das Volk schaut zu.

Händel hat Glück: Als Mattheson mit dem Degen zusticht, trifft er nicht Händels Herz, sondern erwischt einen großen metallenen Knopf an dessen Rock, woraufhin die Klinge schnalzend zerspringt. Ein paar Millimeter mehr rechts oder links, oben oder unten, und Händel hätte den Kampf nicht überlebt – der Nachwelt wären seine einzigartigen Oratorien und die herrliche Wassermusik vorenthalten geblieben.

Nach dem Kampf legen die beiden ihren Streit zwar bei, doch mit der Freundschaft ist es nicht mehr weit her. Mattheson stellt bald danach das Singen ein, konzentriert sich aufs Komponieren. Händel schreibt noch ein, zwei Opern, verlässt dann die Stadt, um in Italien Furore zu machen. Er wird der erste deutsche Musiker mit Weltruhm.

Mit Hamburgs Opernhaus geht es derweil bergab. Als es durch finanzielle Misswirtschaft und mangelndes Publikumsinteresse in seiner Existenz bedroht ist, sehen sich die Pietisten – sie waren ja immer schon gegen Schauspielerei – bestätigt, sodass das Haus 1738 als selbstständiges Unternehmen geschlossen wird. Bis zum endgültigen Abriss im Jahr 1763 dient es noch durchziehenden Komödiantentruppen als Spielort.

1765 gibt es – abermals auf dem Gänsemarkt – einen Neuanfang: Das „Ackermann'sche Comödiantenhaus" wird eröffnet und bietet ein gemischtes Schauspiel- und Opernprogramm. Gotthold Ephraim Lessing (1729–1781) folgt dem Ruf nach Hamburg und verfasst mit der „Hamburgischen Dramaturgie" das Programm des modernen Theaters. Unter seinem Einfluss wird das Haus in „Deutsches Nationaltheater" umbenannt, gespielt werden Dramen von Schiller, Goethe und Shakespeare, außerdem Opern, die Lessing'schen Ansprüchen genügen: „Entführung aus dem Serail", „Don Giovanni", „Die Hochzeit des Figaro" und „Die Zauberflöte". Es folgen Rossinis „Barbier von Sevilla", Beethovens „Fidelio" und Webers „Freischütz".

1827 hat der alte Holzbau am Gänsemarkt ausgedient. Das neue „Stadttheater" an der Dammtorstraße mit einem Fassungsvermögen von 2800 Sitzen eröffnet am 3. Mai 1827 mit Goethes „Egmont". Immer wieder droht der Ruin, bis es Bernhard Pollini (1838–1897) – seit 1873 Direktor des Hauses – gelingt, die Stadt davon zu überzeugen, das Theater finanziell zu fördern. Pollini ist sicherlich einer der herausragendsten Direktoren überhaupt. Er verpflichtet bedeutende Musiker. 1891 macht er Gustav Mahler (1860–1911), einen der bedeutendsten Komponisten der Spätromantik, zum Ersten Kapellmeister. Giacomo Puccini (1858-1924) und Peter Tschaikowsky (1840–1893) kommen und dirigieren ihre eigenen Werke.

Nachdem die Nationalsozialisten 1933 die Macht übernommen haben,

wird das „Stadttheater“ 1934 in „Hamburgische Staatsoper“ umbenannt. Ein Bombenangriff in der Nacht vom 2. auf den 3. August 1943 zerstört Teile des Gebäudes. Das Bühnenhaus dagegen bleibt weitgehend unversehrt. Bei der Wiederaufnahme des Spielbetriebs ab 1946 dient es als provisorischer Zuschauerraum.

OBEN
1827 erbaut und 1943 zerstört: der Vorgängerbau des heutigen Gebäudes der Staatsoper beim Stephansplatz

RECHTS
Schah-Besuch am 3. Juni 1967: Die Polizei geht gegen Demonstranten vor, die den Weg zur Staatsoper versperren.

Die Ruine der alten Staatsoper wird Anfang der 1950er Jahre abgerissen, gleichzeitig sammeln wohlhabende Hamburger Bürger – allen voran Mäzen Alfred C. Toepfer (1894–1993) – Geld für den Wiederaufbau. Tombolas werden veranstaltet, bei denen Autos, Fernseher und Motorräder als Preise winken. 7,4 Millionen Mark kostet der Neubau – am Ende steuert die Stiftung die Hälfte davon bei, den Rest zahlt die Stadt.

Die Einweihung am 15. Oktober 1955 ist das bis dahin größte gesellschaftliche Ereignis im Nachkriegs-Hamburg. Tausende von Schaulustigen finden sich am Stephansplatz ein, drängen sich hinter den Polizeiabsperrungen. Alle wollen einen Blick erhaschen auf die Prominenz: den Fürsten von Bismarck und seine Frau und Schauspielhaus-Intendant Gustaf Gründgens (1899–1963), der zur Feier des Tages sein Bundesverdienstkreuz umgebunden hat. Insgesamt 800 Nobelkarossen fahren vor, spucken Männer aus in Frack und Zylinder und Frauen in wallenden Kleidern. So viele Pelzstolen umschmeicheln die Hälse der Damen, dass wohl ganze Nerzfarmen dran glauben mussten. Ehrengast ist Bundespräsident Theodor Heuss (1884–1963), der im Foyer bei einer Zigarre ausplaudert, das sei nun schon das sechste Mal in seiner Amtszeit, dass ihm die „Zauberflöte“ vorgesetzt werde …

Aber es wird trotzdem ein schöner Abend: Rudolf Schock (1915–1986) als Tamino und Anneliese Rothenberger (1919–2010) als spritzig leichtfüßige Papagena stehen auf der Bühne. Rasender Applaus. Sosehr wie das Stück begeistert, sosehr gehen allerdings die Meinungen über das Operngebäude auseinander. „Schwimmbad“ oder „Keksfabrik“, so spottet der Volksmund. Die Fassade ist ziemlich schlicht, sachlich und zweckmäßig, ohne jeden Schnörkel. Auch innen ist alles anders, als es die Leute von klassischen Opernhäusern gewohnt sind. Kein goldenes Hufeisen mehr, vor allem kein Logenbalkon für die Auserwählten. Es gibt Einheitslogen, die ein bisschen an Schubladen erinnern – dahinter steckt auch eine politische Aussage. Sozusagen demokratische Architektur.

Zwölf Jahre nach dieser feierlichen Einweihung bekommt die Staatsoper erneut hohen Besuch: der iranische

OBEN
Blick in den Zuschauerraum der Hamburgischen Staatsoper. Das Haus beherbergt auch das Philharmonische Staatsorchester und das Hamburg Ballett.

Schah Reza Pahlavi (1919–1980), der im Westen als Verbündeter hofiert wird, aber von den Studenten der Außerparlamentarischen Opposition (APO) als Unterdrücker seiner eigenen Bevölkerung verhasst ist. Und die Wut ist am 3. Juni 1967 besonders groß, denn tags zuvor hat beim Schah-Besuch in Berlin ein Polizist den Studenten Benno Ohnesorg erschossen.

Als das Kaiserpaar gegen 19 Uhr vor der Hamburgischen Staatsoper vorfährt, brüllen die Demonstranten: „Nieder mit dem Schah!" Ein Ei zerspritzt an der Seitenscheibe des schwarzen Mercedes 600.

Während Reza Pahlavi wenig später im ersten Rang der Oper neben SPD-Bürgermeister Herbert Weichmann (1896–1983) die Ovationen des Publikums entgegennimmt, gibt auf der Dammtorstraße der Polizei-Einsatzleiter das Kommando: „Pferde marsch!" Drinnen schweben grazile Balletttänzerinnen in karierten Röcken zu den Klängen von Felix Mendelssohn-Bartholdys „Schottischer Sinfonie" über die Bühne. Draußen sprengt die Reiterstaffel in die Menschenmenge. Schreiend flüchten Demonstranten Richtung Stephansplatz, von den Polizeireitern verfolgt, die mit ihren Pferden die Menschen vor sich hertreiben, an Häuserwände drücken, vom Sattel aus in den Rücken treten.

Umbrüche, Proteste, Duelle, Aufstände – für all das dient die Hamburgische Staatsoper in ihrer fast 350-jährigen Geschichte als Kulisse. Während es vor dem Gebäude manchmal drunter und drüber geht, gibt es im Innern in dieser langen Zeit stets musikalischen Hochgenuss. Wunderbare Arien, vorgetragen von den besten Künstlern der Welt. Wer hat hier nicht alles auf dieser Bühne gestanden! Der berühmte Enrico Caruso (1873–1921). Oder Plácido Domingo – er debütiert hier 1967 als Cavaradossi in „Tosca" und startet in Hamburg seine Weltkarriere. Außerdem: Montserrat Caballé, Luciano Pavarotti, Mirella Freni, Martha Mödl, Birgit Nilsson …

Heute ist die Hamburgische Staatsoper eines der renommiertesten Opernhäuser der Welt. Generalmusikdirektor Kent Nagano sowie Opern- und Orchesterintendant Georges Delnon haben dazu viel beigetragen. Die beiden bildeten für zehn Jahre die Doppelspitze des Hauses und waren ein Glücksfall für Hamburgs Kultur.

RECHTS
Schlicht, schnörkellos und funktional: das 1955 eingeweihte Gebäude der Hamburgischen Staatsoper

Zur Feier des Tages, an dem die Heilige Dreieinigkeitskirche geweiht wurde, schrieb Telemann ein Oratorium.

Lepra, Pest und St. Georg, der Drachentöter

Die Heilige Dreieinigkeitskirche ist das Wahrzeichen von St. Georg. Auf 800 Jahre Geschichte blickt das Gotteshaus zurück. Damals, Ende des 12. Jahrhunderts, gibt es hierzulande noch Lepra und die Pest, und damit sie sich nicht weiter ausbreiten, müssen sich Kranke außerhalb der Stadtbefestigung aufhalten: 1194 wird ein Siechenhaus gegründet, zu dem auch eine Kapelle zählt, Vorläufer der heutigen Kirche. Namenspatron St. Georg ist ein Heiliger, der im Ruf steht, sogar Drachen töten zu können. Erst heißt nur das Hospital nach ihm, später das ganze Viertel.

In die Vorstadt schieben Hamburgs Stadtväter damals alles ab, was sie am liebsten weit von sich wissen: Schweinezüchter und Branntweinbrenner werden dort angesiedelt. Ein Pestfriedhof wird 1564 dort gegründet. Und ab dem 16. Jahrhundert gibt es auch einen Hinrichtungsplatz, auf dem die zum Tode Verurteilten vom Diesseits ins Jenseits befördert werden.

Mit dem Aufblühen der Vorstadt entsteht im 17. Jahrhundert ein reges kirchliches Leben. Die Kapelle des Siechenhauses reicht längst nicht mehr aus für die vielen Gläubigen. Deshalb wird sie durch eine neue Kirche ersetzt, deren Einweihung am 26. Oktober 1747 stattfindet. Ein Ereignis, das auf viel Interesse stößt: Für den Festgottesdienst werden eintausend Platzkarten ausgegeben. Das von Georg Philipp Telemann eigens für diesen Tag komponierte Oratorium „Heilig, heilig, heilig ist Gott" erklingt dabei zum ersten Mal.

Knapp 200 Jahre später: der traurigste Tag in der Geschichte der Gemeinde. „Der Turm brannte wie eine funkensprühende Fackel und stürzte in das brennende Kirchenschiff", so erzählt ein Augenzeuge der „Operation Gomorrha". „Ein schaurig-schönes Bild". Gemeindehaus, Schwesternheim, Pastorat und Pastorenwohnung – alles, was viele Generationen mit Fleiß geschaffen haben, fällt am 25. Juli 1943 den Bomben zum Opfer. 1957 wird die Kirche neu errichtet und gilt seither als besonders gelungenes Beispiel für sakrale Architektur der 1950er Jahre. Der Turm, von dem der Krieg nur noch den Schaft übrig ließ, wird nach Originalplänen des Kirchenbaumeisters Johann Leonhard Prey rekonstruiert und ist am 21. Januar 1962 fertig.

Es liegt wohl an ihrer zentralen Lage, dass die Kirche immer wieder im Mittelpunkt verschiedener Ereignisse steht: 1978 beispielsweise. Da gelingt es Sympathisanten der Terrortruppe „Rote Armee Fraktion" (RAF), sich Zugang zu verschaffen. Oben am Turm entrollen sie ein Transparent mit Solidaritätsbekundungen und werfen Krampen auf die Polizei. November 2012 eine weitere Besetzung, diesmal durch kurdische Hungerstreikende. Eine etwa zwanzigköpfige Gruppe kurdischer Frauen dringt ins erste Obergeschoss vor und teilt dem überraschten Pastor Gunter Marwege mit, dass die Kirche nun besetzt sei. Mit Engelszungen bringt Marwege die freundlichen Frauen dazu, ihre friedliche Solidaritätsaktion ins gegenüberliegende Kirchenbüro zu verlegen.

LINKS
Drachentöter St. Georg – vor der Kirche steht diese Skulptur.

RECHTS
Historische Straßenszene, im Hintergrund die Heilige Dreieinigkeitskirche

Gleich um die Ecke, in der Langen Reihe, wurde übrigens Hans Leip geboren, der Komponist des wohl berühmtesten Soldatenlieds aller Zeiten: „Lili Marleen". Und auch mit der Dreieinigkeitskirche hat Leip zu tun: 1948 erscheint sein Roman „Drachenkalb singe", in dem ein Kantor namens Georgius einen Kinderchor leitet – was dazu geführt hat, dass sich der Stadtteilchor von St. Georg, der regelmäßig im Gotteshaus probt, „Drachenkälber" nennt.

Darauf, dass die Heilige Dreieinigkeitskirche einen der größten Kunstschätze der Stadt hütet, ist die Gemeinde ebenfalls stolz: die sogenannte Kreuzigungsgruppe. Heute steht vor dem Kirchturm eine Kopie dieses Figurenensembles, während sich das Original im Inneren unter Verschluss befindet. Erschaffen wurde das Kunstwerk im 15. Jahrhundert. Damals, Hamburg ist noch katholisch, stellen Menschen ihre Frömmigkeit unter Beweis, indem sie den Kreuzweg laufen – sich ständig geißelnd und mit einem Kreuz auf dem Rücken. Startpunkt ist damals der Mariendom am Speersort, das Ziel die Kreuzigungsgruppe in St. Georg. Wer genau hinschaut, wird sie alle erkennen: Jesus, die Mutter Maria, den Apostel Johannes und die zwei Verbrecher, die Seit' an Seit' mit dem Sohn Gottes gekreuzigt wurden.

OBEN
So sah es im Innern der Kirche aus, bevor sie im Juli 1943 fast vollständig zerstört wurde. Die alte Orgel war 1744 von Orgelbauer Johann Dietrich Busch geschaffen worden.

RECHTS
Der im Krieg zerstörte Turm wurde in den 1950er Jahren originalgetreu wiederaufgebaut.

Friedrich Gerstäcker: Ein großer, aber vergessener Abenteurer. Karl May kupferte aus seinen Romanen ungeniert ab.

Dieser Hamburger ist Winnetous wahrer Vater

Winnetou, der Häuptling der Apachen, der bewaffnet mit seiner Silberbüchse für Gerechtigkeit und Frieden kämpft – er ist zum Inbegriff des Indianers geworden. Erfunden hat ihn – davon gehen die meisten heute wie selbstverständlich aus – der Romanautor Karl May. Aber ist das wirklich so? Inzwischen steht fest: May hat seitenweise abgeschrieben, abgekupfert und Ideen geklaut. Selbst die Vorlage für Winnetou lieferte ihm der Hamburger Friedrich Gerstäcker, der schon ein berühmter Autor war, als May noch zur Schule ging.

Was Gerstäcker von Karl May unterscheidet: Er hat das meiste von dem, was er in seinen Büchern beschreibt, wirklich erlebt: Kaum dass er volljährig war, hat er die USA besucht, später Südamerika, die Südsee, hat Australien, Ägypten und Abessinien bereist, und zwar zu einer Zeit, als Reisen noch ein echtes Abenteuer war.

Heute ist er völlig vergessen – im 19. Jahrhundert aber gab es kaum einen berühmteren Schriftsteller als Friedrich Gerstäcker. In Hamburg erinnert eine Straße an ihn: die Gerstäckerstraße im Schatten des Michels. Und da, wo das Haus stand, in dem Gerstäcker geboren wurde, gibt es eine Gedenktafel, die 1995 auf Initiative der Patriotischen Gesellschaft und der Friedrich-Gerstäcker-Gesellschaft angebracht wurde. Sie hängt zwischen den beiden Haupteingängen des „Hanse-Viertels".

Geboren wird Gerstäcker am 10. Mai 1816 in Hamburg. Sein Vater Carl Friedrich Gerstäcker (1788–1825) ist der berühmteste Opernsänger jener Zeit und tritt – genauso wie die Mutter, die Opernsängerin Louise Friederike Gerstäcker – am Stadttheater in Hamburg auf, der heutigen Oper. Nach dem frühen Tod des Vaters 1825 übernimmt der Onkel, der Braunschweiger Hofschauspieler Eduard Schütz, die Erziehung des Jungen. Friedrich Gerstäcker wird genötigt, eine kaufmännische Lehre zu beginnen – dabei träumt er schon von Kindesbeinen an davon, die fremden Kontinente zu erkunden, die er aus Büchern kennt.

„Was mich so in die Welt hinausgetrieben?", fragt Gerstäcker sich selbst in seinen Memoiren. „Will ich aufrichtig sein, so war der, der den ersten Anstoß dazu gab, ein alter Bekannter von uns allen. Robinson Crusoe. Mit meinen acht Jahren schon fasste ich den Entschluss, ebenfalls eine unbewohnte Insel aufzusuchen."

Endlich volljährig, kratzt Gerstäcker sein ganzes Geld zusammen, begibt sich 1837 nach Bremerhaven und reist auf der Bark „Constitution" in die Neue Welt. Über die Zustände an Bord des Auswandererschiffs schreibt er seiner Mutter: „Denke Dir einmal einen Raum von 11 Schritt Länge, 9 Schritt Breite, 8 Fuß hoch, an beiden Seiten mit Schlaf-

stellen oder Kojen versehen, wo in jeder Koje 10 Mann liegen." 110 bis 115 Menschen seien auf engstem Raum zusammengepfercht, auch bei schlechter Witterung. „Denke Dir ihre Ausdünstung, das Lachen, Toben, Übergeben, Lamentieren, Kinderschreien etc. und Du wirst dann ein ziemlich treues Bild dieses Raumes haben!"

LINKE SEITE
Friedrich Gerstäcker (1816–1872) war im 19. Jahrhundert ein berühmter Abenteuer-Schriftsteller.

OBEN
Gerstäckers Mutter hatte großen Anteil daran, dass ihr Sohn Buchautor wurde.

RECHTS
Der Autor in seinem Arbeitszimmer – ein Holzstich von Herbert König aus dem Jahr 1872

In New York ergeht es ihm wie vielen ahnungslosen Neuankömmlingen: Er wird um alles betrogen, was er mitgebracht hat, und entschließt sich, „die ganzen Vereinigten Staaten von Kanada bis Texas zu Fuß" zu durchqueren. Um seinen Lebensunterhalt zu verdienen, nimmt er jede Arbeit an: als Heizer, Matrose, Farmer, Schiffskoch, Silberschmied, Apothekergehilfe und Holzfäller. Einige Jahre führt er in der Wildnis von Arkansas das abenteuerliche Leben eines Pelztierjägers, bis er, wie er in seinen Memoiren schreibt, „selbst halb verwildert" ist. Bewaffnet ist er mit einer „Longlife" mit altertümlichem Steinschloss, einer Waffe, die, wie er stolz schreibt, der von „Hawkeye" in James Fenimore Coopers Roman „Der letzte Mohikaner" gleicht. Coopers Bücher haben den jungen Gerstäcker von Anfang sehr beeindruckt, sodass er „Lederstrumpf" stets vor Augen hat.

Seine Tagebücher schickt Friedrich Gerstäcker regelmäßig seiner Mutter, die sie stolz an Bekannte und Verwandte weitergibt. Ohne sein Zutun erscheinen seine Abenteuergeschichten bald darauf in einer damals populären Zeitschrift namens „Rosen". Nach sechs Jahren in den USA kehrt Gerstäcker 1843 nach Deutschland zurück und ist völlig überrascht, als Fremde ihn fragen, ob er möglicherweise dieser junge Mann sei, der in den USA so unglaubliche Abenteuer durchlebt habe und von dem alle reden. Ermutigt durch den Erfolg der Zeitschriftenbeiträge, betätigt er sich von nun an als freier Autor. Seine Erzählungen führen in eine aufregende Welt voller Abenteuer. Dorthin, wo

Was Gerstäcker von Karl May unterscheidet:
Er hat das meiste, über das er schrieb, wirklich selbst erlebt.

sich harte Männer mit ihren Revolvern selbst zu ihrem Recht verhelfen.

Mit seinem zweiten Roman „Die Flusspiraten des Mississippi“ gelingt Gerstäcker 1848 der Durchbruch. Der riesige Erfolg hat wohl zumindest einen Grund darin, dass sie genau zum richtigen Zeitpunkt in den Handel kommen: Mitte des 19. Jahrhunderts nimmt die Zahl der Menschen, die Deutschland den Rücken kehren, stark zu. Gerstäckers Bücher sind für viele Auswanderungswillige nicht bloße Unterhaltung, sondern werden als echte Ratgeber betrachtet. Das gilt vor allem für Gerstäckers Roman „Nach Amerika“, in dem er Schicksale deutscher Auswanderer schildert – von ihrem Entschluss, die Heimat zu verlassen, bis zu ihrer Integration in die Vereinigten Staaten.

„Gerstäcker ist zeitlebens ein unruhiger Geist gewesen. War er irgendwo, fühlte er sich kurze Zeit wohl, wollte aber weiter, wollte mehr sehen, mehr erleben“, schreibt Biograf Thomas Ostwald. Gerstäcker heiratet und bekommt mit seiner Frau Anna Aurora Sauer drei Kinder. Wirklich sesshaft wird er immer noch nicht. 1849 bricht er erneut auf in die Ferne. Er hat seine Tagebuchaufzeichnungen verwertet, braucht, um weitere Bücher zu produzieren, neue Erlebnisse.

Diesmal soll es eine Reise um die Welt werden. Inzwischen gehört er als „beratender Vorstand“ zum 1848 gegründeten „Nationalverein für deutsche Auswanderung und Ansiedlung“ und bekommt vom Frankfurter Reichsministerium eine Summe von 500 Talern. Außerdem erhält er einen Korrespondentenvertrag und einen Vorschuss von 400 Talern von der „Augsburger Zeitung“. Die Reise, die zum Ziel hat, „Gewisses und Sicheres über die überall durch die Welt zerstreuten Deutschen zu erfahren“, dauert gut zwei Jahre. In Südamerika reitet er durch die Pampa, fährt nach Kalifornien, um sich bei den Goldgräbern umzusehen, besucht die Sandwichinseln und Tahiti, setzt nach Sydney über, von wo aus er nach mehrwöchigem Aufenthalt mit der Postkutsche nach Albury reist. Von dort aus plant er, mit einem Kanu dem Flusslauf des Murray zu folgen, muss aber nach dem Verlust seines Bootes die Reise zu Fuß fortsetzen. Jetzt zeigt sich erneut die Zähigkeit Friedrich Gerstäckers, denn er bewältigt – ganz auf sich alleine gestellt – einen über tausend Kilometer langen Fußmarsch durch das australische „Outback“.

Über seine Rückkehr 1852 nach Deutschland schreibt er in seinen Memoiren: „Ich fand damals nicht nur die Meinen wieder, sondern auch die Verlagsbuchhändler viel freundlicher, als sie sich mir je gezeigt.“ In einem Zeitraum von nur sieben Jahren entstehen nun 23 neue Bücher. Mit seinen exakten Beschreibungen von Landschaften und ihren Bewohnern baut Gerstäcker seinen Ruf als Ratgeber für Auswanderungswillige weiter aus. Aber seine Einstellung zum Thema Auswanderung ist kritischer geworden. Er warnt die Menschen davor, sich von einem Goldrausch am anderen Ende der Welt locken zu lassen, und schreibt: „Mit den Goldminen ist es Essig, und

wenn auch Einzelne ihr Glück machen, muss die Mehrzahl doch nachsehen, wie die wenigen, die das große Los gezogen haben, mit ihrer Beute abziehen."

1860 tritt er erneut eine Reise an. Hauptziel sind diesmal deutsche Ansiedelungen in Südamerika, insbesondere in Brasilien. Für diejenigen in Europa, die damals das „Brasilienfieber" erfasst hat, sind die Eindrücke Gerstäckers sicherlich von großem Wert, denn er schreibt nicht nur von den fruchtbaren Böden und dem großen Potenzial des Landes, er warnt auch vor dem Parceria-System, bei dem die Auswanderer ihre Überfahrt mit langjährigen Arbeitsverträgen abgelten und sich so im wahrsten Sinne des Wortes zur Sklavenarbeit auf den Plantagen verpflichten. Als Gerstäcker 1861 nach Braunschweig zurückkehrt, findet er die Erklärung dafür, warum er so lange keine Nachricht von seiner Frau erhalten hat: Sie ist zwischenzeitlich gestorben – und um seine Trauer zu verarbeiten, bricht er sofort zu einer Reise auf. Diesmal geht's nach Ägypten und Abessinien.

1863 heiratet der inzwischen 47-Jährige erneut: die 19-jährige Marie Luise Fischer van Gaasbeek aus den Niederlanden. Mit ihr bekommt er zwei Kinder. Aber auch das neue Eheglück kann seine Rastlosigkeit nur wenige Jahre zügeln. 1867 zieht es ihn wieder in die weite Welt hinaus: noch einmal in die USA, nach Mexiko, Panama, Ecuador und Venezuela. Danach entsteht sein Abenteuerroman „In Mexiko", der einer seiner größten Erfolge wird. Während des Deutsch-Französischen Krieges 1870/71 arbeitet Gerstäcker als Kriegsberichterstatter für die Zeitschrift „Gartenlaube". Kurz danach, während der Vorbereitungen zu einer neuerlichen Reise, die ihn diesmal nach Ostasien führen soll, stirbt der Abenteurer 1872 im Alter von nur 56 Jahren in Braunschweig an einem Schlaganfall.

Kaum ist er tot, macht ein gewisser Karl May aus Dresden mit seinen Abenteuerbüchern von sich reden. Wie sehr der sich bei Gerstäcker bedient, ist zum ersten Mal um 1900 herum ein Thema. Schon damals wird May massiv des Plagiats beschuldigt. Heute kommt die moderne Literaturwissenschaft zum gleichen Ergebnis: May hat ganze Passagen imitiert, seitenweise Landschaftsbeschreibungen und Szenen übernommen, ja, sogar Figuren „geklaut". Darunter Winnetou: Der edle Häuptling der Apachen erinnert stark an Gerstäckers Indianer Assowaum aus dem Roman „Die Regulatoren von Arkansas", der gemeinsam mit seinem Freund Bill Brown gegen das Böse in der Welt kämpft. Wenigstens eine andere Waffe hätte Karl May seinem Helden geben können, aber nein, es musste Assowaums Silberbüchse sein. Schon ein ziemlich dreister Dieb, dieser Karl May.

(Ko-Autor: Joachim W. Frank)

LINKS
Eins der erfolgreichsten Bücher aus der Feder von Friedrich Gerstäcker

RECHTS
Wenn man so will, ist Gerstäcker indirekt sogar der Erfinder von Karl Mays Romanheld „Winnetou".

Die Hamburger Liedertafel – vor 200 Jahren wurde der Verein von Angehörigen der Hanseatischen Legion gegründet, die in den Befreiungskriegen gegen die Franzosen gekämpft hatten.

Ohne Napoleon würde es diesen Chor nicht geben

Hamburg ist eine Vereinsstadt. Einige der ältesten Vereine der Welt sind hier gegründet worden. Zu nennen wären beispielsweise die „Patriotische Gesellschaft von 1765" und die „Turnerschaft von 1816". Und dann gibt es da auch noch die Hamburger Liedertafel. Sie blickt auf eine besonders fesselnde Geschichte zurück: Gegründet wurde dieser Männergesangverein nämlich von Freiheitskämpfern.

Keimzelle war die sogenannte Hanseatische Legion: eine Freiwilligen-Armee, die das Ziel verfolgte, Napoleons Soldaten aus Hamburg und dem Rest Deutschlands zu vertreiben, denn Anfang des 19. Jahrhunderts beherrschten die Franzosen fast ganz Europa. 1806 waren sie in die Hansestadt einmarschiert und erklärten Hamburg 1811 zur Hauptstadt des sogenannten Departements der Elbmündungen – und damit zu einem Teil Frankreichs.

Die sogenannte Franzosenzeit war für die Stadt eine einzige Katastrophe. Napoleons Statthalter Marschall Louis-Nicolas Davout (1770-1823) ließ Banken plündern und Kirchen als Pferdeställe zweckentfremden. In Erwartung einer Belagerung durch schwedische, preußische und russische Truppen ließ er unter anderem St. Pauli und St. Georg vollständig niederbrennen – nur, um seinen Soldaten freies Schussfeld zu bieten.

LINKS
Napoleon machte 1811 Hamburg zur „Hauptstadt des Departements der Elbmündungen" – und damit zu einem Teil Frankreichs.

RECHTS
Auf der Veddel liefern sich am 12. Mai 1813 1500 Kämpfer der Hanseatischen Legion eine blutige Schlacht mit Napoleons Truppen, die mit 6000 Mann haushoch überlegen sind.

Zur Hanseatischen Legion, die dieser Franzosenherrschaft ein Ende setzen wollte, gehörten nicht nur Bürger aus Hamburg. Auch Männer aus Bremen und Lübeck schlossen sich ihr an: Insgesamt 3788 Kämpfer trugen grüne russische Uniformen und waren Teil der alliierten Nordarmee unter dem österreichischen General Ludwig von Wallmoden-Gimborn. 175 Freiwillige aus Hamburg gaben im Kampf gegen Napoleon ihr Leben. Als die siegreiche Hanseatische Legion am 31. Mai 1814 in das befreite Hamburg einzog, wurde sie mit großem Jubel empfangen.

Zehn Jahre später trafen sich die Veteranen wieder, um mit einem großen Stiftungsfest ihr Jubiläum zu feiern – dabei kam es zur Gründung der Liedertafel. Großen Anteil daran hatte Albert Methfessel, ein Komponist aus dem thüringischen Rudolfstadt, der den Auftrag hatte, die musikalische Ausgestaltung des Festes zu organisieren. Sein Auftrag war es, eine Kantate aufzuführen. Doch er machte sehr viel mehr. Er baute die ehemaligen Freiheitskämpfer aktiv in sein Festprogramm ein, ließ sie also tatkräftig mitsingen. Davon waren die Männer

so begeistert, dass sie am 19. April 1823 ihren Männergesangverein aus der Taufe hoben.

Zur Liedertafel gehörten anfangs vornehmlich Männer aus Kaufmannsfamilien. Bald stießen auch Mitglieder von Hamburger Freimaurerlogen, Professoren, Senatoren, Anwälte und Reeder hinzu. Musikalisches Talent allein reichte nicht aus, um aufgenommen zu werden. Von den Freimaurern hatte der Verein die sogenannte Ballotage übernommen, eine geheime Abstimmung, bei der weiße und schwarze Kugeln zum Einsatz kamen: Nur, wenn alle Mitglieder mit weißer Kugel Zustimmung signalisierten, wurde ein Kandidat aufgenommen. Schon eine einzige schwarze Kugel bedeutete Ablehnung.

Deutschland hatte zwar Napoleon besiegt, doch noch immer war das Land ein Flickenteppich souveräner Fürstentümer, deren Landesherren Freiheitsbewegungen massiv unterdrückten. In dieser Zeit entwickelte sich Hamburg zum liberalen Vorreiter im Kampf um eine deutsche Verfassung. Dabei spielte auch die Liedertafel eine große Rolle.

Albert Methfessel, der erste Dirigent des Chors, ließ seine Sänger mit großer Begeisterung Lieder aus den Befreiungskriegen singen, aus denen die Sehnsucht nach einem geeinten Nationalstaat sprach. Die bekannte Hamburg-Hymne „Stadt Hamburg an der Elbe Auen" hat Methfessel damals komponiert. Zum fünfjährigen Jubiläum der Liefertafel wurde das Lied am 19. April 1828 erstmals öffentlich vorgetragen. Seitdem fehlt die Hymne in keinem Konzert.

Mit noch einem weiteren Lied ist der Männergesangverein eng verbunden: mit der Nationalhymne. Im August 1841 dichtete August Heinrich Hoffmann von Fallersleben auf der damals britischen Insel Helgoland „Das Lied der Deutschen" und verkaufte die Rechte an den liberalen Hamburger Verleger Julius Campe, der es am 1. September 1841 veröffentlichte. Fünf Wochen später, am 5. Oktober 1841, war es die Hamburger Liedertafel, die unmittelbar vor Streit's Hotel am Jungfernstieg das Deutschlandlied erstmals zur Aufführung brachte. Hunderte Hamburger hörten zu. Hoffmann von Fallersleben höchstpersönlich war zugegen. 61 Jahre später wurde das Lied deutsche Nationalhymne.

Die Liedertafel hat Hamburgs Geschichte geprägt. Auf jeden Fall war sie bei vielen historischen Ereignissen dabei: Etwa am 4. Dezember 1841, als Hamburgs Börse von ihrem angestammten Platz an der Trostbrücke in das neue Gebäude am Adolphsplatz zog. Die Sänger der Liedertafel empfingen die Senatoren und schmetterten aus den geöffneten Fenstern des neuen Börsengebäudes die Hamburg-Hymne.

Oder 1842: Da versank die Stadt während des Großen Brandes in Schutt und Asche: Die Liedertafel stellte Wohltätigkeitskonzerte auf die Beine, um der Bevölkerung in ihrer Not zu helfen. Als im Jahr darauf die moderne Gasbeleuchtung der Straßen eingeweiht wurde, gab es einen Festakt, an dem die Liedertafel maßgeblich mitwirkte. Und klar, dass die Liedertafel sowohl die Grundsteinlegung des neuen Rathauses im Mai 1886 als auch dessen Einweihung 13 Jahre später musikalisch begleitete.

Die Hamburger Liedertafel gibt es bis heute. Ihre Mitglieder sind stolz darauf, auf eine mehr als 200-jährige Geschichte zurückblicken zu können.

OBEN
Der Thüringer Albert Methfessel hat 1832 großen Anteil an der Gründung der Liedertafel.

RECHTS
Grundsteinlegung für das neue Hamburger Rathaus am 6. Mai 1886. Die Hamburger Liedertafel gestaltet das musikalische Rahmenprogramm.

Deutschlands erster Zoo wurde in Hamburg eröffnet

Der Standort des ersten deutschen Zoos war in Horn. Mehr als sechzig Jahre vor Hagenbeck wurde er von einem Russen eröffnet. Wo damals wilde Tiere lebten, befinden sich heute ein Supermarkt, Wohnhäuser und die Bundesstraße 5.

Der Berliner Zoo ist stolz wie Bolle, der älteste Tierpark Deutschlands zu sein. Das behauptet er nämlich bis heute. Am 1. August 1844 wurde er eröffnet – und damit früher als alle anderen … So steht es auf seiner Homepage. Das Dumme ist nur: Das stimmt gar nicht. Sollten Berliner Lokalpatrioten dieses Kapitel lesen, müssen sie jetzt ganz tapfer sein. Nicht die altehrwürdige Reichshauptstadt, sondern der Hamburger Stadtteil Horn war Standort des ersten deutschen Zoos.

Dort, wo er sich einst befand, an der Ecke Horner Landstraße/Horner Brückenweg, erinnert heute nichts, aber auch gar nichts mehr an die glorreiche Vergangenheit. Wohnhäuser und ein Supermarkt stehen dort, und außerdem wird das einst zwei Hektar große Areal, auf dem Bären, Schlangen, Affen, Kängurus, Hyänen, Panther und Kamele lebten – ingesamt zwischen sechzig und siebzig Tierarten – von der Bundesstraße 5 geteilt, die nach Bergedorf führt.

Die Geschichte des ersten deutschen Zoos hat die Geschichtswerkstatt in Horn lückenlos recherchiert: Gründer war ein gewisser Schadel Heinrich Berg, angeblich ein Russe. Menageristen wie ihn gab es damals viele: Als Schausteller zogen sie übers Land, blieben mal hier ein paar Tage, mal dort und kassierten Geld dafür, dass sich die Bürger die wilden Tiere ansahen, die sie in mobilen Käfigen mit sich führten. Vermutet wird, dass Berg auf seiner Wanderschaft auch durch Wien kam, wo es bereits seit dem 18. Jahrhundert einen Zoologischen Garten gab. Möglicherweise träumte er seither davon, etwas Ähnliches zu schaffen.

1841 kam Berg nach Hamburg, ließ sich in Horn nieder, damals ein Dorf am Stadtrand, in dem reiche Kaufleute Landhäuser mit ausgedehnten Gartenanlagen besaßen. Dort gab es ein beliebtes Ausflugslokal, das „Zum letzten

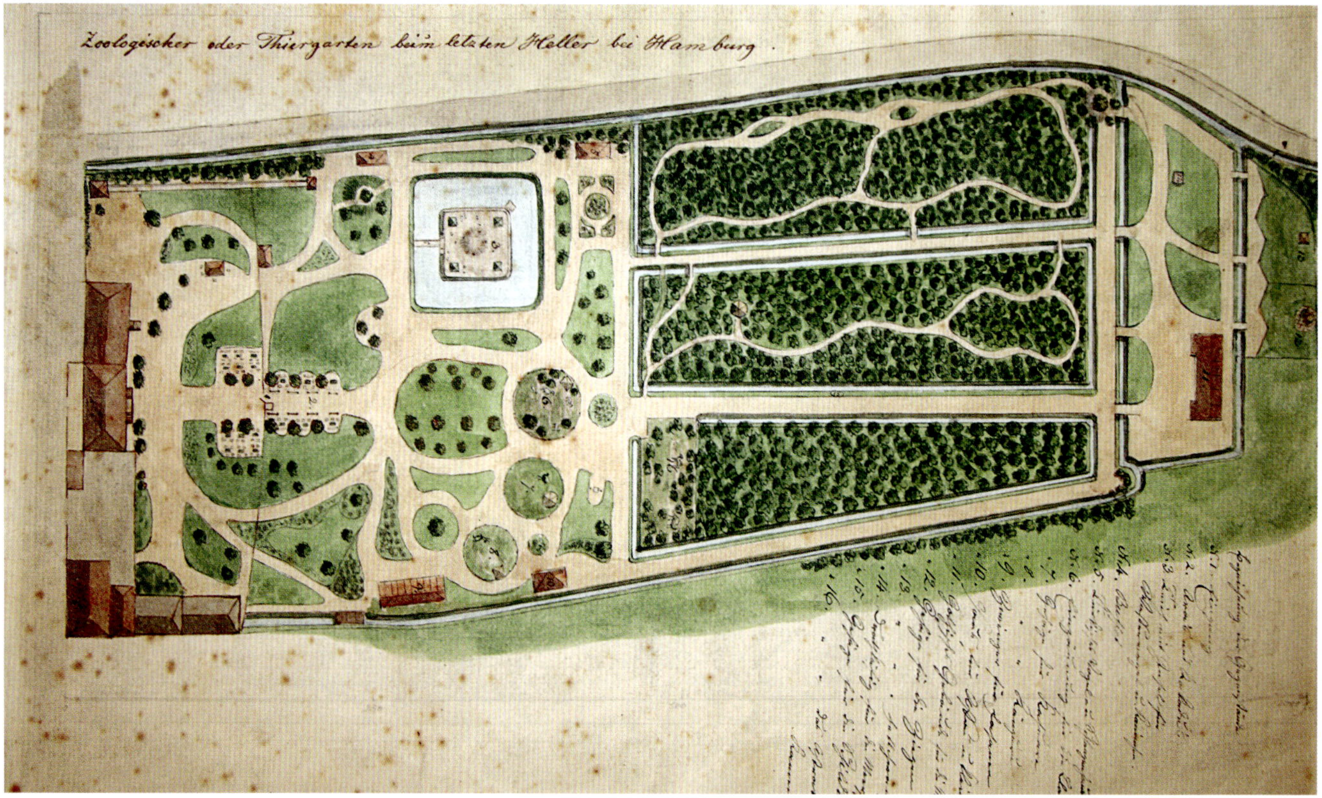

RECHTS
Fotos vom ersten deutschen Zoo in Horn gibt es nicht, wohl aber diesen Grundriss. Rund sechzig Tierarten wurden dort ab 1841 präsentiert.

Erinnerungspostkarten aus dem alten Zoo am Dammtor: Elefanten (l.o.), das Affenhaus (r.o.), ein Kamel (l.u.) und das Nilpferd „Bachit“ (r.u.)

Heller“ hieß und gerade leer stand. Berg übernahm das Lokal und verwirklichte im großen Garten hinter dem Haus seinen Traum: Am Pfingstsonntag 1841, dem Eröffnungstag des Tierparks „Zum letzten Heller“, strömten die Menschen in Kutschen und per Pferdeomnibus in Scharen herbei. Die Hamburger scheinen den Zoo also richtig gut angenommen zu haben. Der „Hamburger Anzeiger“ berichtete drei Wochen nach der Eröffnung, dass er vor allem die „Gunst des gebildeten Publicums für sich“ gewinne. Die Zeitung lobte die Sauberkeit der Käfige und die große Bewegungsmöglichkeit der Tiere.

Seinen Tierbestand erweiterte Berg ständig. Im August 1841 berichtete eine Zeitung von etlichen Neuzugängen: ein Schlangenpaar, etliche Affen und eine 186 Pfund schwere Schildkröte. Zur Wiedereröffnung nach der Winterpause im April 1842 verkündete Berg stolz, dass das Känguru-Weibchen in seinem Beutel ein Junges mit sich herumtrage und dass es auch im Affengehege Nachwuchs gebe. Der Zoo in Horn hatte alles, was zu damaliger Zeit einen Tiergarten ausmachte. So erwähnen die „Hamburger Nachrichten“ am 17. Mai 1842, dass „die Einrichtung des Ganzen ... nach den Mustern der Menagerien zu Paris und Wien und auf der Pfauen-Insel bei Potsdam“ getroffen worden sei, wobei sich auf der Pfauen-Insel die Tiersammlung des preußischen Königs Wilhelm III. befand, die nicht öffentlich zugänglich war.

Alles lief bestens für Zoodirektor Berg – bis zum Großen Brand von Hamburg, der ein Drittel der Stadt in Schutt und Asche legte. Das Feuer tobte sechs Kilometer entfernt, der Horner Tierpark war nicht unmittelbar betroffen. Mittelbar aber schon, denn nach der Katastrophe blieben die Besucher aus, die Leute hatten einfach andere Sorgen, als in einen Zoo zu gehen. Selbst ein halbierter Eintrittspreis – vier statt acht

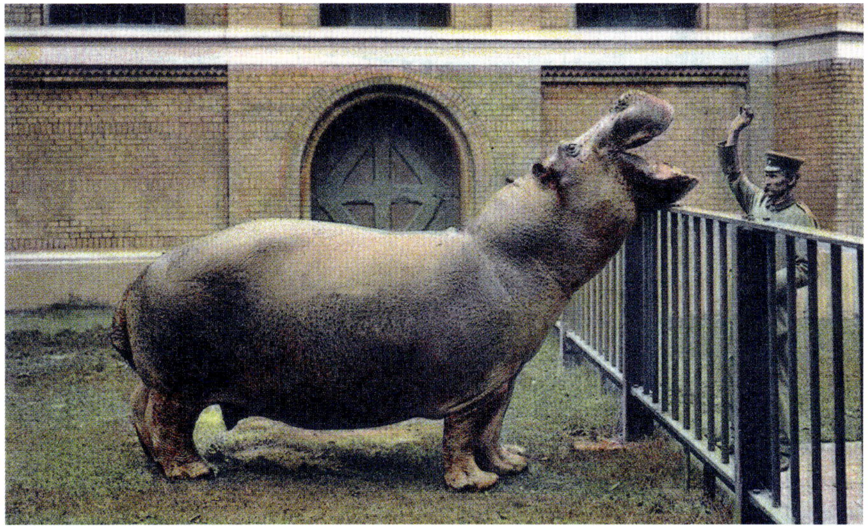

Ein Relikt aus dem ersten Hamburger Zoo in Horn: ein Führer durch den Tiergarten

Schillinge – konnte daran nichts ändern. Nach der Sommersaison 1845 musste der Park schließen. Enttäuscht kehrte Schadel Berg in seine Heimat zurück.

Der nächste Versuch, einen Zoo in Hamburg zu etablieren, wird 1860 gestartet: Senator Ernst Merck und der Biologie-Lehrer Karl August Möbius, der damals am Johanneum lehrte, gaben den Anstoß zur Gründung einer Zoologischen Gesellschaft. In Heinrich Föhring, einem fortschrittlichen Bürgerschaftsabgeordneten, und dem Fabrikanten Heinrich Adolph Meyer fanden sie engagierte Mitstreiter. Ziel der Zoo-Gründer war es, eine Anlage zu schaffen, die sämtlichen Schichten der Bevölkerung offenstehen und einen „heilsamen Einfluss auf den allgemeinen Bildungsstand" haben würde.

Ein geeignetes Gelände war schnell gefunden: ein 14 Hektar großes Areal

OBEN
Eröffnung des Tierparks Hagenbeck am 7. Mai 1907. Die Ehrengäste haben am Eingang Aufstellung genommen.

vor dem Dammtor, das bis 1830 als Pestfriedhof genutzt worden war und inzwischen brachlag. Der Hamburger Senat überließ der Zoologischen Gesellschaft das Grundstück zunächst für fünfzig Jahre kostenfrei. Den Pestberg, unter dem nach wie vor Seuchenopfer ruhten, funktionierten Landschaftsarchitekten kurzerhand um – zum Kletterparadies für Gämsen.

Bereits 1862, ein Jahr vor der Eröffnung, wurde Alfred Brehm aus Leipzig nach Hamburg geholt, um die Leitung des Zoos zu übernehmen. Brehm – schon damals ein berühmter Mann – hatte eine Bedingung gestellt für seinen Wechsel in die Hansestadt: dass er nämlich weiter Zeit finden würde, seiner publizistischen Tätigkeit nachzugehen. Brehm schaffte den Spagat: Einerseits wuchs der Artenreichtum des Zoos unter seiner Führung rasch, anderer-

seits vollendete er sein Werk „Illustrirtes Thierleben", das später als „Brehms Tierleben" für Furore sorgte.

Das Interesse am neuen Zoo war unerwartet groß: In den ersten sechs Monaten nach Eröffnung zählten die Betreiber 225 000 Besucher – mehr, als Hamburg damals Einwohner hatte. Erwachsene zahlten zwölf Schillinge Eintritt, Kinder sechs, Fabrikarbeiter zwei. Publikumsrenner waren der Raubvogel-Käfig, der Bären-Zwinger und natürlich das Meerwasseraquarium – das erste überhaupt auf deutschem Boden.

Zwischen dem Verwaltungsrat und Brehm kam es immer wieder zu Reibereien, was dazu führte, dass die Kompetenzen des Zoodirektors beschnitten wurden. Daraufhin kündigte Brehm zum Mai 1867 seinen Vertrag. Weil aber der Konflikt in die Öffentlichkeit getragen wurde, musste Brehm am 23. November 1866 seinen Posten mit sofortiger Wirkung verlassen.

Einige Jahrzehnte erfreute der Zoologische Garten noch die Hamburger. Aber als 1907 Carl Hagenbeck seinen neuen und deutlich fortschrittlicheren Tierpark in Stellingen eröffnete, machte das dem chronisch unterfinanzierten Zoo das Leben zusätzlich schwer. Die Zahl der Besucher nahm von da an stetig ab. Noch einige Jahre versuchte der Zoo der übermächtigen Konkurrenz zu trotzen, doch 1930 war endgültig Schluss. Ein Teil des Geländes wurde in einen als „Volkspark" bezeichneten Rummelplatz mit Jahrmarktsbetrieb umgewandelt, der andere in einen Vogelpark. Letzterer wurde allerdings schon nach eineinhalb Jahren wieder liquidiert.

In den Jahren 1934 und 1935 gestaltete der Gartenarchitekt Karl Plomin das Areal für die Niederdeutsche Gartenschau um. An dieser Stelle befindet sich seitdem die Parkanlage Planten un Blomen. Die Tiergartenstraße erinnert bis heute daran, dass hier einmal ein Zoo war. Auf dem Parksee, auf dem früher die exotischen Wasservögel lebten, gibt es heute im Sommer Wasserlichtkonzerte.

OBEN
Dieser prächtige Bau erinnert an den Orient: das sogenannte „Neue Straußenhaus" im Zoologischen Garten am Dammtor.

LINKE SEITE UNTEN
Lageplan des 1863 eröffneten Zoologischen Gartens am Dammtor

UNTEN LINKS
Aus dem Hagenbeck-Archiv: Tierhändler Fritz Essler brachte 1928 Königspinguine mit nach Hamburg.

UNTEN RECHTS
Carl Hagenbeck (1844–1913): Er revolutionierte und beeinflusste weltweit die Zooarchitektur.

Nachtwächter – die Hamburger schimpften sie „Uhlen“: Bis 1852 sorgten sie nach Sonnenuntergang für Sicherheit und Ordnung.

„De Klock hett teihn slaan, teihn is de Klock!“

5. Mai 1842. Ein denkwürdiger Tag in Hamburgs Geschichte. Es ist nachts gegen ein Uhr, als ein Ruf durch die schlafende Stadt gellt: „Füer! Füer in de Diekstraat“. Es ist der Nachtwächter, der die Flammen als Erster bemerkt. Er ruft nicht nur, er schwingt auch seine Rätel, um so seine Kollegen und natürlich die Feuerwehrleute zu alarmieren, die Wittkittel, die wenig später ausrücken, aber nicht viel bewirken. Drei Tage fressen sich die Flammen durch die Altstadt. Ein Drittel Hamburgs wird in Schutt und Asche gelegt. Aber ohne die frühzeitige Warnung des Nachtwächters wären vielleicht sehr viel mehr Menschen ums Leben gekommen.

Nachtwächter in Hamburg. Schon im Jahr 1300 gab es sie. Damals, als die Stadt an Alster, Bille und Elbe noch ein unbedeutender Flecken auf der Landkarte war, reichten zwölf vereidigte Stadtdiener und ein paar ehrenamtliche Bürger aus, um des Nachts für Sicherheit zu sorgen.

Während des Dreißigjährigen Krieges trieb sich im 17. Jahrhundert immer mehr lichtscheues Gesindel in der aufstrebenden Handelsstadt herum, deshalb wurden sechzig ausgediente Soldaten für die Nachtwache rekrutiert. Als auch das nicht ausreichte, um der Kriminalität Herr zu werden, riefen die Stadtväter 1671 die sogenannte Rätelwache ins Leben – benannt nach dem merkwürdigen Instrument, von dem schon die Rede war. Anderswo sagt man auch Knarre, Klapper oder Rassel dazu.

Die Truppe war nach militärischem Vorbild aufgebaut, hatte einen Kommandanten an der Spitze, allerlei Hauptleute und Fähnriche sowie 483 „Gemeine“. Die Hauptwache befand sich auf dem Pferdemarkt (heute Gerhart-Hauptmann-Platz), wo die Männer jeden Abend eine Stunde vor Torschluss unter den Augen der Bevölkerung eine Parade abhielten. Trommelwirbel ertönte, das Pfeifen der Querflöten war zu hören. Und im Takt der Marschmusik knallten Stiefel aufs Pflaster.

War die Zeremonie beendet, zogen die Männer ihre schicken blauen Uniformröcke wieder aus, legten für die Nacht ihr wärmendes und weit weniger schmuckes Gewand an und schwärmten aus. Grauer, langer Mantel, Pelzmütze, am Koppel ein Säbel, in der einen Hand die erwähnte Rätel, in der anderen eine Lanze: So zogen sie durch die Straßen, die, wenn überhaupt, spärlich von ein paar Tranfunzeln beleuchtet, meist aber rabenschwarz waren.

Hamburgs Nachtwächter waren immer zu zweit unterwegs und teilten sich die Aufgaben: Der „Röper“, der Rufer, ging voran. Immer wenn die Turmuhr voll oder halb schlug, ließ er die Rätel schwingen, sodass ein knarrendes Geräusch ertönte. Gleich darauf rief er: „De Klock hett teihn slaan, teihn is de Klock!“ Diese Prozedur wiederholte er so lange, bis er seinen kompletten Wachbezirk abgelaufen hatte. Zwölf Schritte dahinter folgte ihm der „Slieker“, der Schleicher, der darauf zu achten hatte, dass

LINKE SEITE
Verkleidet als Nachtwächter führt er seit zehn Jahren Touristen durch die Stadt: Ingo Vierk (67) in der Rolle des „Soaven Paul".

OBEN LINKS
Das Holstentor Mitte des 19. Jahrhunderts. So turbulent wie es dort tagsüber zuging, so verlassen waren die Straßen nachts. Nachtwächter sorgten dann für Ordnung.

OBEN RECHTS
So hat sich im Laufe der Jahre die Uniform der Hamburger Nachtwache verändert.

RECHTS
1808 malte Christoffer Suhr diese beiden Hamburger Nachtwächter: der „Röper" mit der Lanze und der Rätel (l.). Ihm folgte immer im Abstand von zwölf Schritten der „Slieker".

Fenster und Türen geschlossen waren. Und ständig lauschte er nach verdächtigen Geräuschen.

Die Geschichte von Hamburgs Nachtwächtern ist spannend und faszinierend. Umso erstaunlicher, dass bis heute niemand auf die Idee kam, sie ausführlich aufzuschreiben. Abertausende Bände zur Geschichte der Hansestadt gibt es – aber keinen einzigen über die Männer, die jahrhundertelang für Sicherheit sorgten, während die anderen den Schlaf der Gerechten schliefen.

Wie viele Nachtwächter in den Diensten der Stadt standen? Was alles zu ihren Aufgaben gehörte? Der Autor Eduard Lehmann schreibt in seinem 1838 erschienenen Buch „Hamburg, wie es ist" mit großer Hochachtung von ihnen: „Es sind in aller Regel nicht altersschwache, gebrechliche, schlaftrunkene Menschen", so Lehmann, „sondern kräftige, im mittleren Alter stehende gesunde Männer, die vor einem Raufbolde, vor einem Scandalmacher oder Spitzbuben nicht fliehen, sondern ihm kühn Stand halten."

Lehmann weiter: „Von 9 Uhr abends bis 6 Uhr morgens im Winter, im Sommer aber von 10 bis 4 Uhr versehen sie den Dienst. Sie haben das Recht, jede Weibsperson, die sich nach 11 Uhr auf der Straße ohne männliche Begleitung sehen lässt, sofort zu verhaften. Bei ausbrechendem Feuer haben sie dem nächsten Militärposten sofortige Anzeige zu machen, so wie sie bei störendem Nachtlärmen, bei Prügeleien und in allen die Nachtruhe der Bürger störenden oder tumultarischen Scenen sofort einzuschreiten berechtigt sind." Lehmann schließt: „Möchte doch in

allen Städten des deutschen Vaterlandes so trefflich für die nächtliche Ruhe, Ordnung und Sicherheit der Einwohner gesorgt werden."

In anderen Quellen hört sich das ganz anders an: Demnach rangierte das Ansehen der Nachtwächter auf derselben Stufe wie das der Totengräber und Henker – also ganz weit unten. Während der allabendlichen Parade machten sich die Leute lustig über die, wie sie fanden, „jämmerliche Truppe" und zerrissen sich das Maul über das mitleiderregende Bild, das sie abgaben: „De Scheven staht achtern, die Graaden staht vörn." Alle lachten sich tot. Jugendliche machten sich einen Spaß daraus, den Nachtwächtern aufzulauern und sie bei ihrem Spottnamen zu rufen: „Uhlen" – Nachteulen. Die Frechdachse waren gut beraten, schnell das Weite zu suchen, denn es galt: „Grölt in 't Ohr di een: Uhl!, haust du fix em op 't Muul!"

Zwar hatten die Nachtwächter kaum eine Chance, flüchtende Missetäter einzufangen – schon der lange Mantel hinderte beim Laufen –, doch waren sie sehr geschickt darin, ihre Lanze so gezielt zwischen die Beine des Delinquenten zu werfen, dass dieser ins Trudeln geriet, hinfiel und leicht verhaftet werden konnte.

Nachtwächter war ein sehr schlecht bezahlter Beruf. So schlecht, dass selbst die Nachtwächter-Ordnung ihnen auferlegte, sich für den Tag einen zweiten Job zu suchen, weil die geringe Entlohnung nicht ausreiche, um eine Familie zu ernähren. Das Arbeiten rund um die Uhr hatte natürlich Folgen: Nachtwächter erschienen völlig übermüdet zum Dienst, suchten sich während ihres nächtlichen Rundgangs ein Kellerloch oder einen Treppenverschlag und hielten ein Nickerchen – was ihren Ruf auch nicht gerade verbesserte.

Von den zahlreichen strengen Verboten, die in der Nachtwächter-Ordnung aufgelistet sind, lässt sich leicht ableiten, welche Dienstvergehen unter ihnen sonst noch verbreitet waren: Untersagt waren etwa das Betteln und Hausieren. Tatsächlich nutzten die Nachtwächter jede Gelegenheit, den geringen Sold aufzubessern – etwa, indem sie Ortsunkundigen, die nicht mehr zurück ins Gasthaus fanden, den Weg wiesen. Oder sie passten Kutschen ab, die im Begriff waren zu halten, hielten die Tür auf und halfen den Herrschaften beim Aussteigen. Jedes Mal streckten sie dann die Hand aus.

Es gab eine verhängnisvolle Regelung: Demnach bekam ein Nachtwächter für jeden, den er festnahm und ins Gefängnis sperrte, eine Art Provision. Das führte dazu, dass es besonders Findige unter ihnen gab, die zusahen, möglichst viele Passanten einzufangen – egal, wie viel sie nun verbrochen hatten.

Sehr gerne sprachen die Nachtwächter dem Alkohol zu. Als der zuständige Senator Hieronymus Hudtwalcker 1834 von dieser Unsitte hörte, war er darüber so verärgert, dass er in einem Tagesbefehl schrieb: „Da ich mit großem Missfallen bemerke, dass das Laster des Trunkes immer mehr bei dem Korps der Nachtwache einreißt, Trunkenbolden aber die Wache der Stadt und die Sicherheit der Personen nicht anvertraut

04. DEZEMBER 1852

LINKE SEITE
Im 19. Jahrhundert hieß der Gerhart-Hauptmann-Platz noch Pferdemarkt. Im Schatten von St. Jacobi die Hauptwache der Nachtwächter.

OBEN
Es waren die Nachtwächter, die den Großen Brand, der am 5. Mai 1842 begann, als Erste bemerkten.

werden kann, so verfüge ich …" – und es folgte eine ganze Litanei an Verboten und Androhungen härtester Strafen.

Mehr als 500 Jahre haben die Nachtwächter mit all ihren Eigenarten und Schrulligkeiten zu Hamburg gehört wie der Michel, die Elbe und die Alster. Am 4. Dezember 1852 ging der letzte Kommandant der Nachtwache, Johann Christian Grapengießer, in den Ruhestand und mit ihm der Rest der Truppe. Damit verschwand eins der letzten Relikte des Mittelalters. Die Neuzeit hielt Einzug in Gestalt des Constablers, wie der Schutzmann in Hamburg anfangs hieß.

„Uhl" hatten die Bürger den Nachtwächter herablassend geschimpft. Für seinen Nachfolger fanden sie ebenfalls bald einen passenden „Ökelnaam", und der klang nicht zufällig ganz ähnlich: „Udl". Manch älterer Hamburger benutzt ihn noch heute.

Mit zwanzig wandert Bernhard Holtermann nach Australien aus, stößt auf den größten „Nugget" aller Zeiten, wird Unternehmer, Politiker und dann auch noch Pionier der Fotografie. Was für ein Leben!

Ein Hamburger und der größte Goldklumpen der Geschichte

Ein Goldrausch jagt den nächsten im 19. Jahrhundert. Es reicht, dass das Gerücht umgeht, irgendwo am anderen Ende der Welt sei Gold entdeckt worden, schon machen sich Abenteurer auf den Weg: nach Kalifornien, Alaska, Australien. Nur ganz wenige haben so viel Glück wie der Hamburger Bernhard Holtermann, nach dem der größte Goldklumpen der Geschichte benannt ist: „Holtermann's Nugget". Heutiger Wert: 5,5 Millionen Euro.

Die „Holtermann Story" – die Geschichte eines Mannes, der nach Australien auswandert, als Goldschürfer steinreich wird, sich zu einem erfolgreichen Unternehmer und Politiker mausert und dann auch noch zum Pionier der Fotografie wird – kennt in Australien jedes Kind. Seltsam, dass Holtermann in seiner Geburtsstadt Hamburg bisher völlig unbekannt war.

Bernhard Holtermann kommt am 29. April 1839 in Hamburg zur Welt. Sein Vater hat einen Fischhandel am Steindamm in St. Georg. Als junger Mann fasst Holtermann den Entschluss, der Heimat den Rücken zu kehren. „Er sah keinen Sinn darin, militärisches Tuch zu tragen oder drei seiner besten Jahre als Soldat zu verlieren", sagt er später über sich selbst. Ein freier Mann will er sein. Er reist zunächst nach Liverpool und geht dort am 29. April 1859 – seinem zwanzigsten Geburtstag – an Bord des Clippers „Salem", der noch am selben Tag ablegt.

LINKS
Diese Fotomontage mit dem 286 Kilo schweren golddurchzogenen Brocken machte Bernhard Holtermann berühmt.

Holtermann, der kein Wort Englisch spricht, hofft auf ein besseres Leben im 16 000 Kilometer entfernten Australien. „Gold-Land", so nennt Holtermann den Fünften Kontinent. Während der dreimonatigen Überfahrt wird das Segelschiff von heftigen Stürmen durchgeschüttelt. Dann wieder herrscht Flaute, sodass es tagelang kaum eine Seemeile vorangeht. Einen Arzt gibt es an Bord nicht. Vier Matrosen sterben an Fieber. Als auch noch eine Frau erkrankt, wird Bernhard Holtermann, der sich mit Medizin ein wenig auskennt, zum Lebensretter. Die Passagiere befördern ihn kurzerhand zum „Ehrendoktor".

In Sydney hält sich Bernhard Holtermann zunächst mit Gelegenheitsjobs über Wasser. Er arbeitet als Ruderer und Stallbursche und wird Kellner im „Hotel Hamburg" in der King's Street, wo vor allem Deutsche verkehren. Dort lernt er Hugo Ludwig Louis Beyers kennen, einen erfahrenen Goldsucher – eine Begegnung, die Holtermanns Leben nachhaltig verändert. Denn von seinem neuen Freund lässt er sich dazu überreden, es ebenfalls als Goldschürfer zu versuchen.

Die beiden Männer machen sich gemeinsam auf den Weg zu den Goldfeldern, die sich hinter den Blue Mountains befinden, 300 Kilometer nordwestlich von Sydney. Es ist eine beschwerliche Reise durch schroffes, hügeliges Land. Das Ziel: das Dorf Hill End, wo damals Menschen aus der ganzen Welt nach Gold suchen. Schweden, Franzosen, Südafrikaner, Chinesen, Briten, Deutsche ... Woher die Glücksritter auch kommen, die meisten führen ein bitteres, ärmliches Leben.

Um sich über Wasser zu halten, nehmen Holtermann und Beyers jeden Job an, arbeiten als Bäcker, Friseure, Metzger oder Fährmänner. Immer wenn sie genug Geld beisammenhaben, schürfen sie wieder einige Monate in ihrer „Star of Hope Mine“ nach Gold. Die Arbeit ist äußerst gefährlich: Dreimal stürzt Holtermann in den Schacht, einmal verletzt er sich schwer, als in seiner Nähe Sprengstoff explodiert. Er ringt mit dem Tod, sechs Monate ist er arbeitsunfähig.Als sich die Nachricht von sagenhaften Goldfunden verbreitet, ändern sich plötzlich die Lebensumstände vieler Goldsucher. Hill End, eigentlich ein gottverlassenes Kaff am Ende der Welt, platzt aus allen Nähten. Investoren aus den Städten wollen mitverdienen am Goldrausch, allerdings ohne sich selbst die Finger dreckig zu machen. Sie ziehen es vor, Anteile an den Minen zu erwerben. Vor allem aus diesem Grund wird in Sydney 1872 eine Wertpapierbörse eröffnet.

Für Holtermann und Beyers ist das die große Chance, endlich an ausreichend Kapital für neue Förderanlagen zu kommen. Sie gründen die „Beyers & Holtermann Star of Hope Gold Mining Company Ltd.“, gehen an die Börse und verkaufen Anteile an ihrem Unternehmen. Aus den Schürfern sind Großaktionäre geworden. Holtermann trägt nun Weste und goldene Uhr, im Stollen lässt er andere für sich arbeiten, und es ist genügend Geld da, sodass seine Frau im Laden nicht mehr anschreiben lassen muss.

Aber der ganz große Fund – der lässt auf sich warten. Nach elf Jahren, von denen die meisten äußerst beschwerlich waren, ist es dann endlich so weit: Am 19. Oktober 1872 um 2 Uhr am Morgen stoßen Holtermanns Arbeiter auf einen 286 Kilogramm schweren golddurchzogenen Brocken: 1,44 Meter hoch ist er, 66 Zentimeter breit und zehn Zentimeter dick. Das größte gold- und quarzhaltige Gesteinsstück, das je entdeckt wurde. Der Chef selbst

LINKS
Dieses Bild zierte das Cover eines Bildbands über die „Holtermann-Story“. Holtermann ist der Zweite von links.

OBEN
Werbung für die lebenserhaltenden Tropfen, die Holtermann vertrieb

ist in diesem Moment nicht vor Ort. Holtermann schläft. Als seine Männer ihn wecken, trifft er intuitiv die richtige Entscheidung und sorgt dafür, dass der Brocken nicht zerteilt, sondern als Ganzes zutage gefördert wird. Er ahnt wohl, dass für ihn aus dem rauen Stein weit mehr rausspringen wird als bloß der reine Goldwert.

Jetzt zeigt sich, dass der Hamburger ein genialer Selbstdarsteller ist. Holtermann bittet den Fotografen Henry Beaufoy Merlin, der sich gerade in der Goldgräberstadt aufhält, den Brocken abzulichten. Obwohl es andere waren, die ihn gefunden haben, und obwohl der Erlös auch gar nicht allein ihm gehört, sorgt Holtermann auf diese Weise dafür, dass sein Name für alle Zeiten mit dem Fund verknüpft ist: Als „Holtermann's Nugget" geht der Brocken in die Geschichte ein. Gleich darauf der nächste schlaue Schachzug: Holtermann lässt eine Fotomontage anfertigen, die er bis zu seinem Tod bei all seinen unternehmerischen Aktivitäten als Werbemittel verwenden wird. Er in Siegerpose neben dem Goldklumpen – so sieht das erste Firmenlogo in der australischen Geschichte aus.

Holtermann ist bald bekannt wie ein bunter Hund. Er verkauft seine Anteile an der Mine, erwirbt Grundstücke und Immobilien und gründet ein Im- und Export-Unternehmen. Mit allem, was Profit verspricht, handelt er: mit deutschem Lagerbier, mit Nähmaschinen, mit Seife, Möbeln, Pianos, Zigarren, Parfum sowie mit Vermessungs- und Telegraphie-Instrumenten. Sein größter Verkaufsschlager sind die Life Preserving Drops, lebenserhaltende Tropfen, die er in einem Labor nach deutscher Rezeptur zusammenmixen lässt.

In der Öffentlichkeit präsentiert sich Holtermann gerne als Gönner. Tue Gutes und rede darüber, das scheint sein Motto zu sein. Ganz besonders großes Aufsehen erregt er mit einem ambitionierten Projekt. Damals steht Australien noch immer im Ruf, eine Sträflingskolonie zu sein. Das will Holtermann ändern – und zwar mithilfe der Fotografie, die noch in den Kinderschuhen steckt. Er ernennt den bereits erwähnten Henry Beaufoy Merlin ganz offiziell zum „Photographic Artist of the Holtermann Exposition" und schickt ihn los: Gemeinsam mit seinem Assistenten Charles Bayliss und ausgestattet mit einer rollenden Dunkelkammer, die von einem Pferd gezogen wird, fertigt Merlin in New South Wales und dem benachbarten Bundesstaat Victoria zahlreiche Panoramen und Ansichten von Städten und Goldfeldern an. Die Fotos werden später zu Ausstellungen zusammengefügt und in Europa präsentiert. Ziel ist es, die Auswandererströme Richtung Australien zu lenken, denn dort ist noch viel Fläche unbesiedelt.

Als Merlin 1873 stirbt, führt Charles Bayliss, der bisherige Assistent, das Projekt fort und übertrifft seinen Meister noch. Als Holtermann sich auf den Höhen von St Leonards, heute ein Stadtteil von Sydney, ein palastartiges Gebäude mit mächtigem Turm bauen lässt, verwandelt Bayliss das in 27 Metern Höhe gelegene Turmzimmer in eine begehbare Kamera. Die Fenster werden mit Brettern verschlossen, und ein Einhundert-Zoll-Objektiv wird auf die Stadt Sydney ausgerichtet. Bayliss verwendet für seine Aufnahmen riesige, 1,50 Meter mal 1,00 Meter große und 20 Kilo schwere beschichtete Glasplatten – die größten Negative der Fotogeschichte. Mehrere Bilder ergeben zusammengesetzt ein monströses Panorama.

Ohne Henry Beaufoy Merlin und Charles Bayliss würde es die vielen Tausend einzigartigen Fotos nicht geben, die zeigen, wie Australien Ende des 19. Jahrhunderts aussah. Aber die Lorbeeren dafür heimst – wie beim Goldklumpen – allein Holtermann ein, denn er ist es, der sie der Welt präsentiert: 1876 begibt er sich gemeinsam mit

OBEN
Freunde fürs Leben: Holtermann (links) und Louis Beyers im Goldgräberort Hill End

RECHTS
Straßenszene aus Hill End. Die Kutsche steckt tief im Schlamm fest.

seiner schwangeren Frau, zwei Töchtern und einem Diener auf eine dreijährige Weltreise. Auf der Weltausstellung in Philadelphia wird sein Sydney-Panorama mit einer bronzenen, zwei Jahre später auf der Weltausstellung in Paris mit einer silbernen Medaille geehrt. Erstmals nach 18 Jahren sieht Holtermann im März 1879 seine Heimatstadt Hamburg wieder und macht von dort einen Abstecher nach Berlin, wo er eins seiner „Kolossal-Negative" der Königlich-Technischen Hochschule schenkt – es wird im Zweiten Weltkrieg bei einem Bombenangriff zerstört.

Wieder zurück in Australien, hegt Holtermann nun auch politische Ambitionen. Nach mehreren erfolglosen Versuchen wird er 1882 ins australische Unterhaus gewählt. Der Tod beendet Holtermanns Karriere als Politiker abrupt nach zweieinhalb Jahren. Am 29. April 1885, seinem 47. Geburtstag, stirbt Holtermann auf seinem Anwesen in Sydney an Leberkrebs. Bald nach seinem Tod wird das Holtermann-Imperium in Stücke geschlagen. Was damals mit dem riesigen Fotoarchiv Holtermanns geschieht, ist unklar. Lange gilt es als verschollen. Dann aber werden 1951 in einem Gartenhaus in Sydney 3500 von Merlin und Bayliss angefertigte Glasnegative wiederentdeckt. Der einzigartige Bilderschatz ist seit 2013 Teil des UNESCO-Weltkulturerbes und wird in der Nationalbibliothek von New South Wales aufbewahrt.

RECHTS
Der Förderturm, mit dem die Männer in die Tiefe gelassen wurden, um nach Gold zu suchen

Am 12. Mai 1879 eröffnete Friedrich Faerber aus Ostpreußen am Spielbudenplatz das „Panoptikum“.

Zu Besuch bei Greta, Trump und dem Alten Fritz

Die Leute damals sehnten sich nach Unterhaltung, waren scharf auf alles, was ihnen Abwechslung vom tristen Alltag versprach. Und deshalb strömten sie in Massen in das „Panoptikum“, das am 12. Mai 1879 am Spielbudenplatz eröffnete. Friedrich Hermann Faerber, der Inhaber, wurde so reich, dass er sich schon 15 Jahre später eins dieser neuartigen Ungetüme leistete, die man Automobile nannte.

Geboren wird Friedrich Hermann Faerber am 2. April 1849 in Ostpreußen. Nachdem er als Soldat am Deutsch-Französischen Krieg 1870/71 teilgenommen hat, lässt er sich in Potsdam nieder, wo er eine Anstellung beim Königlichen Hoftischler bekommt. Aber schon bald wechselt er den Beruf: Er hat nämlich in Berlin das eben neu eröffnete „Castansche Wachsfigurenkabinett“ besucht und ist elektrisiert.

Faerber – mit Holzbildhauerei schon vertraut – lässt sich zeigen, wie man Figuren aus Wachs modelliert, und geht nach Hamburg, wo er am 11. Mai 1879 in einer Lokalzeitung diese Annonce schaltet: „Wir schmeicheln uns mit unserem Panopticum ein Kunst-Institut geschaffen zu haben, wie es Hamburg in dieser Art noch nie gesehen hat.“

Wachsfigurenkabinette kennen die Leute zwar schon von Jahrmärkten. Faerbers Etablissement aber ist weit entfernt von deren Bretterbudenatmosphäre. Mit der breiten Marmortreppe und der Spiegeldecke erinnert es vielmehr an einen Palast. Genau das richtige Ambiente also, um darin gekrönte Häupter der Vergangenheit und Gegenwart auszustellen.

Hunderte von Figuren gehören zu Faerbers Schau: von Friedrich dem Großen bis Wilhelm II. Die Besucher können sehen, wie Störtebeker gefangen genommen wurde, sind quasi dabei, wie Hamburg beim Großen Stadtbrand 1842 ein Raub der Flammen wird, und werden in der „Schreckenskammer“ Augenzeuge von Hinrichtungen und Folterungen. Besonderes Aufsehen erregt der Saal, der sich „Anatomisches Museum“ nennt: Dort werden menschliche Organe aus Wachs gezeigt, sogar Geschlechtsteile, was im prüden Kaiserreich etwas ziemlich Ungewöhnliches ist. Es versteht sich, dass Frauen diesen Raum nur an „Damen-Tagen“ besuchen dürfen und dann auch nur ohne männliche Begleitung.

Bald zählt das „Panoptikum“ 100 000 Besucher pro Jahr. Der Laden brummt, sodass es sich Faerber leisten kann, einen sündhaft teuren Patent-Motorwagen von Benz zu bestellen. Alle in der Stadt staunen. Das Automobil ist schließlich gerade erst erfunden worden, noch nie zuvor ist eins über Hamburgs Straßen gerollt. Der Gründer des Wachsfigurenkabinetts ist Hamburgs erster Autobesitzer.

Geschäftlich werden die Zeiten härter. Der ganz große Boom des „Panoptikums“ geht dem Ende entgegen, als die Bilder laufen lernen und Lichtspielhäuser wie Pilze aus dem Boden schießen. Faerber aber kämpft um seine Existenz. Beispielsweise indem er sich bemüht, aktuelle Ereignisse so schnell es geht in seine Ausstellung zu integrieren: Kaum hat Kaiser Wilhelm II. 1890 Reichskanzler Otto von Bismarck entlassen, ist auch schon dessen Nachfolger Graf von Caprivi in der Ausstellung zu sehen. Und auch das tödliche Attentat auf Österreichs Kaiserin Sissi 1898 ist bereits nach wenigen Wochen in Wachs nachgestellt. So etwas begeistert das Publikum.

Die dunkelste Stunde des „Panoptikums“ schlägt 1943, als Bomben das Gebäude völlig vernichten. Fast alle Wachsfiguren sind zerstört. Nur ein paar können gerettet werden – und mit ihnen eröffnet die Familie Faerber ihre Schau 1948 neu. Heute ist das „Panoptikum“ das älteste Wachsfigurenkabinett Deutschlands und eine der wichtigsten Sehenswürdigkeiten von St. Pauli.

LINKE SEITE
So sah es auf dem Spielbudenplatz aus, als Friedrich Hermann Faerber 1879 sein „Panoptikum“ gründete.

OBEN
Nicht nur Wachsfiguren, auch menschliche Wunder aus Fleisch und Blut wurden präsentiert – etwa ein Mann mit 1,70 Meter langem Bart.

RECHTS OBEN
Der Gründer Friedrich Hermann Faerber (1849–1908)

RECHTS UNTEN
Blick in die Werkstatt – ein Bildhauer bei der Arbeit

Erst 1992 lüftete der SPD-Politiker das Familiengeheimnis und verriet, wer sein Großvater war.

Helmut Schmidts jüdische Verwandte

Es hätte anders kommen können. Ganz anders. Helmut Schmidts Vater wäre möglicherweise wegen seiner jüdischen Abstammung im KZ gelandet und ermordet worden. Helmut Schmidt selbst hätte es als „Vierteljude" - so der rassistische Terminus der Nazis - niemals zum Offizier der Wehrmacht gebracht. Und ob er Bundeskanzler geworden wäre - zumindest fraglich.

Ein Telefonat mit einer 94-jährigen Frau in Jerusalem. Es ist Immanu-El Adiv. Als Lieselotte Gumpel kam sie 1927 zur Welt. „Ich bin eine Großcousine von Helmut Schmidt", sagt sie freundlich. Sie ist geschwächt, kann nur noch schlecht sehen, und die Dinge gehen ein bisschen durcheinander. Deshalb assistiert ihr Sohn Dr. Uriel Adiv (69) bei dem Interview. Er ist von Beruf Dolmetscher, hat sogar schon für Angela Merkel übersetzt. Und: Er ist natürlich auch mit Helmut Schmidt verwandt. Er studierte in West-Berlin, als Helmut Schmidt Bundeskanzler in Bonn war - eine Tatsache, die er heute irgendwie lustig findet. Damals wusste weder Schmidt noch er selbst von diesem Verwandtschaftsverhältnis.

Immanu-El Adiv erzählt und erzählt und erzählt. Ihr Geist ist glasklar, wenn es um die Vergangenheit geht. Sie berichtet vom 1. April 1933, dem Tag ihrer Einschulung, als sie von der Lehrerin in die Ecke gestellt wurde, sie, die Jüdin. „Dabei hatte ich gar nichts Schlimmes gemacht." Sie erzählt von ihrem Vater Paul, der sie täglich mitgenommen habe zur Bank von Onkel Ludwig. Ja, der Ludwig, der sei ein kleiner dicker Mann gewesen. Und sehr lieb.

Sie erzählt davon, dass ihr Vater zunächst sicher war, das Eiserne Kreuz aus dem Ersten Weltkrieg würde ihn schützen. Und davon, dass er eigentlich bleiben wollte in Nazi-Deutschland, dass er dann aber nach den Pogromen 1938 doch Angst bekam. „Anfang 1939 sind wir dann nach Palästina geflohen." Und sie erzählt von ihrer Oma mütterlicherseits, Regina Schiff, die vom KZ Westerbork in den Niederlanden abgeholt, nach Auschwitz gebracht und dort sofort ermordet wurde. „Nur, weil das Visum für Palästina zwei Tage zu spät kam."

Sehr gut erinnern kann sich Immanu-El Adiv auch an ihren Besuch bei Helmut Schmidt. 1999 war das. Sie berichtet von dem gepanzerten Wagen, der sie abgeholt habe. Die Tür des Autos war so schwer, dass sie sie gar nicht aufbekam. Da musste der Fahrer helfen. Die Gespräche mit Helmut und vor allem mit Loki seien sehr nett gewesen. „Wir hatten ja Jahrzehnte lang keine Ahnung von unserer Verwandtschaft", so die alte Frau. „Wir hatten keine Ahnung vom Techtelmechtel, das Ludwig damals in Hamburg hatte."

Erzählen wir die Geschichte von Schmidts jüdischen Vorfahren am besten von Anfang an: Etwa 1750 lässt sich in der malerischen Kreisstadt Bernburg an der Saale (Sachsen-Anhalt) die Familie Gumpel nieder. Markthändler sind sie, eröffnen 1853 ein Bekleidungsgeschäft, und bald sind die Gumpels vor allem für die selbst geschneiderten Mäntel berühmt, weit über die Stadtgrenzen hinaus. Ludwig Gumpel, der „liebe Onkel", von dem Immanu-El Adiv erzählt hat, erlernt den Beruf des Bankkaufmanns und geht 1884 im Alter von 24 Jahren nach Hamburg, wo er sich als Fonds- und Wechselmakler niederlässt.

Es ist ein lauer Sommerabend des Jahres 1887, als Ludwig Gumpel die 19-jährige Hamburgerin Friederike Wenzel ausführt. Viele Jahrzehnte später wird sie berichten, dass er sie erst ins Theater, dann zum Essen eingeladen habe, dass viel Wein im Spiel gewesen sei - und dann habe der Rest sich so ergeben. Die Nacht verbringen sie wohl in Gumpels Pension, Colonnaden 54,

LINKE SEITE
Ludwig Gumpel (vordere Reihe, Zweiter von rechts): Helmut Schmidts leiblicher Großvater zusammen mit seiner Familie

LINKS
Familie Gumpel betrieb in Bernburg eine Bank und ein Bekleidungsgeschäft, das vor allem für seine Mäntel berühmt war.

RECHTS
Um 1750 siedeln sich die Gumpels in Bernburg, einer Kreisstadt 35 Kilometer nördlich von Halle/Saale, an.

1. Stock. Und dieses Schäferstündchen hat Folgen.

Für das Dienstmädchen Friederike Wenzel ist die Schwangerschaft eine einzige Katastrophe. Als Jugendliche saß sie wegen Betrugs und Diebstahls drei Monate im Gefängnis. Sie stammt aus einfachsten Verhältnissen, hat früh Vater und Mutter verloren und schlägt sich, seit sie 15 war, mit Jobs durch: als Dienstmädchen, Verkäuferin oder Kellnerin. Sie wohnt entweder bei ihren Arbeitgebern oder unter häufig wechselnden Adressen in bescheidenen Verhältnissen zur Untermiete. Sie ist absolut nicht in der Lage, allein ein Kind großzuziehen.

Uneheliche Geburten kommen im 19. Jahrhundert häufig vor und bedeuten für Mutter wie Kind eine große Schmach. Alleinstehende Frauen, die für ihren Lebensunterhalt arbeiten müssen, sind gezwungen, ihren oft als „Bastard“ diffamierten Nachwuchs wegzugeben. Viele Frauen nehmen sich aus Verzweiflung das Leben. Die Regel ist damals, dass die Väter sich überhaupt nicht scheren um ihre unehelichen Kinder, einfach behaupten, sie hätten nichts damit zu tun. Nachweisen kann ihnen ja sowieso niemand was.

Auch Ludwig Gumpel hat nicht die Absicht, die Frau zu heiraten, die er geschwängert hat. Er, der Kaufmann aus wohlsituierten Kreisen, sie, das einfache Dienstmädchen – eine solche „Mesalliance“ hätte damals für einen Skandal gesorgt. Aber immerhin lässt Gumpel Friederike finanziell nicht im Stich.

Weil der Junge den Vornamen seines Erzeugers als Zweitnamen bekommt, vermutet der Hamburger Historiker Gerrit Aust, dass die Beziehung zwischen dem Banker und dem Dienstmädchen Liebe gewesen ist. „Möglicherweise dauerte die Beziehung viele Jahre“, so Aust. „Schließlich wird Friederike noch mal schwanger, bringt 1892 den kleinen Adolf zur Welt, der bei einer Pflegefamilie nach nur zwei Monaten stirbt.“

Zurück zum ersten Kind – dem leiblichen Großvater des späteren Bundeskanzlers: Gustav Ludwig Wenzel kommt am 18. April 1888 zur Welt. Von Gesetz wegen – das geht zurück auf den Code Napoleon aus dem Jahr 1804 – dürfen uneheliche Erzeuger im Standesregister nicht festgehalten werden. So kommt es, dass in der Geburtsurkunde die Rubrik Vater einfach leer bleibt – ein Umstand, der später noch von großer Bedeutung sein wird. Friederike Wenzel hat wohl schon vor der Geburt alle Arrangements getroffen: Am 1. August 1888 adoptieren der junge Hausmeister Gustav Schmidt und seine Frau Catharina den Jungen. Sie bekommen von Ludwig Gumpel so viel Geld, dass sie davon den ersten Hausstand finanzieren können.

Friederike Wenzel und die Adoptiveltern sind sich nicht fremd. Die leibliche und die Adoptivmutter kennen sich von der Arbeit, sind als sogenannte Buffetmamsells im Bahnhofsrestaurant in Altona angestellt. Ein enger Kontakt zwischen Friederike Wenzel und der Familie Schmidt bleibt ein Leben lang, und so kann die leibliche Mutter ihren Sohn und ihre Enkel aufwachsen sehen. Friederike wird sogar Patin, als die Schmidts ihr erstes leibliches Kind bekommen. Und bei der Taufe ihres Sohnes ist Friederike auch dabei.

Und Ludwig Gumpel, der leibliche Vater? Der verlässt 1896 Hamburg. Er hat inzwischen standesgemäß die Fabrikantentochter Hedwig Leyser geheiratet und mit ihr eine Tochter gezeugt. Die junge Familie kehrt nach Bernburg zurück, wo Ludwig das Bankhaus „Gumpel & Samson“ gründet und mit seiner Frau drei weitere Kinder hat. Aber auch aus der Ferne vergisst Gumpel seinen unehelichen Sohn nicht. Das Arbeiterehepaar Schmidt hätte ihm aus eigener Kraft kaum den Besuch des Lehrerseminars ermöglichen können. Das geht nur dank der Förderung durch einen, wie es damals heißt, „wohlha-

LINKS
Catharina und Johann Gustav Adolf Schmidt waren die Adoptiveltern von Gustav Ludwig. Hier mit ihren Enkeln Wolfgang und Helmut.

RECHTS
Helmut Schmidt 1936 mit seinen Eltern Gustav Ludwig Schmidt (1888–1981) und Ludovica Schmidt (1890–1968)

RECHTE SEITE
Immanu-El Adiv, die Verwandte aus Israel, besucht Schmidt und dessen Bruder 1999 in Langenhorn.

benden Mann" – mit Sicherheit ist das Gumpel.

Gustav Ludwig Schmidt ist äußerst intelligent und wissbegierig. Er wird Studienrat. Unter seiner illegitimen Herkunft leidet er ein Leben lang. Wobei es ihn nicht stört, dass sein Erzeuger ein Jude ist. Unehelich geboren zu sein, das ist es, womit er nicht fertig wird. Eines Tages setzt er sich hin, schreibt einen Brief an Ludwig Gumpel und berichtet ihm von seinen beruflichen Erfolgen. Er will seinen Vater beeindrucken. „Als Antwort erhielt er einen Umschlag mit fünfzig Mark", schrieb Loki Schmidt später. „Die menschliche Enttäuschung war ihm noch anzumerken, als er mir Jahrzehnte später davon erzählte." Gustav Ludwig Schmidt schickt das Geld zurück und will von da an seinen leiblichen Vater nur noch vergessen. Er redet nie mehr über ihn. Seine Söhne wissen zunächst gar nicht, dass es diesen anderen Großvater überhaupt gibt.

Dann kommt das Jahr 1933. Helmut Schmidt, Gustav Ludwigs ältester Sohn, der spätere Kanzler, hat den Wunsch, Mitglied der Hitler-Jugend zu werden, so wie die anderen Jungs aus der Klasse auch. Seine Mutter sagt: „Das geht nicht." Der Junge gibt sich damit nicht zufrieden: „Warum nicht?" Da bricht es aus ihr heraus: „Weil du einen jüdischen Großvater hast." Schmidt schreibt später, seine Mutter habe ihm eingeschärft, mit niemandem darüber zu reden. Niemals. „Die Schulbehörde weiß nicht, dass Vati ein Halbjude ist; aber wenn die davon erfahren, dann werfen sie ihn raus." Schmidt schreibt: „So kam es, dass ich nicht einmal mit meinem Vater darüber geredet habe; ich wusste ja nicht, ob meine Mutter mich mit seiner Zustimmung über meinen Großvater aufgeklärt hatte. Außerdem hatte ich viel zu viel Angst vor meinem Vater. Während meiner Pubertät gab es erhebliche Spannungen zwischen uns, die mir auch bisweilen eine Ohrfeige eintrugen, und überhaupt war es für meinen zwei Jahre jüngeren Bruder Wolfgang und mich nicht leicht, mit ihm umzugehen."

Helmut Schmidt wird Offizier in Hitlers Wehrmacht. Als er 1942 heiraten will und einen Ariernachweis braucht, ist die Angst beim Vater riesig, dass jetzt etwas herauskommen könnte. Doch dann die Erlösung: Niemand nimmt Anstoß daran, dass der Großvater als unbekannt im Stammbaum eingetragen ist. Keine unangenehmen Fragen. Glück gehabt!

Und wie ergeht es nach der Machtergreifung der Nazis den Gumpels? Für sie beginnt ein Albtraum: Ludwig Gumpel selbst hat das „Glück", dass er das Schlimmste nicht erleben muss. Er stirbt 1935 bei einem Kuraufenthalt im tschechischen Karlsbad. Umso schlimmer spielen die Nazis seinem Sohn Max mit. Schon seit 1923 leitet er die Bank. Er ist verheiratet mit Inge, die keine Jüdin ist. Ihr Vater, ein erfolgreicher Augenarzt und überzeugter Nationalsozialist, ist gegen diese Ehe, Inges Mutter dafür, wodurch die Ehe der Eltern zerbricht.

Die Nazis wollen Max enteignen und erheben gezielt falsche Anschuldigungen gegen ihn, stellen ihn wegen Betrugs und Zinswuchers vor Gericht und sperren ihn anschließend ins KZ Lichtenburg, das er erst gegen eine Zahlung von 300 000 Reichsmark wieder verlassen darf. Max und seine Frau fliehen nach England – müssen aber ihren wenige Monate alten Sohn Michael bei der mütterlichen Oma zurücklassen.

Natürlich wollen die Eltern ihr Kind so schnell wie möglich zu sich holen. Da bietet Ludwig Gumpels Witwe Hedwig ihre Hilfe an. Sie borgt sich von der (arischen) Mutter ihrer Schwiegertochter den Pass und reist unter falschem Namen mit dem Kind nach England. Als sie dort ankommt, bekniet Max seine Mutter zu bleiben. Aber Hedwig Gumpel hat ihr Wort gegeben, den Pass zurückzubringen und will es nicht brechen. Sie kehrt zurück in den sicheren Tod.

Zunächst versteckt sie sich mehrere Jahre mithilfe ihrer Schwiegermutter und einiger Freunde in Berlin, später, als es dort zu brenzlig wird, in einem Gärtnerschuppen in Baalberge, heute ein Ortsteil von Bernburg. Es gibt Leute, die es gut mit ihr meinen, sie mit Lebensmitteln versorgen. 1942 erfährt Hedwig Gumpel, dass soeben die letzten Juden aus der Stadt deportiert worden sind. Völlig verzweifelt geht sie die sechs Kilometer vom Versteck bis zum jüdischen Friedhof zu Fuß, schluckt eine Überdosis Veronal, ein Schlafmittel, und legt sich zum Sterben auf das Grab ihres Ehemannes Ludwig Gumpel.

Zurück zu den Schmidts nach Hamburg: Helmut überlebt den Krieg, gerät in Gefangenschaft und engagiert sich nach seiner Rückkehr politisch. Der Rest ist Geschichte. Über seinen jüdischen Großvater, von dem er nicht mehr als den Familiennamen weiß, redet er mit Rücksicht auf die Gefühle seines Vaters nicht. Nur seinem Freund Valéry Giscard d'Estaing, dem französischen Staatspräsidenten, vertraut er sich an. Beide sitzen 1980 in einer gepanzerten, abhörsicheren Regierungslimousine, auch vom Fahrer sind sie durch eine Panzerglasscheibe getrennt, da erzählt Schmidt Giscard sein Geheimnis. Giscard schreibt in seinen Memoiren, Schmidt habe ihm gesagt: „Mon père est juif" – „Mein Vater ist Jude."

Einige Jahre danach erzählt Schmidt dem britischen Journalisten Jonathan Carr von den jüdischen Vorfahren – aber ohne den Namen Gumpel zu nennen. Den gibt er erst preis, nachdem 1991 der Vater gestorben ist und er, der Sohn, das Familiengeheimnis nicht länger hüten muss. In dem 1992 veröffentlichten Buch „Kindheit und Jugend unter Hitler" schreibt Schmidt sodann: „Trotz erheblicher Bemühungen ist es mir auch Jahrzehnte später nicht gelungen, über Gumpel und seinen Lebensweg Näheres zu erfahren. Auch von der Mutter meines Vaters weiß ich außer ihrem Namen und Geburtsdatum nichts."

Gumpel. Als der Name raus ist, gehen die Hamburger Historiker Gerrit Aust und Irmgard Stein sofort auf Spurensuche. Und noch im selben Jahr erscheint ihr Buch „Gumpel, Wenzel, Schmidt – die unbekannten Vorfahren von Helmut Schmidt".

Durch Zufall fällt der Band auch einem Mitglied der Familie Gumpel in die Hände, das sich gerade in Deutschland aufhält. Er informiert den gesamten Familienclan, der über die halbe Welt verstreut ist. Die Gumpels in den USA, die Gumpels in Brasilien, die Gumpels in England, die Gumpels in Deutschland und natürlich die Gumpels in Israel erfahren die unglaubliche Neuigkeit: „Wir haben ein neues Familienmitglied! Den ehemaligen Bundeskanzler aus Deutschland."

Einer aus der erstaunten Familie freut sich: „Gott sei Dank, dass er ein anständiger Mensch ist. Es hätte auch ein furchtbarer Nazi sein können!" Eine Zeit lang denken die Gumpels über ein großes Familientreffen mit den Schmidts nach. Daraus wird nichts. Immerhin kommt es 1999 zu einem dreitägigen Besuch von Immanu-El Adiv in Langenhorn. Sie erzählt, dass Helmut Schmidt gerade von einer Auslandsreise zurückgekommen sei und kurz darauf erneut verreisen musste. „Er war todmüde, aber hat sich die Zeit für mich genommen."

Helmut Schmidt und seine jüdischen Vorfahren. Das Ergebnis eines Techtelmechtels zwischen einem jüdischen Bankier und einem Hausmädchen aus Hamburg. Nicht auszudenken, was passiert wäre, hätten die beiden geheiratet. Das Leben des Kindes hätte einen völlig anderen Verlauf genommen. Dafür hätten die Nazis gesorgt.

Ein Detail muss noch nachgereicht werden: Friederike Wenzel, die leibliche Mutter von Gustav Ludwig Schmidt. Was wurde aus ihr? Helmut Schmidt glaubt lange, ihr nie begegnet zu sein. Irgendwann später erinnert er sich aber, dass – da war er noch Kind – immer mal wieder eine ältere Dame bei den Eltern zu Gast war, von der er nicht wusste, wer sie war. Das muss sie gewesen sein: die wahre Großmutter.

Friederike Wenzel hat im Alter von 46 Jahren endlich ihr Glück gefunden und den verwitweten 56-jährigen Werkmeister Johann Karl Heinrich Feind aus Rahlstedt geheiratet. Als sie stirbt, wird ihr Sohn Gustav Ludwig Schmidt benachrichtigt. Er nimmt 1949 an der Trauerfeier teil – aber niemand in der Kapelle ahnt, in welcher Beziehung er zu der Frau im Sarg steht. Dann lässt der Pastor in der Trauerrede die Bemerkung fallen, dass es der Verstorbenen leider nicht vergönnt gewesen sei, Kinder zu haben. Was muss in diesem Moment in dem Sohn vorgegangen sein?

Gustav Roscher fing 1893 bei der Polizei an, führte moderne Ermittlungsmethoden ein und lehrte die Gauner das Fürchten.

Er machte aus Hamburgs Kripo die beste der Welt

Fingerabdrücke von Verdächtigen zu nehmen, Verbrecherkarteien anzulegen und Tatorte fotografisch zu dokumentieren – heutzutage Alltag bei der Kriminalpolizei. Als Gustav Roscher 1893 Kripo-Chef wurde, führte er als Erster solche erkennungsdienstlichen Methoden ein und revolutionierte die Polizeiarbeit. Dank dieses genialen Kriminalisten gehörte Hamburgs Kripo vor rund 120 Jahren zu den modernsten der Welt.

In der zweiten Hälfte des 19. Jahrhunderts begann Hamburgs großer Boom. Die Bevölkerung wuchs explosionsartig. Klar, dass unter den vielen Glücksrittern, die in der Hansestadt strandeten, auch viele Kriminelle waren: Diebstähle, Raubüberfälle und Morde gehörten zum Alltag. Die Hansestadt galt neben Berlin als Hochburg der Kriminalität in Deutschland. Und die Polizei? Sie war damit völlig überfordert.

Erst nach dem Choleraausbruch 1892 änderte sich das: Bei der Epidemie, die mehr als 8000 Menschenleben kostete, versagten Hamburgs Behörden auf ganzer Linie, sodass der Ruf nach Reformen immer lauter wurde: Das schloss auch die Polizei ein. Um sie moderner und schlagkräftiger aufzustellen, trug der Senat dem Juristen Gustav Roscher die Leitung der Kripo an – eine glänzende Wahl.

1852 war Roscher als Sohn eines Arztes in Elze bei Hannover auf die Welt gekommen. 1879 bestand der Jurist das Gerichtsassessor-Examen und war dann längere Zeit als Staatsanwalt am Landgericht Essen tätig. In dieser Zeit schloss er Freundschaft mit dem Stahl-Industriellen Friedrich Alfred Krupp. In dessen „Villa Hügel“ war er häufig zu Gast.

1889 wechselte Roscher zur Hamburger Staatsanwaltschaft, wo er sich durch Durchsetzungs- und Innovationskraft für höhere Aufgaben empfahl: Nachdem er am 16. Januar 1893 das Amt des Kripo-Chefs angetreten hatte, begann er sofort damit, den Apparat völlig umzukrempeln. Eine seiner Maßnahmen: Er führte das Telefon ein und sorgte so dafür, dass die Wachen in der Stadt schnell mit der Polizeizentrale im Stadthaus in Verbindung treten konnten, wo die Kripo ihren Sitz hatte.

Kern von Roschers Reformen war der Aufbau eines Erkennungsdienstes: Er schuf ein einheitliches „Generalkartenregister“, in dem alle, die mal mit der Polizei zu tun hatten, erfasst wurden. Schon nach sechs Jahren enthielt das Verzeichnis die Daten von 190 000 potenziellen Verbrechern. Daneben ließ Roscher Spezialkarteien für Tätowierungen, Narben, Handschriften, ja sogar für Spitznamen führen. Hatte ein Zeuge mitbekommen, dass ein Täter von seinem Komplizen „Amerikaner-Otto“ oder „Zigeuner-Lalli“ gerufen wurde (beide Spitznamen existierten tatsächlich!), mussten die Beamten nur in die Kartei schauen und wussten sofort, um wen es sich handelte.

Roscher baute die Photographische Anstalt der Polizei aus und sorgte dafür, dass Täter, Tatorte, Leichen, ja sogar Handschriften fotografiert wurden. Um 1900 kam Hamburgs Verbrecheralbum bereits auf 87 Bände und enthielt 31 200 Fotografien. Als Roscher 1903 auch noch das Fingerabdruck-Verfahren einführte, war Hamburgs Kripo endgültig auf dem höchsten Stand der Kriminalistik angekommen. Roscher, der bis dahin die Kripo und Politische Polizei geführt hatte, übernahm im Jahr 1900 die Leitung der gesamten Hamburger Polizei. 1912 wurde er zum Polizeipräsidenten befördert und war damit der Erste in der Stadt, der dieses Amt bekleidete. Im selben Jahr erschien Roschers Buch „Großstadtpolizei“, das zum Standardwerk der Kriminalistik avancierte und seinen Verfasser zur lebenden Legende machte.

Unter Roschers Führung löste die Kripo etliche spektakuläre Kriminalfälle. Darunter den fünffachen Kindesmord, der auf das Konto der Hebamme Elisabeth Wiese ging, die dafür zum Tode verurteilt und hingerichtet wurde: Fünf Neugeborene, die ihr von den leiblichen

LINKS
Der bedeutendste Kriminalist in der Geschichte Hamburgs: Gustav Roscher, der 1893 erst Kripo-Chef, später dann Polizeipräsident wurde

Müttern zur Pflege anvertraut worden waren, hatte die „Engelmacherin von St. Pauli" getötet und in ihrem Kohleofen verbrannt – aus purer Habgier.

Außer Mördern, Betrügern, Einbrechern und Dieben galt Roschers Hauptaugenmerk den sogenannten „Anarchisten": politische Gewalttäter, die damals durch spektakuläre Mordanschläge von sich reden machten und vor allem die Repräsentanten des Staates in Angst und Schrecken versetzten. 1898 hatte der italienische Anarchist Luigi Lucheni Kaiserin Elisabeth von Österreich („Sissi") ermordet. Bereits 1894 war der französische Präsident Marie François Sadi Carnot erschossen worden.

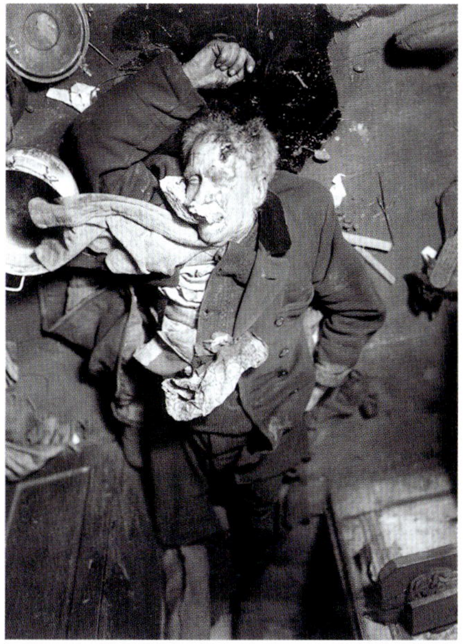

Weil Roscher auch in Hamburg mit linken Umsturzversuchen und Attentaten rechnete, gründete er eine Truppe von Polizeibeamten, die sich als Arbeiter verkleidet in den Hafenkneipen herumtrieben, den Gesprächen lauschten und darüber Protokolle anlegten – über die Jahre insgesamt 20 000. Außerdem ließ Roscher ein sogenanntes Anarchistenalbum anlegen mit Fotos und persönlichen Angaben von 400 bekannten politischen Aktivisten aus ganz Europa. Die Mühe lohnte sich: Hamburgs Politische Polizei bekam 1897 mit, dass italienische Attentäter am Hannoverschen Bahnhof einen Sprengstoffanschlag auf das Kaiserpaar planten. Die Tat wurde vereitelt.

Gustav Roscher, der Mann, der Hamburgs Polizei in die Moderne führte, starb Heiligabend 1915 nach kurzer schwerer Krankheit. Er wurde 63 Jahre alt.

OBEN
Mehrfach verübten „Anarchisten" im 19. Jahrhundert Anschläge auf Repräsentanten des Staates. In diesem Album waren Hunderte von ihnen abgebildet.

UNTEN
Foto eines Mordopfers: 1910 war im Haus Goernestraße 10 ein Uhrmacher namens L. durch einen Hammerschlag auf den Kopf getötet worden.

RECHTS
Auch dies eine Innovation des neuen Polizeichefs: Sämtliche Tatorte wurden fotografisch dokumentiert.

Der Schriftsteller und Maler schrieb die Verse zu dem Lied „Lili Marleen", als er 1915 im Ersten Weltkrieg als Soldat vor einer Kaserne Wache schob.

Hans Leip und das berühmteste Liebeslied aller Zeiten

Der spätere US-Präsident Dwight D. Eisenhower nannte Hans Leip „den einzigen Deutschen, der der ganzen Welt im Krieg nur Freude gebracht hat" und ließ sich von ihm ein Autogramm auf einer Dollarnote geben. Hans Leip hätte eigentlich einen Ehrenplatz im kollektiven Gedächtnis unserer Stadt verdient, doch ist er in Vergessenheit geraten. Das gilt auch für sein Werk – allerdings mit einer großen Ausnahme: Ein Lied aus Leips Feder brachte es zum Welthit, wurde zum ersten globalen Popsong der Musikgeschichte. Ob in Hamburg, London, Paris, Moskau oder Washington – überall können es die Leute mitsingen oder doch wenigstens mitsummen. Bis heute.

Die Rede ist von „Lili Marleen", einem Lied das von Abschied, Sehnsucht und Todesfurcht handelt, im Zweiten Weltkrieg an allen Fronten gehört und von Freund und Feind gleichermaßen geliebt wurde. Der Schriftsteller John Steinbeck nannte es „das schönste Liebeslied aller Zeiten", der britische Premier Winston Churchill dirigierte es höchst persönlich in der Royal Albert Hall, und Diktator Adolf Hitler war der Überzeugung, es werde „möglicherweise uns alle überdauern".

Hans Leip, der das Lied 1915 als 22-Jähriger auf einen Zettel kritzelte, während er in Berlin vor einer Kaserne Wache schob, wurde am 22. September 1893 geboren. Am Haus Lange Reihe

LINKS
Der erste globale Popsong der Musikgeschichte: „Lili Marleen", ein Lied über ein Paar, das durch den Krieg getrennt ist. Der Hamburger Hans Leip hat den Text verfasst.

OBEN
Hans Leip (1893–1983) – Maler, Grafiker, Schriftsteller

91 in St. Georg stößt der aufmerksame Spaziergänger auf ein Hinweisschild, denn dort wuchs Leip als Sohn eines ehemaligen Seemanns auf. Seine Sehnsucht galt denn auch von klein auf dem Wasser und dem Hafen. Als Junge träumte er davon, es seinem Vater gleichzutun und ebenfalls zur See zu fahren. Wenigstens für drei Wochen ging dieser Traum in Erfüllung, denn als 17-jähriger Schüler fuhr Leip während der Schulferien als Gehilfe des Schiffkochs auf einem Fischdampfer mit. Doch die Mutter, die unbedingt wollte, dass ihr begabter Sohn den Lehrerberuf ergreift, setzte sich durch: Leip studierte und erwarb 1914 die Lehrbefugnis für die Fächer Sport und Religion. Im Frühjahr desselben Jahres trat er seine erste Stelle an: an einer Schule in Hamburg-Rothenburgsort.

OBEN
Holz- und Linolschnitte von Hans Leip, die zweite Arbeit von rechts ist ein Selbstporträt aus dem Jahr 1919.

Kurz darauf wurde er zu den Waffen gerufen und in den Ersten Weltkrieg eingezogen. Am Tag, nachdem er „Lili Marleen" geschrieben hatte, wurde seine Einheit von Berlin an die Ostfront verlegt. Eine Erfahrung, die sein Leben nachhaltig prägte. Er wurde zum überzeugten Pazifisten. „Mordbrenner-Verbrechen", so nannte er ab da Kriege.

1917 verletzte sich Leip bei einem Sturz so schwer, dass er für dienstuntauglich erklärt und aus dem Militärdienst entlassen wurde. Nach Kriegsende beendete Leip seine Lehrtätigkeit und widmete sich zunächst dem Malen und dem Zeichnen: Rund 3600 Bilder, Grafiken, Zeichnungen, Holzschnitte, Linoldrucke und Lithografien schuf er. Nebenher schrieb er Kurzgeschichten und Kunstkritiken für Hamburger Zeitungen.

1925 hatte Leip dann seinen großen Durchbruch als Autor: Bei einem Wettbewerb der „Kölnischen Zeitung" erhielt er für seinen historischen Abenteuerroman „Godekes Knecht" den ersten Preis. In der Jury saß kein Geringerer als Thomas Mann, der Nobelpreisträger, der Leips Werk in höchsten Tönen lobte. Das war der Ritterschlag für den jungen Schriftsteller. In „Godekes Knecht" erzählte Leip das Schicksal der Seeräuber um Godeke Michel und Klaus Störtebeker. Auch in seinen späteren Werken hielt Leip an dem Thema Seefahrt fest: Immer wieder standen Menschen von der Küste und auf hoher See im Mittelpunkt seiner Arbeiten. Der Roman „Jan Himp und die kleine Brise" wurde zu seinem erfolgreichsten Buch.

Ganz entscheidend fürs Leips Karriere wurde die 1937 in Hamburg verlegte Anthologie „Die kleine Hafenorgel". Darin publizierte er erstmals sein Gedicht „Lili Marleen". Noch im selben Jahr stieß der erfolgreiche Komponist Norbert Schultze – versiert als Autor martialischer Propagandamusik – auf die traurigen Verse vom Abschied vor dem Kasernentor und unterlegte sie mit genau den Marschtakten, die ins militaristische Klima der NS-Zeit passten.

1939 wurde der von der Sängerin Lale Andersen interpretierte Song von Electrola auf Schallplatte veröffentlicht, allerdings floppte die Scheibe, gerade mal 700 Exemplare wurden verkauft. Das änderte sich, als 1941 die Wehrmacht Belgrad einnahm und damit begann, von dort Radio für die deutschen Soldaten an der Front zu machen. Weil es außer serbischer Marschmusik kaum brauchbares Material gab, wurde eine Kiste Schallplatten aus Wien geholt – darunter das „Lied eines jungen Wachtpostens", das als „Lili Marleen" berühmt wurde. Der Soldatensender Belgrad, der von Nordafrika bis ins norwegische Narvik empfangen werden konnte, spielte es jeden Tag zum Abschluss des Programms um 21.57 Uhr – zum Ärger von Propagandaminister Joseph Goebbels, der das Lied zwischenzeitlich verbieten ließ. Ihm war es zu defätistisch, zu sentimental.

Nicht nur die deutschen, auch die alliierten Soldaten waren begeistert von „Lili Marleen". Es wird berichtet, dass

die Tommys in Nordafrika oft „Louder please, comrades“ hinüberriefen, wenn die Deutschen in ihren Stellungen das Lied im Radio hörten. Die Waffen schwiegen dann für einige Minuten. „Überall in der Wüste“, so hielt ein britischer Kriegsberichterstatter fest, „pfiffen englische Soldaten das Lied.“ Ab 1943 sang Marlene Dietrich eine englische Version vor US-Soldaten und machte es schließlich bei den alliierten Truppen populär. Reich wurde Hans Leip durch den Welterfolg seines Liedes allerdings nicht. „Die Soldatensender zahlten leider keine Tantiemen“, sagte er einmal schmunzelnd.

Umstritten und zwielichtig ist Leips Rolle im Nationalsozialismus. Leip, der von sich später sagte, er habe von Politik nichts verstanden, versuchte sich durchzulavieren. Er publizierte in Goebbels Zeitschrift „Das Reich“, schrieb Drehbücher für die UFA und ließ sich von der NS-Propagandaführung als Biograf des zum arischen Kämpfertypus stilisierten Boxstars Max Schmeling gewinnen. Leip nahm 1940 und 1941 an den sogenannten Weimarer Dichtertreffen teil, die von Goebbels als Schaulauf für die nationalsozialistische Literaturelite organisiert wurden. Am 1. September 1942 zeichnete Adolf Hitler ihn und rund fünfzig weitere Schriftsteller und Drehbuchautoren mit dem Kriegsverdienstkreuz II. Klasse aus.

Leip war der klassische Mitläufer, versuchte nicht anzuecken. Manchmal bewies er aber auch Mut: etwa, als er sich für die Freilassung seines jüdischen Förderers Oscar Isey aus dem KZ einsetzte. Außerdem ging er zur Beerdigung des als „entartet“ erklärten Bildhauers Ernst Barlach – das hätte ernste Konsequenzen für ihn haben können. Nachdem Hamburg im Sommer 1943 während der alliierten „Operation Gomorrha“ in weiten Teilen in Schutt und Asche gelegt worden war – er erlebte die Angriffe hautnah mit –, thematisierte Leip die Zerstörung seiner Heimatstadt in seinem „Lied im Schutt“. Zwar wurde er dafür nicht verhaftet, aber die Nazis untersagten ihm, öffentliche Lesungen abzuhalten.

Leip, der ab 1940 vorwiegend am Bodensee und in Tirol gelebt hatte, zog 1948 in die Schweiz. Er veröffentlichte noch viele weitere Bücher, aber von seinen zahlreichen Romanen, Erzählungen, Gedichten, Theaterstücken, Hörspielen und Filmdrehbüchern hat nichts für so viel Furore gesorgt und eine solch große Bekanntheit erlangt wie „Lili Marleen“, das Liebeslied vom traurigen Abschied eines Frontsoldaten.

1961 wurde Leip vom Hamburger Senat mit der Medaille für Kunst und Wissenschaft ausgezeichnet. 1973 verlieh ihm der Senat eine Ehrenprofessur sowie 1978 die Biermann-Ratjen-Medaille. Am 6. Juni 1983 starb Hans Leip in seinem Haus in Fruthwilen im Kanton Thurgau. In Altona ist das Hans-Leip-Ufer nach ihm benannt.

OBEN
Die Eltern, ein Kinderbild, Leip als Garde-Füsilier und ein Bild aus den 1970er Jahren

RECHTE SEITE
Filmplakat mit Hanna Schygulla zum Kinofilm „Lili Marleen“, der 1981 in die Kinos kam

DIASA
HANNA SCHYGULLA - GIANCARLO GIANNINI
Lili Marleen
Un film de RAINER WINDER FASSBINDER

Er war Dichter, Orgelbauer, Sektengründer, Pazifist, Landwirt und Hormonforscher. Sein Werk sperrt sich gegen einfache Klassifizierungen. Ein verkanntes großes Genie.

Hans Henny Jahnn – Genialität, die an Wahnsinn grenzt

Das Blut fließt nur so in seinen Werken, Mordorgien wechseln sich ab mit – sagen wir – ungewöhnlichen Sexpraktiken. Hans Henny Jahnn schrieb Theaterstücke und Romane, die nur schwer zu verdauen, ja, regelrecht verstörend sind und die dennoch zur ganz großen deutschen Literatur zählen. Es passt zu diesem Mann, dass er nicht nur Schriftsteller war, sondern auch noch Sektengründer und Pazifist, Landwirt, Hormonforscher und ein Meister des Orgelbaus – außerdem ein leidenschaftlicher Atomwaffengegner und Tierschützer.

Hans Henny Jahnn war bizarr und schrill. Sogar noch im Tod sorgte er für Stirnrunzeln: Die Sargträger auf dem Nienstedtener Friedhof mussten 1959 alle drei Schritte pausieren, denn der Tote wurde in einem wahnsinnig schweren, wachsversiegelten und mit Metall ausgekleideten Sarg aus überdickem Holz beigesetzt. Das hatte Jahnn selbst so verfügt, und zwar aus Angst, andernfalls von Würmern zerfressen zu werden.

LINKS
Eine Aufnahme von der Insel Bornholm: Hans Henny Jahnn mit seiner Frau Ellinor, Tochter Signe und Eduard Harms

RECHTS
Hans Henny Jahnn mit Hut im Jahr 1918. Der Sohn eines Schiffbauers wuchs in der Högenstraße in Stellingen auf.

Am 17. Dezember 1894 wird Hans Henny August Jahn (zu diesem Zeitpunkt noch mit nur einem „n") an der Högenstraße in Stellingen geboren. Jahn ist Sohn eines Schiffbauers, besucht die Oberrealschule Kaiser-Friedrich-Ufer und startet ein seltsames Projekt: Er beschließt, gegenüber seinen Eltern, Lehrern und Mitschülern immer nur die Wahrheit zu sagen, niemals zu lügen. Wer das einmal versucht, lernt schnell: Freunde macht man sich damit nicht. So erging es auch Jahn.

Der exzentrische junge Mann, der unter Minderwertigkeitskomplexen leidet, gleichzeitig aber Allmachtsfantasien entwickelt, bricht das Experiment ab, als der Vater mit einer Zwangseinweisung in die Irrenanstalt droht. Seine Mitschüler schneiden ihn, weil er sich an Prügeleien

nie beteiligt. Sein Lehrer nennt ihn vor versammelter Mannschaft „verrückt". Zugleich gilt er als exzellenter und begabter Schüler, der keine Zeit mit Hausaufgaben verschwendet, sondern bereits als Jugendlicher Dramen schreibt.

1915, im Jahr nach dem Abitur, emigriert Jahnn (jetzt schreibt er sich mit zwei „n") gemeinsam mit seinem Geliebten Gottlieb Harms nach Norwegen, denn er ist Pazifist und will auf keinen Fall an die Front geschickt werden. Die beiden Jungs wohnen in Aurland am Aurlandsfjord, die Familien schicken ihnen Geld. „In dieser Zeit habe ich leben gelernt, habe ich die Welt durchschaut und alles gesehen, woraus Leben besteht", sagt Jahnn später. „Es war eine harte Schule." Während seines selbst gewählten Exils schreibt Jahnn nicht nur Theaterstücke, er beschäftigt sich autodidaktisch auch mit praktischen und theoretischen Fragen des Orgelbaus.

Nach Kriegsende kehren Harms und Jahnn nach Deutschland zurück und ziehen gemeinsam mit dem etwas jüngeren Bildhauer Franz Buse 1919 aufs Land: Bei Eckel in der Nordheide (Landkreis Harburg) gründen sie eine Künstler- und Lebensgemeinschaft, die sie „Ugrino" nennen. Diese Gemeinschaft entsteht – wie viele ähnliche Gruppen in der Weimarer Republik – aus dem Bedürfnis nach neuer Sinnstiftung heraus und als Alternative zu der von vielen als enttäuschend empfundenen Situation nach dem Ersten Weltkrieg. Die „Ugrino"-Sekte feiert den Körper, das sinnliche Erleben und die sexuelle Freiheit. Sie verfolgt darüber hinaus das Ziel, Kunstwerke aller Art zu erhalten und neue zu erschaffen. Jahnn plant und zeichnet monumentale Kultbauten in der Tradition der mittelalterlichen Bauhütten. Er erwirbt mit Unterstützung wohlhabender Freunde und Förderer mehrere große zusammenhängende Grundstücke. Das Projekt scheitert an den gigantischen Kosten des Landkaufs.

Geblieben sind von den rauschhaften Architekturträumen, die sich an Pyramiden, babylonischen Tempelstätten und romanischen Kathedralen orientieren, eine Reihe von Skizzen und Zeichnungen, Detail- oder Gesamtentwürfe, die durch ihre großartige Schlichtheit und klare Gestaltung beeindrucken. Gebaut worden ist davon fast nichts – abgesehen von einem massiven Familiengrabstein in Granit und einem turmartigen Wohnhaus im

LINKS
Jahnn mit Tochter Signe und Eduard Harms auf Bornholm

OBEN
Jahnn 1957 im Kreis von Freunden in der Bierhalle „Zillertal" auf St. Pauli

UNTEN LINKS
Jahnns Geliebter Gottlieb Friedrich Harms, genannt „Friedel"

UNTEN RECHTS
Jahnns Geliebte, die Ungarin Judit Kárász

Stil der Neuen Sachlichkeit, das Jahnn gemeinsam mit dem Hamburger Architekten Werner Kallmorgen entworfen hat.

In den 1920er Jahren wird Jahnn zum Initiator der sogenannten „Orgelreformbewegung“. Große Anerkennung und ein schmales Gehalt als Orgelsachverständiger bringen ihm die Restaurierung der Arp-Schnitger-Orgel in Hamburgs Hauptkirche St. Jacobi ein. Kirchliche Kritiker seines literarischen Werks und professionelle Orgelbauer machen ihm das Leben zwar schwer, trotzdem realisiert er zahlreiche Großinstrumente in Deutschland und Dänemark. In Hamburg sind zwei Exemplare erhalten: die Orgel der Ansgarkirche in Langenhorn aus dem Jahr 1931 und das ungewöhnlich farbig gestaltete Instrument in der Heinrich-Hertz-Schule am Stadtpark.

Von herausragender Bedeutung ist Hans Henny Jahnn als Schriftsteller, auch wenn er wegen seiner grenzüberschreitenden Darstellung von Sexualität und Gewalt ein Leben lang stark umstritten ist. Mit seinem literarischen Werk zählt er laut der „Sozialgeschichte der deutschen Literatur“ zu den „großen produktiven Außenseitern des Jahrhunderts“. 1919 veröffentlicht Jahnn sein in Norwegen verfasstes Drama „Pastor Ephraim Magnus“ – eine wahre Orgie an Gewalt, Exzess und Lust. Die drei Kinder des sterbenden Pastors Magnus überschreiten alle Grenzen der bürgerlichen Ordnung. Mit großer Radikalität experimentieren sie mit sich und anderen. Jakob wird zum Frauenmörder und hingerichtet. Die überlebenden Geschwister Johanna und Ephraim bewahren den Körper des Toten und erkunden selbst die Grenzen körperlichen Schmerzes …

Für das Skandalstück wird Jahnn 1920 mit dem Kleist-Preis bedacht, damals die höchste Auszeichnung im deutschen Literaturbetrieb. Mit gerade mal 25 Jahren ist er damit auf dem Höhepunkt seines schriftstellerischen Schaffens angekommen. Es folgen weitere Dramen, und weil darin immer wieder Sodomie, Homosexualität, Inzest und Verstümmelung eine Rolle spielen, wird Jahnn von Teilen der Presse schwer attackiert – sie verstehen ihn einfach nicht. Fachkollegen wie Thomas Mann dagegen verehren ihn.

So auch Botho Strauß: Der hält Jahnns Roman „Fluss ohne Ufer“ für eines der bedeutendsten Erzählwerke des 20. Jahrhunderts: Darin geht es um einen Dreimaster, der auf einer geheimnisvollen Reise ist und auf dem plötzlich die Tochter des Kapitäns verschwindet. Gustav, der Verlobte der Verschwundenen, sucht das Schiff ab, das immer mehr einem Labyrinth aus geheimen Kammern, verschlossenen Türen und blinden Gängen gleicht. Als herauskommt, dass Leichtmatrose Tutein die Frau einfach so, ohne jeden Grund, ermordet hat, verliebt sich Gustav seltsamerweise in den Mörder: „Ich spürte das warme fade Fleisch, das sich staunend meinem Kuss öffnete. Ich roch den Angstschweiß des Mörders. Ich taumelte vor Glück.“

Auch Jahnns Roman „Perrudja“ gilt einerseits als literarisches Meisterwerk, ist andererseits wegen der unkonventionellen Darstellung von Sexualität sehr umstritten: Im Mittelpunkt steht die Lebensgeschichte eines Mannes, der viel Geld erbt und damit die Welt zum Besseren ändern will. Er baut sich eine wuchtige tempelartige Festung und gründet eine Jugendorganisation, mit deren Hilfe er Gerechtigkeit und Frieden auf der Erde erreichen will. Perrudjas sexuelle Orientierung scheint unbestimmt. Er fühlt sich sinnlich zu seiner Stute Shabdez hingezogen, aber auch zu dem Arbeitersohn Alexander. Schließlich wirbt er um Signe, der er bereits in der Kindheit begegnet ist, und tötet ihren Verlobten, um sie zu erobern …

Auffallend sind die autobiografischen Züge des Werks. Jahnn ist – auch wenn er sich öffentlich nie dazu bekennt – homo- oder besser gesagt bisexuell: Als große Liebe seines Lebens gilt sein Freund Gottlieb Harms. Andererseits heiratet er 1926 eine Frau: Ellinor Philips. Und deren Schwester wird die Frau von Jahnns Geliebtem Harms. Ein ziemliches Durcheinander. Hans Henny Jahnns und Ellinors außergewöhnliche Beziehung ist durch Nähe und Distanz, aber auch große Sorge füreinander gekennzeichnet. Liebe spielt gewiss eine Rolle, denn 1929 kommt die gemeinsame Tochter Signe Jahnn zur Welt (sie stirbt 2018). Aber es ist eine offene Ehe: Ellinor hat eine freundschaftliche bis intime Beziehung zu Gottlieb Harms und unternimmt mehrere Reisen mit ihm, während Jahnn lange eine Affäre mit der ungarischen Fotografin Judit Kárász unterhält.

Die schwierigste Phase im Leben des Schriftstellers beginnt, als 1933 Adolf Hitler Reichskanzler wird. Die neuen Machthaber stehen ihm äußerst feindlich gegenüber. In der Nazi-Presse wird Jahnn aufgrund seiner schriftstellerischen Werke als „Kommunist und Pornograph" verunglimpft. Jahnn flieht auf die dänische Ostseeinsel Bornholm und erwirbt einen landestypischen Vier-Seiten-Bauernhof: „Bondegård". Dort stürzt er sich voller Begeisterung in die Arbeit mit Natur und Tieren. Er hat einige Zuchterfolge mit Pferden und Rindern. Jedoch kann die Landwirtschaft ihm und seiner Familie kein stabiles Einkommen bescheren: Er ist gezwungen, den Hof zunächst zu verpachten, schließlich zu verkaufen, und erwirbt daraufhin in unmittelbarer Nachbarschaft die Kate „Granly", die er nach eigenen Plänen umbaut und für mehrere Jahre bewohnt.

1950 kehrt Jahnn dauerhaft nach Hamburg zurück und versucht, sich im Literatur- und Kulturbetrieb der Hansestadt zu etablieren. Er gründet – entsprechend seinem generalistisch-kreativen Anspruch – die Hamburger Freie Akademie der Künste, in der alle Kulturschaffenden zusammengeschlossen sind, Musiker und Schauspieler genauso wie Literaten und Architekten. Und Jahnn engagiert sich jetzt auch politisch – kämpft gegen die restaurativen Tendenzen der Adenauer-Republik und sucht den Austausch mit Künstlern und Schriftstellern Ostdeutschlands. Er reist – mitten im Kalten Krieg – nach Ostberlin und Moskau, was ihn erneut zu einem gesellschaftlichen Außenseiter macht.

Jahnns vehementer Kampf gegen die atomare Bewaffnung gipfelt in einer legendären Brandrede für den Frieden, die er 1958 vom Balkon des Rathauses vor 150 000 Demonstranten hält. Auch die zivile Nutzung der Kernenergie lehnt Jahnn ab, weil er schon damals erkennt, dass das Problem der Lagerung des atomaren Mülls ungelöst ist. Ebenfalls ein großes Anliegen Jahnns: der Tierschutz. Er lehnt Tierversuche ab, kämpft gegen die Sterilisation der Eberferkel aus Geschmacksgründen, gegen die Verseuchung von Boden und Gewässern durch Kunstdünger und die Naturverarmung durch die Mechanisierung der Landwirtschaft: Positionen, die Jahnn heute überraschend zeitgemäß erscheinen lassen.

Bis zu seinem Tod bewohnt der Schriftsteller das Kavaliershaus im Hirschpark (Nienstedten), in dem sich heute das Restaurant „Witthüs" befindet. Er stirbt am 29. November 1959 im Alter von 65 Jahren.

LINKE SEITE
1956 wurde Jahnn im Rathaus mit dem Lessing-Preis der Hansestadt Hamburg ausgezeichnet.

OBEN LINKS
Die Arp-Schnitger-Orgel in St. Jacobi. Jahnn (r.) zusammen mit den Organisten Günther Ramin (l.) und Erwin Zillinger – Aufnahme aus dem Jahr 1925

OBEN RECHTS
Jahnn war eine Zeit lang öffentlich bestellter Orgel-Sachverständiger der Stadt Hamburg.

1896 wehrten sich die Beschäftigten der Kaffeebarone gegen unmenschliche Arbeitsbedingungen – ein halbes Jahr bevor der große Ausstand der Hafenarbeiter beginnt.

Aufstand der „Kaffeemiedjes" – der erste Frauenstreik Deutschlands

In Hamburgs Arbeiterschaft rumort es. Die Arbeitsbedingungen in den Fabriken und im Hafen sind Ende des 19. Jahrhunderts unmenschlich. 13, 14 Stunden täglich müssen die Männer und Frauen schuften und werden dann auch noch mit Hungerlöhnen abgespeist. 1896 ist es so weit, da platzt den Leuten der Kragen und ein Schrei gellt durch die Straßen: „Streik!"

Dass das Jahr 1896 von großer Bedeutung in der Geschichte der deutschen Arbeiterbewegung ist, liegt in erster Linie an den 17 000 Hafenarbeitern, die ab November für elf Wochen in den Ausstand treten. Der Hamburger Hafenarbeiterstreik ist einer der längsten Arbeitskämpfe in der Geschichte des Kaiserreichs und hat Geschichte geschrieben. Aber es gibt in Hamburg, der „Hauptstadt des deutschen Sozialismus" (August Bebel), noch einen zweiten Streik in jenem Jahr. Er ist bei Weitem nicht so groß, dauert auch nicht so lange – das ist wohl der Grund, weshalb er in Vergessenheit geriet. Dabei ist er schon bedeutend, denn zum ersten Mal in der deutschen Geschichte wagen Frauen einen Arbeitskampf: Es sind die „Kaffeemiedjes", die Kaffeeverleserinnen, die im April, also sieben Monate vor den Hafenarbeitern, die Arbeit niederlegen.

Hamburg ist schon damals einer der größten Kaffeehandelsplätze der Welt. Die Kaffeebarone beschäftigen viele Hundert Kaffeeverleserinnen – meist Hausfrauen, die dazuverdienen müssen, weil das Einkommen des Mannes nicht ausreicht. Tagtäglich sitzen diese Frauen elf Stunden oder länger in gebeugter Haltung an Tischen und sortieren im Akkord die ungerösteten Kaffeebohnen nach Farbe und Größe. Das Wichtigste dabei ist, dass sie die schlechten Bohnen rausfischen, die, die zu stark fermentiert und daran zu erkennen sind, dass sie weißlich schimmern.

Die Arbeit ist stupide und anstrengend und stellt hohe Anforderungen an die Konzentration, denn keine schlechte Bohne darf übersehen werden. Eine einzige „Stinkerbohne" reicht schon,

um beim Rösten die komplette Partie zu verderben. Deshalb werden die Kaffeeverleserinnen von strengen Vorarbeiterinnen überwacht. Machen die Frauen den geringsten Fehler, müssen sie die gesamte Charge neu verlesen. „Kaffeemiedjes", die es wagen, während der Arbeitszeit zu lachen, zu singen oder auch nur zu reden, werden mit Lohnabzug bestraft.

Das wollen sich die Frauen nicht länger gefallen lassen: Sie wählen im März 1896 eine Tarifkommission und erheben Forderungen: Die Arbeitszeit soll auf maximal neun Stunden begrenzt sein. Außerdem verlangen sie einen Mindestlohn von 25 Pfennig pro Stunde – das ist halb so viel wie der geringste Lohn eines männlichen Hafenarbeiters. Jede Überstunde soll künftig mit 35 Pfennig bezahlt und Strafgeld auf zehn Pfennig pro Tag und Kopf begrenzt werden.

Als die Arbeitgeber darauf nicht eingehen, beginnt am 9. April 1896 der Arbeitskampf, wobei „Kampf" ganz wörtlich zu nehmen ist. Vor dem Firmengebäude des Kaffeehandelshauses Stucken & Andresen kommt es immer wieder zu Scharmützeln, da die Streikposten ziemlich rabiat gegen solche Frauen vorgehen, die sich nicht am Ausstand beteiligen. Da fliegen

Schimpfworte: „Schlampe! Verräterin!" Manchmal fliegen auch Fäuste. Die Kaffeeverleserinnen Anna Knaack, Dorothea Müller und Katharina Holst gehen besonders rücksichtslos mit Streikbrecherinnen um. Es kommt zu regelrechten Misshandlungen.

Als die Polizei einschreitet und zwei streikende Kaffeemiedjes festnimmt, bewirft die Menge die Beamten mit Steinen und Flaschen. Die Streikenden unternehmen sogar den Versuch, das Wachlokal zu stürmen, um die Gefangenen mit Gewalt zu befreien. Ein Wachtmeister bekommt eine Faust ins Gesicht, ein anderer Polizist berichtet, es sei ihm jemand an die Gurgel gegangen. Schließlich ziehen die Beamten ihre Säbel und schlagen die Angreifer zurück.

Zwei Wochen geht das so. Der Boss von Stucken & Andresen lässt auf einem leeren Boden Betten aufstellen und Essen kochen, damit die Streikbrecherinnen abends nicht den Betrieb verlassen müssen – ihnen würde sonst die nächste Abreibung blühen. Den Streikenden droht er damit, dass – sollten sie nicht sofort wieder an die Arbeit zurückkehren – polnische Arbeiterinnen ihre Plätze einnehmen werden. Einige Frauen knicken daraufhin ein, die Mehrheit aber bleibt standhaft.

LINKE SEITE
Kaffeeverleserinnen an ihren Sortiertischen – ein Foto aus den 1930er Jahren. Erst in den 1970er Jahren lösen Maschinen die „Kaffeemiedjes" ab.

RECHTS
Hamburg ist einer der wichtigsten Kaffeeumschlagplätze der Welt. Hunderte Verleserinnen arbeiteten für die großen Handelshäuser.

Am 22. April 1896 sieht es so aus, als würden die Frauen tatsächlich einen Sieg davontragen. Die Unternehmen geben zumindest in einigen Punkten nach. Sie sagen zu, die tägliche Arbeitszeit auf neun Stunden zu begrenzen. Außerdem brauchen die Frauen künftig die schweren Kaffeesäcke nicht mehr zu schleppen. Bei einer Frage allerdings bewegen sie sich nicht: Erhöhung der Stundenlöhne? Indiskutabel.

Weiterstreiken oder nicht? Das ist die Frage, die sich den Kaffeeverleserinnen jetzt stellt. Eine Mehrheit ist dafür, sich mit dem Erreichten zufriedenzugeben. Dabei spielt es eine große Rolle, dass sie auf den Lohn, so mies er auch ist, dringend angewiesen sind. Damit ist er vorbei: der erste Frauen-Streik in der Geschichte Deutschlands. Es gibt aber noch ein Nachspiel. Die Arbeitgeber halten sich nämlich nicht an ihr Versprechen, sämtliche Frauen wieder einzustellen – vielmehr werden fast alle, die sich am Arbeitskampf beteiligt haben, innerhalb der nächsten paar Wochen gefeuert. Außerdem müssen einige Streikende auch noch ins Gefängnis. 29 Personen – Frauen und auch einige Männer – werden von der Staatsanwaltschaft angeklagt, weil sie Streikbrecher und Polizisten beleidigt, angegriffen und verletzt haben sollen.

Die Strafen sind drakonisch: Ein Angeklagter muss ein Jahr ins Gefängnis, andere neun, drei bzw. einen Monat. Den übrigen werden Geldstrafen aufgebrummt. Aber egal. Die „Kaffeemiedjes" haben gezeigt, dass sie sich nicht mehr alles gefallen lassen. Das ist die Hauptsache.

Ein Foto, das die Welt niemals hätte sehen sollen. Zwei Fotografen machen 1898 heimlich Aufnahmen von der Leiche des Eisernen Kanzlers. Es gibt einen Riesenskandal.

Bismarck auf dem Totenbett

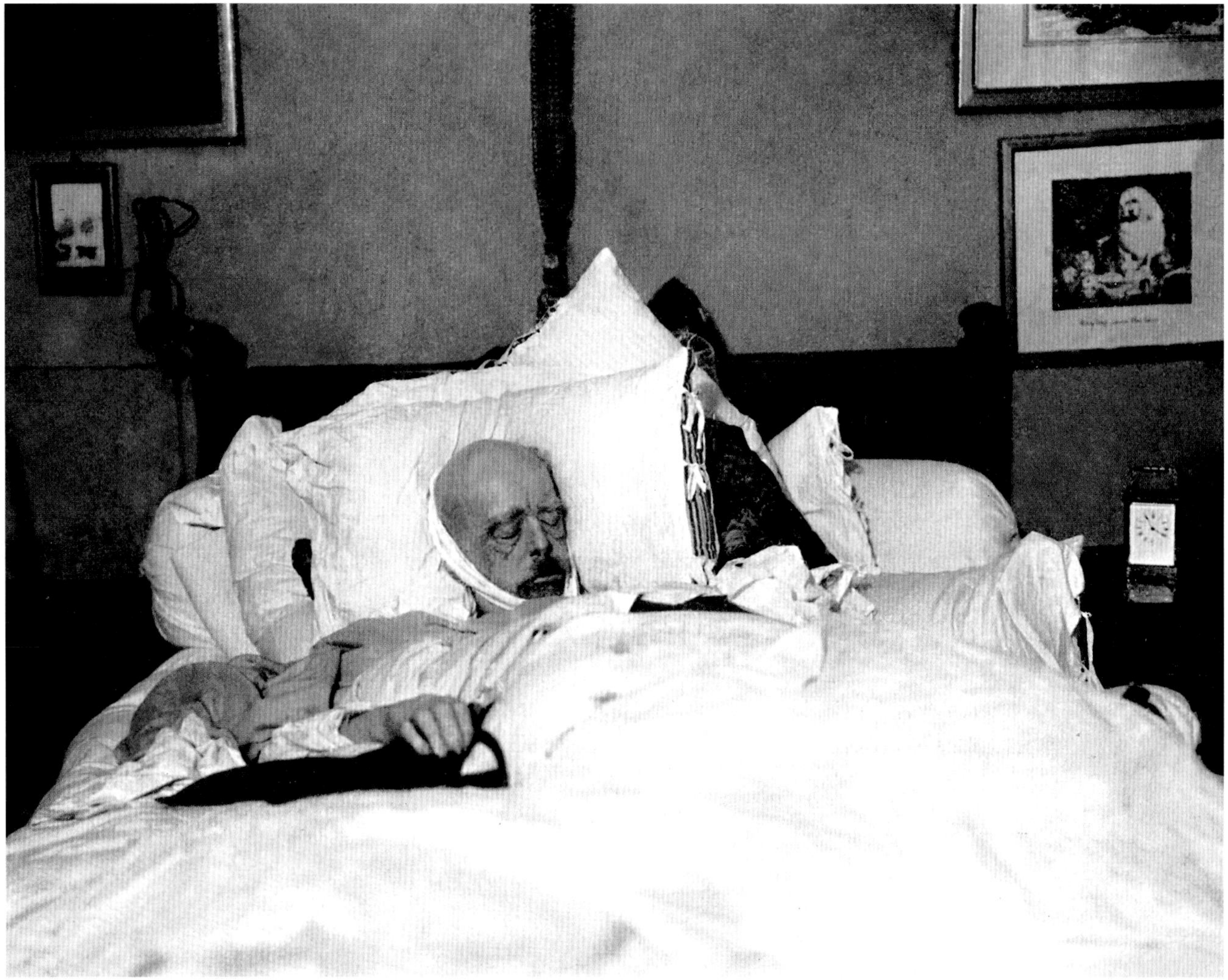

Das Foto des toten Bismarck, das die beiden Hamburger Fotografen heimlich schossen. Die Uhr rechts zeigt 23.20 Uhr, tatsächlich war es schon vier Uhr morgens.

Max Priester und Willy Wilcke – sie gelten als erste Paparazzi der Geschichte. Nachts drangen sie in das Sterbezimmer des toten Otto von Bismarck ein und versuchten aus ihren heimlich geschossenen Fotos Kapital zu schlagen. Auf Ruhm und Geld hatten sie gehofft. Doch die beiden Fotografen landeten im Gefängnis, ihre Aufnahme im Safe. Für sehr lange Zeit. Das Bild, das den Skandal auslöste und das die Öffentlichkeit niemals sehen sollte, zeigt den toten Bismarck in einem bemitleidenswerten Zustand: Er liegt da in seinem Totenbett, versunken in einem wilden Kissenmeer. Sein Kopf ist verbunden. Gleich neben ihm steht noch der Nachttopf.

Die Geschichte spielt im Hochsommer 1898. Der Gesundheitszustand Bismarcks verschlechterte sich zusehends. Seit dem Tod seiner Ehefrau Johanna 1894 hatte sich der Politiker aus der Öffentlichkeit zurückgezogen und versuchte sich auf seinem Alterssitz im Sachsenwald bei Hamburg mehr schlecht als recht in politischer Abstinenz. Mit dem Rückzug ins Private ging der körperliche Verfall einher.

Schon Mitte 1897 hatte der Hausarzt Anzeichen von Altersbrand festgestellt.

Eine chronische Unterversorgung mit Blut führte zum Absterben von Körpergewebe, was mit großen Qualen verbunden war. Wohl auch eine Folge des maßlosen Lebenswandels, von dem Otto von Bismarck auch nicht abließ, als er schon todkrank war. Während der Öffentlichkeit weiter die Mär vom unverwüstlichen Kanzler erzählt wurde, ging es mit Bismarck rapide bergab. Ende Juli 1898 bestand kein Zweifel mehr daran, dass der bedeutendste deutsche Politiker des 19. Jahrhunderts nicht mehr lange zu leben haben würde.

Unter Journalisten war der baldige Tod des Eisernen Kanzlers längst ein offenes Geheimnis. Max Priester und Willy Wilcke, zwei ehrgeizige Hamburger Fotografen, träumten vom Coup ihres Lebens. Auch damals schon hatte die Öffentlichkeit ein ausgesprochen großes Interesse am Privatleben Prominenter. Intime Aufnahmen des Eisernen Kanzlers wären also eine Sensation.

Am 30. Juli 1898 gegen 23 Uhr tat Bismarck seinen letzten Atemzug. Der Mensch war tot, aber der Mythos sollte weiterleben. Bismarck sollte der Nachwelt in Erinnerung bleiben als großer Staatsmann, als unbeugsam und voller Energie. Als Eiserner Kanzler eben. Deshalb schottete die Familie das Gut Friedrichsruh hermetisch ab.

Bismarck hatte die Bedeutung des Mediums Fotografie früh erkannt. War eine Kamera in der Nähe, setzte er sich gekonnt in Szene, um die gewünschte Wirkung zu erzielen. Bismarck wollte immer die Kontrolle über seine Bilder behalten. Kein Foto durfte veröffentlicht werden, ohne dass es von ihm freigegeben war. Entsprechend groß war das Entsetzen, als kurz nach seinem Tod eine Annonce in der „Täglichen Rundschau" erschien mit folgendem Text: „Für das einzige existierende Bild Bismarcks auf dem Sterbebette, Aufnahmen einige Stunden nach dem Tode, Original-Fotografie, wird ein Käufer resp. ein geeigneter Verleger gesucht."

Was war geschehen? In der Nacht vom 30. auf den 31. Juli 1898 hatte Bismarcks Ortsvorsteher und Förster Louis Spörcke den Fotografen Priester und Wilcke Zugang zum Schlossgelände ermöglicht. Da das Sterbezimmer des Fürsten im Erdgeschoss lag, mussten die beiden Paparazzi nur noch über die Fensterbank ins Innere klettern und ihre Fotos schießen. Am übernächsten Tag reisten die beiden Fotografen eilig mit dem Zug nach Berlin, wo sie im „Grand Hotel de Rome" an der Straße Unter den Linden Quartier bezogen, die Annonce schalteten und nur noch warten mussten, bis sich interessierte Verleger melden würden.

Doch jemand machte ihnen einen Strich durch die Rechnung: Arthur Mennell, ein Schriftsteller, der schon länger damit beschäftigt war, ein Werk über das Leben Otto von Bismarcks zu verfassen. Bei dessen Tod hielt sich Mennell zufälligerweise in Friedrichsruh auf und war von der Familie am frühen Mittag des 31. Juli 1898 gebeten worden, Fotos des toten Patriarchen anzufertigen. Allerdings musste er sein Ehrenwort geben, über die Bilder zu schweigen, sie bei der Familie abzuliefern und sie niemals für sich zu verwenden.

Als Mennell nun mitbekam, dass Wilcke und Priester vor ihm illegal Fotos von Bismarck angefertigt hatten und versuchten, aus den Aufnahmen Profit zu schlagen, war er außer sich. In seiner Wut verriet er die Konkurrenten an die Bismarcks. Sogar den Namen des Hotels, in dem die beiden Fotografen abgestiegen waren, teilte er in einem Fernschreiben mit. Am 4. August rückte die Polizei an, stellte Fotoplatten und Abzüge sicher. Eine langwierige juristische Auseinandersetzung folgte, die am 20. Februar 1899 mit diesem Urteil ein Ende fand: Das Gericht sprach die Fotos der Familie Bismarck zu. Die Angeklagten, die, wie das Gericht feststellte, allein aus Profitgier gehandelt hätten, mussten ins Gefängnis: Wilcke für acht Monate, Priester für fünf Monate.

Verurteilt werden konnten die Fotografen allerdings nur wegen Hausfriedensbruchs. Zum Zeitpunkt von Bismarcks Tod gab es das „Recht am eigenen Bild", wie wir es heute kennen, noch nicht. 1952 wurde das Skandal-Foto des toten Bismarck erstmals veröffentlicht – 54 Jahre nach dessen Ableben. „Ein ergreifendes Bild von der Majestät des Todes", so lautete die Überschrift der „Frankfurter Illustrierten", die es abdruckte.

OBEN
Gilt zusammen mit Willy Wilcke als erster Paparazzo der Geschichte: Max Priester

UNTEN
Der Hamburger Fotograf Willy Wilcke

Für Kaiser und Könige gab es ein Extragleis und ein Fürstenzimmer.

Der Dammtorbahnhof – Deutschlands schönster Großstadtbahnhof

Wohl kaum ein anderer Bahnhof in Deutschland hat so viele gekrönte Häupter und Staatsgäste gesehen. Denn zu der Zeit, als Könige und Kaiser, Prinzen und Prinzessinnen, Präsidenten, Generalsekretäre und Kanzler noch per Eisenbahn reisten, sind sie, wenn sie Hamburg besuchten, alle hier empfangen und verabschiedet worden. Die Rede ist vom schönsten Großstadtbahnhof Deutschlands: dem Dammtorbahnhof.

Unter Eisenbahnexperten gilt der Dammtorbahnhof übrigens gar nicht als Bahnhof. Da er über keine Weichen verfügt, ist er streng genommen nur ein Haltepunkt. Aber diese Spitzfindigkeit ist den 55 000 Reisenden, die ihn täglich nutzen, fremd. Der Dammtorbahnhof glänzt nicht nur durch außergewöhnliche Schönheit – er ist auch der drittgrößte Hamburger Bahnhof (nach Hauptbahnhof und Bahnhof Altona) und einer von fünf Fernbahnhöfen der Stadt. Täglich wird er von 310 Fern- und Regionalzügen angefahren und von 527 S-Bahnen.

Auf eine ausgesprochen spannende Geschichte blickt der Bahnhof zurück. Es gibt viel Verblüffendes und Kurioses zu erzählen. Zum Beispiel verfügte er in den Anfangsjahren im Parterre über ein spezielles Fürstenzimmer, wo sich die blaublütigen Besucher nach der Reise erfrischten, umkleideten und Gäste empfingen. Was ebenfalls völlig in Vergessenheit geraten ist: dass es einen Vorgängerbahnhof gleichen Namens gab, der sich ein paar Hundert Meter entfernt befand – dort, wo heute das CinemaxX-Kino steht.

Rückblick: Hamburgs Eisenbahngeschichte begann 1842 mit der Fertigstellung der Hamburg-Bergedorfer Eisenbahn – diese Linie wurde später bis nach Berlin verlängert. Gleich nachdem 1844 auch die Altona-Kieler Eisenbahn in Betrieb genommen worden war, gab es Überlegungen, zwischen den beiden Linien eine Verbindung herzustellen. Aber erst 1864, als Schleswig-Holstein nach dem Krieg gegen Dänemark preußisch geworden war, fiel die Ent-

scheidung zum Bau der sogenannten Verbindungsbahn.

Dafür musste eine Reihe neuer Bahnhöfe her: Neben den Bahnhöfen Sternschanze und Schulterblatt gehörte auch der erste Dammtorbahnhof dazu, ein spätklassizistischer Bau, der am 16. Juli 1866 seinen Betrieb aufnahm und wie sein Nachfolger dem Empfang von Staatsgästen diente.

LINKE SEITE
Hamburgs Paradebahnhof für Staatsbesuche wurde 1903 eingeweiht.

OBEN
Das Foto der Baustelle dürfte im Jahr 1901 aufgenommen worden sein.

RECHTS
So sah zu Kaisers Zeiten der Wartesaal für die erste Klasse im Dammtorbahnhof aus.

Die Verbindungsbahn befand sich anfangs auf Straßenniveau. Auf fünf Kilometern Länge gab es insgesamt 21 Kreuzungen, an denen Pferdefuhrwerke, Kutschen und Fußgänger jedes Mal warten mussten, wenn die Bahn im Schritttempo durchfuhr – denn sie wurde von einem mit einem Fähnchen bewaffneten Schaffner begleitet. Ein Zustand, der mit wachsendem Straßenverkehr bald unerträglich wurde.

Im Zuge einer Neuordnung der Hamburger Bahnanlagen wurde 1898 erstens entschieden, einen Hauptbahnhof zu bauen, um so die vier dicht beieinanderliegenden innerstädtischen Bahnhöfe zu ersetzen. Zweitens wurde beschlossen, die Verbindungsbahn aus dem Straßenniveau herauszunehmen und hoch oben auf einen Bahndamm zu

verlegen. Dort, wo der Damm die Straßen kreuzte, wurden Unterführungen geschaffen, damit der Straßenverkehr ungehindert fließen konnte.

Dazu musste der neue Dammtorbahnhof gebaut werden. Über dessen Planungs- und Baugeschichte ist nur wenig bekannt. Das dürfte daran liegen, dass das Bauvorhaben nicht öffentlich ausgeschrieben, sondern direkt an einen Architekten vergeben wurde: an Regierungs- und Baurat Schwartz, der eng mit dem Königlichen Oberbaurat Cäsar zusammenarbeitete. Die Pläne sahen im Sockelgeschoss das Empfangsgebäude vor, darüber auf Höhe des Bahndamms Bahnsteige. Über allem wölbt sich bis heute eine prächtige Bahnsteighalle.

Die Bauzeit betrug zwei Jahre. Gut eine Million Mark verschlang das Projekt. Ziemlich originell verlief die Einweihung am 7. Juni 1903: Im neuen Bauwerk versammelten sich 76 Ehrengäste, die die Nacht zwischen der Schließung des alten und der Eröffnung des neuen Bahnhofs durchfeierten. Die Party erreichte ihren Höhepunkt, als um 5:37 Uhr der erste Zug durch den neuen Bahnhof fuhr.

Nicht nur, dass der Dammtorbahnhof – wie bereits erwähnt – ein Fürstenzimmer besaß, es gab auch ein eigenes Abstellgleis für royale Sonderzüge. Der

OBEN
Kaiser Wilhelm II. wurde am 20. Juni 1903 am neuen Dammtorbahnhof in Empfang genommen. „Sieht ja ganz nett aus", lautete sein Kommentar.

UNTEN
Noch Baustelle: die teilweise mit Sandstein verkleidete Bahnhofshalle

erste Regent, der den neuen Dammtorbahnhof besuchte, war Kaiser Wilhelm II., der am 20. Juni 1903 nach Hamburg reiste, um der Einweihung des Kaiser-Wilhelm-Denkmals auf dem Rathausmarkt beizuwohnen. Der Kaiser meinte beim Anblick des Bahnhofsneubaus: „Sieht ja ganz nett aus.“ Aus seinem Mund wohl ein großes Kompliment.

Der „Kaiserbahnhof“, wie er genannt wurde, blieb auch in den folgenden Jahrzehnten bahntechnischer Empfangssalon für hochgestellte Persönlichkeiten: Bundespräsident Heinrich Lübke, Indiens Premier Jawaharlal Nehru, die englische Queen Elisabeth II., Dänemarks Königin Margrethe, Hollands Königin Juliana, sie alle wurden hier empfangen, auch der persische Schah Reza Pahlavi, der äthiopische Kaiser Haile Selassie, Thailands König Bhumibol und dessen Ehefrau Sirikit. Und natürlich Diktator Adolf Hitler.

Der Dammtorbahnhof heute: Wo einst das Fürstenzimmer war, befindet sich inzwischen McDonald‘s. Auch das Kaisergleis ist längst beseitigt. Zwischen 1999 und 2002 wurde der denkmalgeschützte Bahnhof aufwendig restauriert und hat dadurch mächtig gewonnen. Der Verein „Allianz pro Schiene“ kürte ihn 2006 zum besten Großstadtbahnhof Deutschlands.

OBEN
Heute Standort des CinemaxX-Kinos. 1886 wurde dort der erste Dammtorbahnhof gebaut.

UNTEN
Der Dammtorbahnhof heute: der schönste Großstadtbahnhof in Deutschland

Edward VII. erhielt zum Abschied zwei Weinkannen aus Silber. Er revanchierte sich mit einem besonders wertvollen vergoldeten Pokal.

Der erste Besuch eines britischen Herrschers in Hamburg

Wann immer gekrönte Häupter aus Großbritannien zu Gast sind, steht Hamburg kopf. Als Queen Elisabeth II. 1965 da war, flatterte überall in der Stadt der Union Jack im Wind. 1987 kletterten Leute sogar auf Bäume, um einen möglichst guten Blick auf Prinz Charles und Lady Di zu erhaschen. Auch strömender Regen hielt 5000 Schaulustige im März 2023 nicht davon ab, auf dem Rathausmarkt stundenlang auf Charles – inzwischen König – und seine Camilla zu warten. Und was war vor 120 Jahren los, im Juni 1904, als zum allerersten Mal ein britischer Herrscher Hamburg besuchte? Auch da befand sich die Stadt im Ausnahmezustand.

Dabei handelte es sich nicht einmal um einen richtigen Staatsbesuch, eher um eine Stippvisite. Edward VII. (1841–1910), der älteste Sohn von Queen Victoria (1819–1901), war zur „Kieler Woche“ eingeladen. Dafür, dass sich „Bertie“, wie er genannt wurde, die Zeit nahm, bei dieser Gelegenheit Hamburg seine Aufwartung zu machen, hatte Albert Ballin gesorgt, der Generaldirektor der Reederei Hapag. Ballin, der mit London genauso gute Beziehungen pflegte wie mit Berlin, war ein Mann des Friedens und beobachtete mit großer Sorge das maritime Wettrüsten, das sich die beiden Großmächte lieferten. Die deutsch-britischen Beziehungen befanden sich auf einem Tiefpunkt, und Ballin hoffte, dass sich das durch persönliche Begegnungen ändern würde.

An jenem 28. Juni 1904 traf Edward VII. (übrigens der Urgroßvater des heutigen Königs) mit einem Sonderzug in Hamburg ein. Die Bürger bereiteten ihm einen begeisterten Empfang. Am Dammtorbahnhof hieß der Senat Seine Majestät mit allen protokollarischen Ehren willkommen. Der König war gut gelaunt, bestieg gemeinsam mit Bürgermeister Gerhard Hachmann (1838–1904) eine vierspännige Kutsche und wurde von einer Ehrenformation der Wandsbeker Husaren zu den Landungsbrücken eskortiert, wo er zu einer Hafenrundfahrt auf dem Staatsdampfer „Johannes Dalmann“ eingeladen war. Danach besuchte er die Börse und traf schließlich im Rathaus ein: Der Senat gab ihm zu Ehren ein Frühstück.

„Der König sprach die deutsche Sprache ohne den leisesten englischen Akzent und zeigte sich über unsere hamburgischen Verhältnisse und Beziehungen sehr genau orientiert“, erinnerte sich Dr. Carl August Schröder (1855–1945), ein späterer Hamburger Bürgermeister. „So redete er mich auf meinen Vetter Baron Henry von Schröder in London an und sagte mir, er entsinne sich, mich vor langer Zeit einmal bei ihm gesehen zu haben.“

Während des Senatsfrühstücks war die Tafel mit erlesenen Stücken aus dem Hamburger Ratssilber geschmückt, darunter zwei Weinkannen. Von diesen beiden – der Elbe- und der Alsterkanne – war Edward VII. sehr angetan. Der englische König fragte Bürgermeister Hachmann, der neben ihm an der Tafel saß, wer denn der Hersteller sei, und betonte mehrfach, dass er noch nie so geschmackvolle Kannen gesehen habe. Nach Ende des Senatsfrühstücks besprach sich Hachmann kurz mit zwei Senatskollegen. Dabei fiel die Entscheidung, die beiden Kannen dem Monarchen als Abschiedsgeschenk zu überreichen. Carl August Schröder: „Als die Zeit seines Aufenthaltes zu Ende ging und der König sich in sehr liebenswürdiger Weise von uns verabschiedete, bedankte er sich nochmals

ganz besonders für die Kannen und sagte: ‚Heute Abend isst Willy bei mir. Da will ich sie ihm zeigen. Der wird sich schön ärgern über die Erfolge, die ich in Hamburg erzielt habe.'" – Mit „Willy" war Wilhelm II. gemeint, der deutsche Kaiser, ein Neffe von Edward VII. Obwohl eng verwandt – oder gerade deshalb? – war das Verhältnis der beiden äußerst schwierig.

Reichskanzler Otto von Bismarck (1815–1898) hatte durch ein ausgeklügeltes Bündnissystem alles dafür getan, erstens den „Erbfeind" Frankreich zu isolieren und zweitens einen Krieg in Europa zu verhindern. So geschickt wie Bismarck, so ungeschickt stellte sich der Kaiser auf diplomatischem Parkett an. Nachdem Wilhelm II. den Eisernen Kanzler 1890 in den Ruhestand geschickt hatte, verhielt er sich wie ein Elefant im Porzellanladen, rasselte mit dem Säbel und beanspruchte für Deutschland polternd einen „Platz an der Sonne". Mit seinem leidenschaftlich betriebenen Flottenausbau und einer aggressiven Kolonialpolitik brüskierte Wilhelm II. vor allem die Briten. Wilhelm II. glaubte sich das leisten zu können. Er war überzeugt, das Vereinigte Königreich sei wegen der scheinbar unüberbrückbaren kolonialpolitischen Konflikte mit Russland und Frankreich auf ein Bündnis mit dem Deutschen Reich angewiesen.

Wilhelm II. sollte sich – wieder mal – irren. Zwar gab es tatsächlich Verhandlungen zwischen England und Deutschland, aber weil sich der Kaiser weigerte, beim Flottenbauprogramm Abstriche zu machen, kam es nicht zum angestrebten Bündnis. So war der Weg geebnet für eine britisch-französische Annäherung. Am 8. April 1904, also wenige Wochen bevor Edward VII. Kiel und Hamburg besuchte, schlossen Großbritannien und Frankreich die „Entente cordiale", ein Abkommen, das die Einflussgebiete beider Nationen in Afrika regelte.

Die Hoffnung von Hapag-Chef Albert Ballin, der Besuch des englischen Königs in Deutschland werde die deutsch-britischen Beziehungen auf eine neue Grundlage stellen, erfüllte sich nicht. Im Gegenteil. Das Misstrauen gegenüber Wilhelm II. wuchs noch – und umso mehr rückten die anderen europäischen Großmächte zusammen: 1907 wurde die „Entente cordiale" durch den russisch-britischen Interessenausgleich zur „Triple Entente" erweitert. Nun hatte Deutschland alle gegen sich, England, Frankreich und Russland, und fühlte sich von feindlichen Mächten regelrecht „eingekreist". Europa war zum Pulverfass geworden – der Attentäter, der am 18. Juni 1914 den österreichischen Thronfolger Franz Ferdinand in Sarajewo erschoss, legte die Lunte dran.

Übrigens: Für die beiden Weinkannen, die er 1904 bei seinem Abschied von Hamburg erhielt, hat sich Edward VII. noch im selben Jahr großzügig revanchiert. Der britische Generalkonsul brachte das Gegengeschenk ins Rathaus: einen vergoldeten, mit Edelsteinen besetzten Pokal aus der Schatzkammer des Buckingham Palace mit einer Widmung des Königs. Er gilt heute als wertvollstes Geschenk, das jemals ein ausländischer Staatsgast dem Senat überreicht hat.

LINKE SEITE
Vor dem Rathaus schritt Edward VII. eine Ehrenkompanie des Hanseatischen Infanterie-Regiments 76 ab.

OBEN
Eine Postkarte zur Erinnerung an den Besuch des Königs. Es handelt sich um eine im Handel zu erwerbende Karte.

RECHTS
Eskortiert von Wandsbeker Husaren, fährt die Kutsche des Königs über den Dammtordamm. Tausende von Schaulustigen säumen den Straßenrand.

Ihre Opfer waren Neugeborene. Wehrlose Geschöpfe also. Gerade das ist es, was die Taten so unfassbar macht. Elisabeth Wiese erstickte die Babys, verbrannte sie dann in ihrem Kohleofen oder versenkte sie in der Elbe.

Die Engelmacherin von St. Pauli

Es ist der 2. Februar 1905. Ein bitterkalter Wintermorgen. An diesem Tag muss Elisabeth Wiese für alles bezahlen. Die Armesünderglocke läutet, als die Fünfzigjährige unter den Augen von vierzig Zeugen in den Hof der Untersuchungshaftanstalt Holstenglacis geführt wird. Sie trägt Holzpantinen und eine schwarze Kutte. Ihre strähnigen Haare sind kurz geschnitten. Der Staatsanwalt verliest das Todesurteil und schließt mit den Worten: „Gott sei Ihnen gnädig." Dann fordert er Scharfrichter Alwin Engelhardt auf, seines Amtes zu walten. Dessen Gehilfen packen sie, schnallen sie auf dem Gestell der Guillotine fest und treten zurück. Schon saust das vierzig Kilo schwere Fallbeil in die Tiefe.

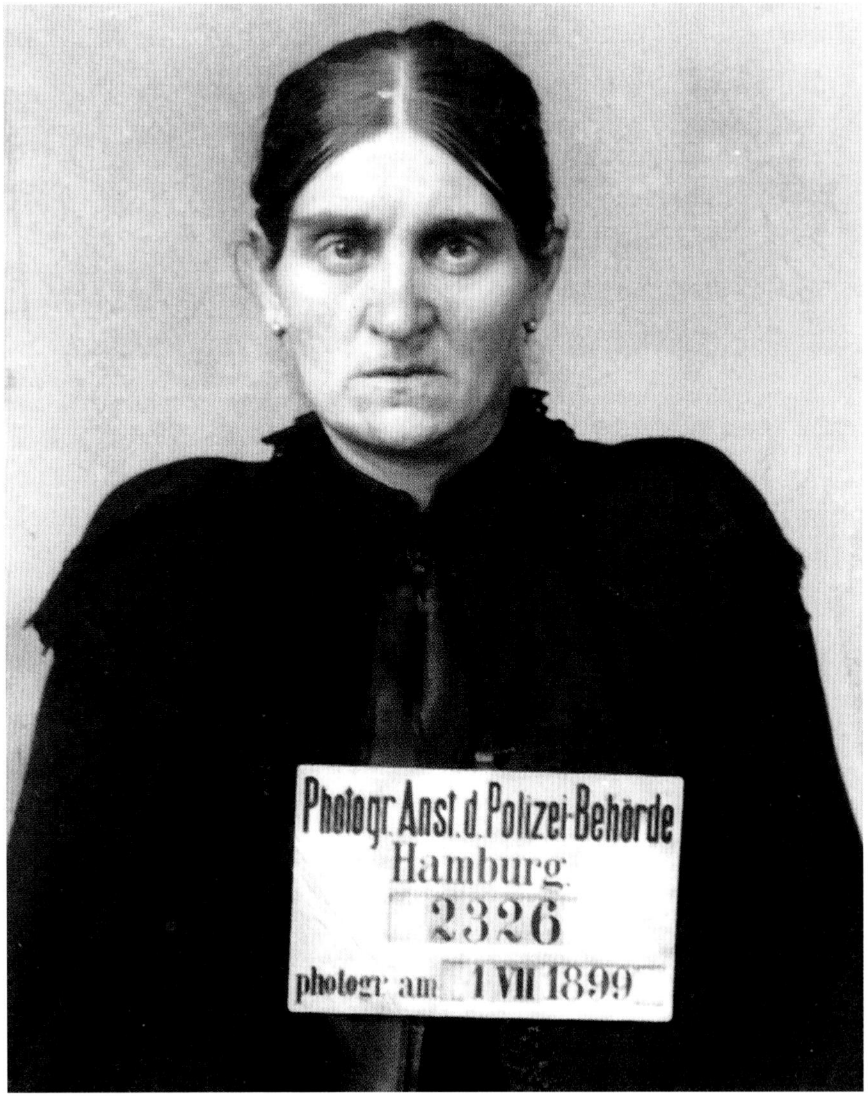

„Habichtsnase, eingefallene Wangen, stechende Augen", so wird die Frau beschrieben, die 1853 im Landkreis Göttingen das Licht der Welt erblickt. Elisabeth Wiese erlernt den Beruf der Hebamme. Als junge Frau wird sie unverheiratet schwanger. Damals ein unglaublicher Makel. Um sich und das Kind durchzubringen, betätigt sie sich als „Engelmacherin". Das heißt, sie nimmt Abtreibungen vor und kassiert dafür. Weil das illegal ist, steht sie in Hannover mehrfach vor Gericht. Daraufhin verlässt sie die Stadt und zieht 1896 mit ihrer Tochter Paula und ihrem Mann, dem Kesselschmied Heinrich Wiese, nach St. Pauli.

Anfangs soll das Verhältnis der Eheleute harmonisch gewesen sein. Aber das ändert sich. In der Wohnung im ersten Stock des Hauses Wilhelminenstraße 23, heute Hein-Hoyer-Straße, wird jedenfalls viel und lautstark gestritten, wie Nachbarn später bezeugen. Elisabeth Wiese wirft ihrem Mann Trunksucht vor, er ihr Verschwendungssucht. Jedenfalls ist das Geld immer knapp, zumal sie wegen ihrer Vorstrafen ein Berufsverbot hat. Also muss sie auf andere Weise an Geld kommen. Und weil sie weiß, dass ihr Ehemann ein paar Mark auf der hohen Kante hat, die sie erben würde, sofern er stirbt, unternimmt sie den Versuch, ihn zu vergiften. Der ahnt so etwas. Mehrfach wird ihm speiübel nach dem Essen. Als er bemerkt, dass der Kaffee in seiner Kaffeeflasche auffällig bitter schmeckt, konfrontiert er seine Frau mit dem Verdacht und droht, den Inhalt untersuchen zu lassen. Da greift sie nach der Flasche und gießt den Inhalt aus. Ein anderes Mal versucht sie, ihrem Mann nachts die Kehle zu durchschneiden. Nur weil er wach geblieben ist, kann er den Mordversuch vereiteln.

Elisabeth Wiese schreckt nicht mal davor zurück, ihre Tochter zur Prostitution zu drängen. „Eine junge Dame bittet einen edel denkenden Herrn um 30 Mark Unterstützung gegen dankbare Rückzahlung", so lauten die Anzeigen, die sie in Hamburgs Zeitungen schaltet. Jeder Mann, der sich meldet, weiß genau, was damit gemeint ist. Und weigert sich Paula, ihren Körper als „Rückzahlung" herzugeben, wird sie von der Mutter mit Schlägen malträtiert. Als sie im Sommer 1902 die Flucht ergreift – sie wird Dienstmädchen einer deutschen Familie in London –, heckt die Mutter den teuflischsten aller Pläne aus. Damals ist es üblich, dass Frauen, die ungewollt schwanger werden, ihre unehelich geborenen Kinder gegen Zahlung von Kostgeld zur Pflege anbieten. Elisabeth Wiese meldet sich auf eine Vielzahl solcher Anzeigen und macht den Frauen ein Angebot: Gegen eine Abfindung sei sie bereit, die Säuglinge an adoptionswillige Eheleute im Ausland, in London, Manchester oder Wien, zu vermitteln.

Mehrere Frauen gehen auf das Angebot ein. Wie beispielsweise ein Fräulein Klotsche. Weil sich die finanzielle Lage der Frau zwischenzeitlich verbessert, ändert sie ihre Meinung jedoch. Im April 1903 kommt sie und möchte ihr Kind wieder zu sich nehmen. Aber der kleine Wilhelm ist nicht mehr da. Der sei bei reichen Leuten im Ausland, so redet sich Frau Wiese heraus. Fräulein Klotsche will sich damit indes nicht abfinden und geht zur Polizei. Als auch andere Frauen Anzeige erstatten, bemühen sich die Ermittler mithilfe von Anzeigen in Zeitungen im In- und Ausland, den Verbleib von vier Kindern zu klären. Ergebnislos.

Ohne dass es eine Leiche gibt, beginnt im Oktober 1904 der Mordprozess. Die Angeklagte bleibt dabei, die Kinder seien bei wohlhabenden Herrschaften im Ausland untergekommen. Aber es gibt Zeugen, die sie schwer belasten: Elisabeth Wiese habe ihren Herd so stark geheizt, dass Herdplatten zersprangen, und ein fürchterlicher Geruch sei aus der Wohnung wahrgenommen worden.

Aufsehenerregend ist die Aussage von Paula, der Tochter. Sie berichtet, dass sie im Sommer 1903 schwanger von London nach Hamburg zurückgekehrt sei. Bei der Geburt ihres Kindes habe ihr „die Wiese", wie sie ihre Mutter nennt, geholfen, dann aber das Kind in einen Eimer mit Wasser geworfen. Die Tochter berichtet, sie sei in Ohnmacht gefallen, und als sie wieder zu sich kam, sei das Kind nicht mehr da gewesen. Die Wiese habe gesagt, es sei tot. Das wäre Kind Nummer fünf.

Am 10. Oktober 1904 fällt das Gericht sein Urteil. Die Angeklagte wird des fünffachen Mordes für schuldig befunden. Am 2. Februar 1905 morgens um kurz vor acht Uhr findet die Hinrichtung statt. Bis zuletzt beteuert Elisabeth Wiese ihre Unschuld.

LINKE SEITE
Polizeifoto von Elisabeth Wiese (1853–1905)

RECHTS
Totenmaske von Elisabeth Wiese. Damals war es üblich, eine solche Maske von allen Hingerichteten anzufertigen.

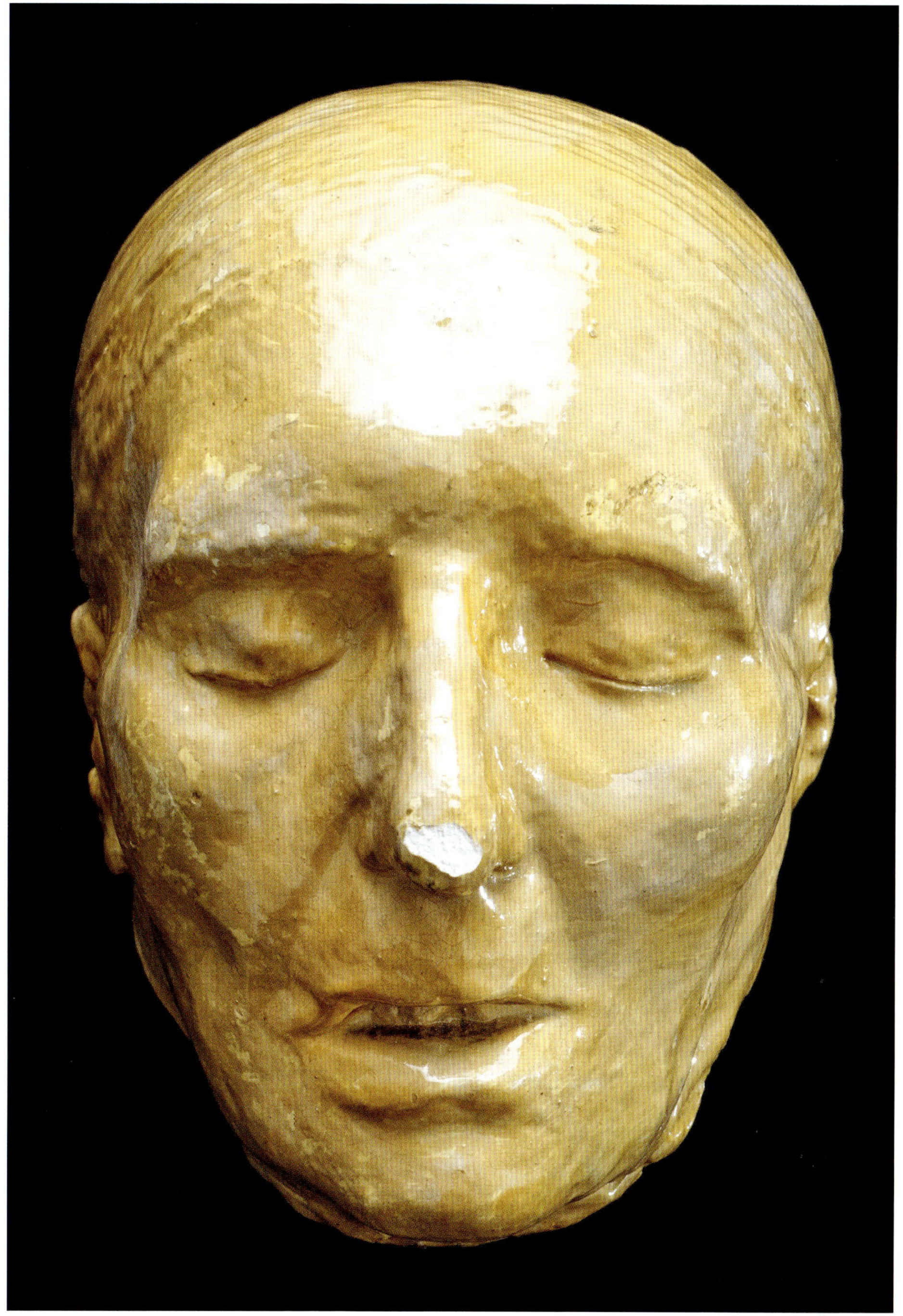

Es war das größte Passagierschiff seiner Zeit, das modernste außerdem. Auf Wunsch des Kaisers erhielt der Pott einen männlichen Namen.

Deutschlands Antwort auf die „Titanic“

23. MAI 1912

Wäre Deutschland am Vorabend des Ersten Weltkriegs kein Staat, sondern ein Mensch gewesen, dann hätte der Patient gut daran getan, psychologische Hilfe in Anspruch zu nehmen. Die Diagnose wäre sehr ernst ausgefallen: schwerer Fall von Minderwertigkeitskomplex, verbunden mit dem ständigen Versuch, Schwächen durch größenwahnsinniges Auftreten zu kompensieren. Was das alles mit diesem Schiff, „dem Imperator“, zu tun hat? Ganz viel!

Denn dabei handelt es sich um 52 117 Bruttoregistertonnen stählerne Großmannssucht. Deutschland will es den Engländern 1913 mal so richtig zeigen. Der Hapag-Luxusliner muss also alle Rekorde brechen und das größte Schiff der Welt sein. Mit Rücksicht auf den Kaiser erhält der 276 Meter lange und fast 30 Meter breite Pott nicht den eher friedlichen und integrierenden Namen „Europa“, wie eigentlich geplant, sondern wird „Imperator“ getauft. Wohlgemerkt: nicht „die Imperator“, wie es üblich wäre – Schiffsnamen sind immer weiblich –, sondern „der“. Wilhelm II. wünscht es so.

Dass dann auch noch ein Adler mit 16 Metern (!) Flügelspannweite als Galionsfigur gewählt wird – auf dem Kopf die Kaiserkrone und in den Krallen die Erdkugel mit dem Satz „Mein Feld ist die Welt“ –, lässt keinen Zweifel mehr am deutschen Hegemonialanspruch. Umso unangenehmer, dass sich bei der Jungfernfahrt 1913 ein peinlicher Konstruktionsfehler zeigt und der Pott plötzlich Schieflage bekommt.

Der „Imperator“ ist Teil eines nationalistischen Überbietungswettbewerbs, den sich das Deutsche Reich seit 1900 mit den Briten liefert. Großbritannien herrscht über die halbe Welt, nun beansprucht das junge und wirtschaftlich sehr erfolgreiche Deutsche Reich ebenfalls seinen „Platz an der Sonne“. Ein Wettrüsten zur See beginnt, das sich nicht allein auf Kriegsschiffe beschränkt, sondern sich im zivilen Bereich mit immer größeren Riesendampfern fortsetzt.

Mit der „Titanic“ bauen die Briten ein Schiff, dessen Betriebskosten so hoch sind, dass die Einnahmen sie wohl niemals hätten decken können. Das zeigt: Es geht nicht um Geld, sondern um Prestige. Kaum liegt der vermeintlich unsinkbare Luxusliner – von einem Eisberg aufgeschlitzt wie eine Konservendose – auf dem Grund des Atlantiks, antwortet die Hamburger Reederei Hapag mit der Indienststellung des „Imperators“.

Die Geschichte dieses nicht nur größten, sondern auch modernsten Luxusdampfers seiner Zeit beginnt am 23. Mai 1912. Ein regnerischer Donnerstag. Um 8.20 Uhr erreicht der Sonderzug des Kaisers den Dammtorbahnhof. Wilhelm II. trägt eine prächtige Admiralsuniform, darüber einen Regenmantel mit Kapuze. Freudig nimmt er die „Heil“-Rufe der Passanten entgegen, bevor er ins Automobil steigt und weiter bis zum Hafen fährt, wo die Menschenmassen bereits warten. Der „Imperator“ soll getauft werden, und Hamburgs Bürgermeister Johann Heinrich Burchard ist ausersehen, die Taufrede zu halten.

Er wählt pathetische Worte: dass nämlich das Schiff „in seinen gewaltigen Abmessungen“ hinausrage über die anderen Schiffe, so wie der Kaiser hinausrage über Deutschlands Fürsten. Burchard spricht von einem „Triumph deutscher Schiffbaukunst“ und schließt mit den Worten: „So tauche in die Wellen, du gewaltiges Schiff! Sonnenbeglänzt und erfolgreich wie unseres Kaisers gesegnetes Leben sei deine Meerfahrt.“ Danach ist der Monarch an der Reihe: „Ich taufe dich ‚Imperator‘.“ Nur diese vier Worte spricht er. Sekunden später gleitet der Vierschraubendampfer unter gewaltigem Getöse in die Elbe. Die Menschen werfen ihre Hüte in die Luft. Die Nationalhymne ertönt.

Der „Imperator“ ist das neue Flaggschiff der Reederei Hapag und das erste Schiff einer neuen Schnelldampfer-Flotte. Zwei Schwesternschiffe sind bereits im Bau: die „Vaterland“, die ebenfalls 1913, und die „Bismarck“, die 1914 bei Blohm & Voss vom Stapel laufen. Die drei Schiffe zusammen sind von Hapag-Chef Albert Ballin dazu auserkoren, wöchentlich eine Abfahrt

LINKE SEITE
Die Kaianlagen sind schwarz vor Menschen: 1913 zu Beginn der ersten Überfahrt nach New York.

OBEN
Es gibt jeden erdenklichen Luxus an Bord. Der „Imperator“ ist ein schwimmendes Grandhotel.

UNTEN
Das berühmte „Pompejanische Schwimmbad“ – das erste Schwimmbad überhaupt an Bord eines Schiffes

OBEN
Halb Hamburg ist auf den Beinen, um den Stapellauf des Riesenschiffs mitzuerleben.

von Europa nach Amerika zu garantieren.

Der „Imperator“ bietet Platz für 4000 Passagiere. Zum Vergleich: Bei der „Titanic“ waren es 2800. Diejenigen unter den Gästen, die ein Erste-Klasse-Ticket haben, genießen unvergleichlichen Luxus: 1200 Mann Besatzung – vom Schlachter über den Silberputzer bis hin zum Steward – kümmern sich um das Wohlergehen der Gäste. Gold und Marmor in den Badezimmern, im Wintergarten Palmen und plätschernde Springbrunnen, sogar ein Schwimmbad gibt es – ein absolutes Novum. Um das leibliche Wohl kümmert sich als Küchenchef kein Geringerer als Auguste Escoffier, ein Mann, der die französische Haute Cuisine entscheidend prägt.

Im Juni 1913 läuft der „Imperator“ von Cuxhaven zur Jungfernfahrt nach New York aus. Der berühmte Journalist Alfred Kerr (1867–1948) gehört zu den ersten Passagieren. „Als ich das Riesendeck entlangsah, überkam mich ein Gefühl frohlockender Bewunderung, das ich im hohen Gestänge des Eiffelturms gespürt hatte. Ein Glück über technischen Mut.“ Der „Imperator“ sei das „entwickeltste Schiff der Erde, weil es nicht allein das Notwendige, sondern das Überschüssige gibt“.

Der Schweizer Journalist Karl Friedrich Kurz schwärmt, es handele sich um „eines der größten Wunderwerke, das Menschengeist erdacht und Menschenhand erschaffen“ habe. „Ein ungeheuerliches Riesenwerk, das aufgehört hat, ein Schiff zu sein, das eine schwimmende Stadt geworden ist, ein unüberwindliches Bollwerk, ein Ungetüm, für das unseren Sprachen der Name fehlt.“

Nicht nur in Sachen Luxus, auch technisch ist das

Hauptmahlzeit

Hors-d'oeuvre
Malossol Caviar on Ice
Sardelles
Soups
Consommé Célestine
Velouté Reine Louise, Iced Chicken Broth
Clear Grouse Soup with Truffle Dumplings
Fish
Turbot, Butter, Parsley
Cold Fillets of Sole à la Russe
Roasts and Poultry
Lamb Chops, String Beans, Pommes Rissolées
Breasts of Pigeon à la Lorette (cold)
Quails with Cherries
Broiled Chicken Liver, Sauce Piquante
Entrecôte à la Jardinière
Guinea Chicken
Grill: Lamb Chops Tenderloin Steaks Mutton Chops
Entrecôte with Horseradish Butter, Mixed Grill
Plat du Jour
Larded Cushion of Veal à la Piémontaise
Vegetables and Potatoes
Mixed Vegetables, Spinach
Succotash
Boiled Potatoes Baked and Mashed Potatoes
German and French Fried Potatoes
New stewed Potatoes
Salads
Lettuce Salad, Endive Salad
Compote and Dessert
Pears and Plums
Pears à la Rothschild, Praliné Tart
Orange, Vanilla and Tutti Frutti Ice Cream
Pastry
Cheese
Camembert, Swiss and Edam Cheese
Fruit **Mocca**

Dinner

Vorspeisen
Malossol-Caviar im Eisblock
Sardellen-Stäbchen
Suppen
Kraftbrühe Célestine
Velouté Königin Louise, Geeiste Hühnerkraftbrühe
Klare Birkhuhnsuppe mit Trüffelklösschen
Fische
Steinbutt, Butter, Petersilie
Kaltes Seezungenfilet à la Russe
Fleischspeisen und Geflügel
Heidschnuckenkoteletten, Junge Bohnen, Pommes Rissolées
Taubenbrüste à la Lorette (kalt)
Wachteln mit Kirschen
Geflügelleber am Spiess, Pikante Sauce
Entrecôte à la Jardinière
Perlkücken
Grill: Lammkoteletten Filetsteaks Hammelkoteletten
Entrecôte mit Meerrettichbutter, Gemischter Grill
Tagesplatte
Gespickte Kalbsnuss Piemonteser Art
Gemüse und Kartoffeln
Leipziger Allerlei, Spinat
Succotash
Frische Kartoffeln Gebackene Kartoffeln Kartoffelmus
Deutsche und Französische Bratkartoffeln
Neue Schwenkkartoffeln
Salate
Kopfsalat, Endiviensalat
Kompott und süsse Speisen
Birnen und Pflaumen
Birnen à la Rothschild, Praliné-Torte
Orangen-, Vanille- und Tutti-frutti-Eis
Mandelhörnchen
Käse
Camembert-, Schweizer- und Edamer-Käse
Frucht **Mocca**

An Bord des „IMPERATOR“
Dienstag, den 15. Juli 1913.

RECHTS
Die Menükarten des Bord-Restaurants. Zum Dinner gibt es Wachteln, Taubenbrüste oder Entrecôte mit Meerrettichbutter.

Schiff auf der Höhe der Zeit: Aus dem Untergang der „Titanic“ wenige Monate zuvor haben die Konstrukteure Lehren gezogen: Es gibt genügend Rettungsboote für alle an Bord. Und die Schotten sind raufgezogen bis unters Oberdeck. Die furchtbare Katastrophe von 1912 kann sich also kaum wiederholen.

Wie vorgesehen endet die Jungfernfahrt nach sieben Tagen in New York. Beim Anlegen passiert dann das Missgeschick: Der „Imperator“ neigt sich so stark zur Seite, dass alles, was nicht befestigt ist, von den Tischen fällt. Plötzlich wird klar: Das Schiff hat einen viel zu hohen Schwerpunkt. Dann bricht auch noch ein kleines Feuer im Passagierbereich aus, das die New Yorker Feuerwehr mit solcher Vehemenz löscht, dass Tausende Tonnen Löschwasser die Schräglage noch verstärken. Jetzt ist die Panne für jedermann sichtbar – auch für die zahlreichen Pressefotografen. Eine große Blamage.

Nach einigen weiteren Atlantiküberquerungen macht sich die Hamburger Vulcanwerft schließlich daran, das Problem abzustellen. Massen von schwerem Marmor werden aus den Gesellschaftsräumen der Ersten Klasse entfernt – darunter sogar eine Büste Ihrer Majestät. Schweres Mobiliar wird durch Rohrgestühl ersetzt. Außerdem werden in Kielnähe 2000 Tonnen Zement deponiert und die Schornsteine um fast drei Meter verkürzt. All dies trägt dazu bei, den Schwerpunkt des Schiffes niedriger zu legen. Und fortan hält sich der „Imperator“ tadellos gerade.

Ein schwimmendes Grandhotel – der Festsaal, in dem die Passagiere nach dem Essen tanzen

RECHTS
Riesige Galionsfigur: ein Adler, der mit seinen Krallen die Erdkugel fest im Griff hat

UNTEN
Albert Ballin (1857–1918), der Generaldirektor der Hapag

Dann aber macht der Erste Weltkrieg aller Pracht ein Ende. Das Riesenschiff wird in der Elbe vertäut und dümpelt vier Jahre vor sich hin. Nach dem Krieg verwendet die US-Navy es als Truppentransporter und bringt damit 25 000 US-Soldaten zurück in die Heimat. Am 27. April 1919 schließlich verlässt der „Imperator“ den Hamburger Hafen – und kehrt nie mehr zurück. Ein Augenzeuge schreibt: „Fröhliche Weisen waren bei der ersten Triumphfahrt über den Ozean erklungen, nunmehr klang der Ton der Dampfpfeifen wie ein schmerzlicher Abschiedsgruß über die Stadt, die das Schiff niemals wiedersehen sollte.“

Der „Imperator“ wird im Rahmen der deutschen Reparationszahlungen der britischen Cunard-Reederei übergeben. Mehr als zwanzig Jahre fährt der Dampfer unter dem neuen Namen „Berengaria“ (so hieß die Frau von König Richard Löwenherz) über den Atlantik. Viele Millionäre, Filmstars und große Künstler genießen die Fahrt über den großen Teich, bis der Pott 1938 ausgemustert und im Hafen von Jarrow abgewrackt wird. Das Ende eines legendären Schiffes.

Rudolf Manga Bell kämpfte gegen die Ausbeuter nicht mit Waffen, sondern mit dem Wort. Das machte ihn so gefährlich.

Ermordet, weil die Deutschen Angst vor ihm hatten

OBEN
Rudolf Duala Manga Bell (1873–1914)

Kein Afrikaner war je so deutsch wie er. Er war ausgebildet in Deutschland, pflegte deutsche Sitten, sprach die deutsche Sprache, und zwar ohne jeden Akzent. Aber als die Deutschen, deren Kultur er eigentlich so sehr schätzte, damit begannen, sein Volk zu betrügen, zu berauben und zu unterjochen, da wehrte sich König Rudolf Manga Bell. Nicht mit Speeren oder Musketen. Er zettelte keinen Krieg an. Nein, er wählte einen ganz anderen Weg. Genau das war es, was ihn für seine Gegner so gefährlich machte.

Am Ende wussten sich die kolonialen Besatzer keinen anderen Rat mehr, fädelten einen Justizmord ein, um Manga Bell aus dem Weg zu räumen. Am 8. August 1914 – in Europa hatte gerade der Erste Weltkrieg begonnen – wurde er gehängt. Zur Abschreckung baumelte der Leichnam des 41-Jährigen drei Tage am Galgen. Heute ist der König in seiner Heimat ein Nationalheld.

Nein, von Manga Bell und seiner Geschichte hat in Deutschland kaum jemand gehört. Was ein Trauerspiel ist! Dabei ist es höchste Zeit, dass alle von den Verbrechen erfahren, die Deutschland in seinen Kolonien begangen hat. Zumal es vor allem Hamburger Unternehmen waren, die von der Ausbeutung und Knechtung fremder Völker profitierten. Allen voran: das Handelshaus C. Woermann. Dessen Firmensitz kennt jeder: Vor dem prachtvollen Gebäude an der Großen Reichenstraße in der Altstadt wacht ein afrikanischer Krieger mit Schild und Speer. Und wer in den Hof tritt, sieht fast lebensgroße Elefantenköpfe, die links und rechts das Portal säumen.

Adolph Woermann (1847–1911) war der Prototyp des rücksichtslosen Kolonialkaufmanns. Ganz gezielt sorgte er dafür, dass die Trunksucht um sich griff: Auf seinen Dampfschiffen brachte er neben Waffen vor allem Unmengen billigen Branntwein nach Afrika. Bald war es ein Leichtes, den Bewohnern im Tausch wertvolles Elfenbein abzuschwatzen, außerdem Palmöl, das die deutsche Industrie als Schmierstoff dringend benötigte.

Otto von Bismarck, der Eiserne Kanzler, wollte eigentlich überhaupt keine Kolonien. 1868 hatte er die Überzeugung geäußert, dass „die Vorteile, welche man sich für den Handel und die Industrie des Mutterlandes verspricht, zum größten Teil auf Illusionen“ beruhten. „Denn die Kosten, welche die Gründung, Unterstützung und namentlich die Behauptung der Kolonien veranlasst, übersteigen sehr oft den Nutzen, den das Mutterland daraus zieht, ganz abgesehen davon, dass es schwer zu rechtfertigen ist, die ganze Nation zum Vorteil einzelner Handels- und Gewerbezweige zu erheblichen Steuerlasten heranzuziehen.“ Doch in den 1870er Jahren änderte Bismarck seine Meinung. Wirtschaftsvertreter betrieben eine aggressive Kolonialpropaganda, von der sich auch die Öffentlichkeit anstecken ließ. Bald waren weite Teile der Bevölkerung überzeugt, Deutschland brauche dringend einen Platz an der Sonne.

Gemessen an der Fläche war das deutsche Kolonialreich nach dem britischen und französischen das viertgrößte.

Einer der einflussreichsten Lobbyisten für die Errichtung von Kolonien war er: Adolph Woermann. Er sandte eindringliche Appelle nach Berlin, verfasste Denkschriften, sprach im Auswärtigen Amt vor und tagte mit Regierungsvertretern. Woermann wirkte auf Bismarck ein, sprach davon, dass den deutschen Händlern hohe Zölle drohten, wenn erst die Briten und die Franzosen alle Gebiete Westafrikas unter sich aufgeteilt hätten. So gab der Reichskanzler schließlich nach, stellte Territorien, in denen deutsche Firmen Handelsinteressen hatten, unter den Schutz der Krone. In Übersee gingen gleich darauf die örtlichen Agenten der Handelshäuser daran, die lokalen Handelsfamilien von den Vorzügen des deutschen „Schutzes" zu überzeugen. Jedes Mittel war dabei recht: falsche Versprechungen, großzügige Geschenke, notfalls auch Gewalt. Der Bremer Tabakhändler Adolf Lüderitz luchste auf diese Weise den Menschen im heutigen Namibia 1884 ein riesiges Territorium ab, das als Deutsch-Südwestafrika zur ersten Kolonie des Kaiserreichs wurde.

Dann war Kamerun an der Reihe: Die Hamburger Firmen C. Woermann sowie Jantzen & Thormählen hatten seit Jahrzehnten Handel an der Küste des westafrikanischen Landes getrieben, wo die Duala zu Hause waren. Sie lebten vom Zwischenhandel: Aus dem Hinterland bezogen sie Elfenbein, Kautschuk und Palmöl und tauschten es schon seit Langem in den deutschen Faktoreien gegen Stoffe, Tabak, Salz und Branntwein ein.

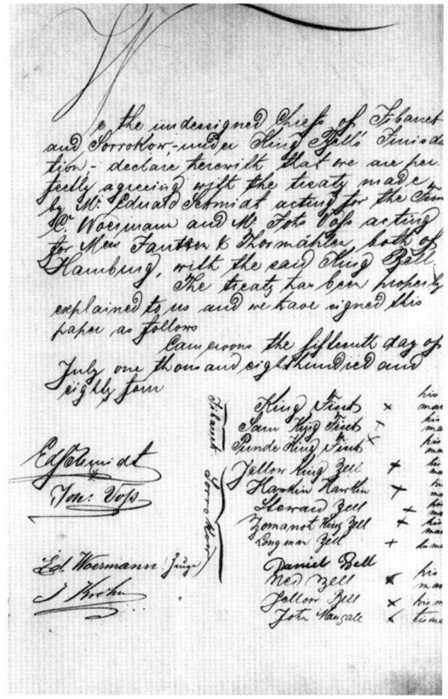

Nun schlugen die Vertreter der beiden Hamburger Firmen vor, die Beziehung auf eine ganz neue Grundlage zu stellen: Mit den Königsfamilien – angeführt von Rudolf Manga Bells Großvater King Bell – handelten sie 1884 einen Vertrag aus: Alle Hoheitsrechte, die Gesetzgebung und die Verwaltung des Gebietes wurden auf die Deutschen übertragen. Als Gegenleistung wurde den Duala garantiert, dass der von ihnen bewirtschaftete bzw. bebaute Boden ihr Eigentum bleiben und vor allem ihr Monopol auf den Handel mit dem Hinterland nicht angetastet werde. Am 14. August 1884 ließ im Auftrag des Kaisers Gustav Nachtigal, Generalkonsul in Tunis, die deutsche Fahne hissen und erklärte die privaten Erwerbungen der Großkaufleute zum deutschen „Schutzgebiet".

Die Duala versprachen sich einiges von diesem Schutz: vor allem Bildung und den Bau von Schulen. Doch außer Gewalt und Unterdrückung bekamen sie nichts. Die Fremden aus Europa hatten nie die Absicht gehabt, die zugesagten Garantien einzuhalten. Im Gegenteil: Die Zerstörung des Zwischenhandels war das eigentliche Ziel. C. Woermann sowie Jantzen & Thormählen wollten das profitable Geschäft selbst machen, ohne mit den Duala zu teilen.

Rudolf Manga Bell war erst elf Jahre alt, als Großvater King Bell den Vertrag mit den Deutschen schloss. Der Junge lebte ein privilegiertes Leben, besuchte in Kamerun die deutsche Regierungsschule und lebte ab 1891 für fünf Jahre als Pflegekind bei der Lehrerfamilie Österle in Aalen (Württemberg), wo er Deutsch lernte und für sein Leben geprägt wurde. 1897 kehrte er nach Kamerun zurück, heiratete, wurde König – und ein erbitterter Feind der Kolonisten.

Inzwischen waren die Deutschen weit ins Hinterland vorgedrungen. Stellte sich ihnen jemand in den Weg, führten die „Schutztruppen" brutale Strafexpeditionen durch. Besonders

LINKS
Ein Angehöriger der sogenannten deutschen „Schutztruppe" in Afrika posiert hier mit einem Mann aus dem Volk der Herero.

OBEN
Der „Schutzvertrag" von 1884, den die Deutschen mit den Königen und Häuptlingen von Kamerun schlossen

übel erging es den Bakoko. „Viele Hundert wurden nach kurzer Gegenwehr niedergeschossen, viele Weiber und Kinder niedergehauen", so ein Zeitzeuge. Fast alle deutschen Soldaten brachten sich als Souvenir einen abgeschlagenen Bakoko-Schädel mit.

Mit schier unfassbar tiefer Verachtung traten die Deutschen den schwarzen Menschen gegenüber. Die Duala seien „das faulste, falscheste und niederträchtigste Gesindel", schrieb Jesko von Puttkamer, ab 1895 Gouverneur.

OBEN
Adolph Woermann (1847–1910) – der größte Lobbyist des Kolonialismus

RECHTS
Die württembergische Lehrerfamilie Österle. Außer um die Erziehung von Rudolf Duala Manga Bell kümmerte sie sich noch um einen zweiten Kameruner, Tube Meton (links).

Er war der Meinung, es wäre besser gewesen, sie bei der Eroberung des Landes entweder auszurotten oder sie wenigstens außer Landes zu bringen. Unter von Puttkamer nahmen Zwangsarbeit und willkürliche Verhaftungen zu.

Als dann 1910 Otto Gleim Gouverneur wurde und damit begann, die Bevölkerung zu enteignen, um eine Stadt allein für Europäer zu bauen, die Schwarze nur betreten dürften, falls sie dort arbeiten, war das Maß voll. Nun begann Rudolf Manga Bell damit, Widerstand zu leisten, und zwar auf eine Weise, wie es noch keine Kolonialmacht zuvor erlebt hatte. Seine Waffe war das Wort: Der König kannte die deutschen Gesetze genau, vertraute auf die deutsche Justiz. Also schickte er Eingaben und Petitionen nach Berlin, in denen er auf die Einhaltung der Verträge pochte. „Den hohen deutschen Reichstag bitten Duala-Oberhäuptlinge mit Rücksicht auf ihre Wehrlosigkeit gehorsamst den Bundesrat bzw. den Herrn Reichskanzler hochgeneigtest ersuchen zu wollen, Maßnahmen zur Rückgängigmachung der vom hiesigen Gouvernement beabsichtigten Enteignung unseres ganzen Grund und Bodens und Zurückdrängung des Duala-Volkes vom Fluss zu ergreifen", so heißt es in einem Telegramm, das Manga Bell an Berlin richtete.

Als das nicht fruchtete, startete der König eine regelrechte Kampagne: Er formulierte eine ausführliche Eingabe an den Reichstag und entsandte 1912 seinen ebenfalls in Deutschland ausgebildeten Sekretär Adolf Ngoso Din in die Reichshauptstadt. Der fand Gehör insbesondere bei Journalisten, Rechtsanwälten und bei regierungskritischen Sozialdemokraten. Und auch die Presse griff das Thema auf. Das „Berliner Tageblatt" veröffentlichte den Text eines in Kamerun lebenden Deutschen, der den Rücken eines ausgepeitschten Menschen so beschrieb: „Rohes, gehacktes Beefsteak ist nichts dagegen." Und im Reichstag reichte SPD-Urgestein August Bebel zur Veranschaulichung der Brutalität der deutschen Schutztruppen eine Flusspferd-Peitsche herum.

Das alles blieb nicht ohne Wirkung. Der Reichstag rügte die Behördenwillkür in Kamerun aufs Schärfste und setzte die Enteignungen aus. Jedenfalls vorläufig. Aber dann gelang es Wilhelm Solf, dem Chef des Reichskolonialamtes, die Glaubwürdigkeit von Manga Bell mit einem Trick zu erschüttern. Solf legte ein Telegramm vor, wonach König Njoya aus Westkamerun bestätige, dass Manga Bell ihn zur Revolte gegen die Deutschen angestachelt habe. Zum Plan gehöre auch, Frankreich und England um Unterstützung gegen die Deutschen zu bitten, hieß es. Das wäre Hochverrat! Später stellte sich zwar heraus, dass der Beschuldigte nie mit Njoya gesprochen hatte. Aber das gefälschte Telegramm, dessen Absender nie identifiziert werden konnte, erfüllte seinen Zweck.

Manga Bell und sein Sekretär Adolf Ngoso Din wurden in Duala vor Gericht gestellt. Das Verfahren: eine Farce. Kein unabhängiger Richter, kein richtiger Verteidiger, keine echten Beweise. Das Urteil stand bereits fest. Und wurde noch am selben Tag, nachmittags gegen 17 Uhr, vor dem Gerichtsgebäude vollstreckt. „Unschuldiges Blut hängt ihr auf“, soll Manga Bell seinen Henkern zugerufen haben – in deutscher Sprache. „Umsonst tötet ihr mich. Verdammt seien die Deutschen. Ihr werdet Kamerun niemals besitzen.“

Der Justizmord an Manga Bell war nicht das einzige Verbrechen, dessen sich Deutsche in den Kolonien schuldig machten. Bei Weitem nicht. Und immer wieder hatte Woermann seine Finger im Spiel: 1889 ging er in Kamerun mit einer Privatarmee gegen die Malimba vor, die seine Handelsniederlassung auf ihrem Gebiet nicht duldeten. Als sich 1904 nach Jahren der Ausbeutung und Erniedrigung die Völker der Herero und der Nama erhoben, schickte Berlin 15 000 Mann nach „Deutsch-Südwest“, um den Aufstand niederzuschlagen – 45 000 Herero und Nama starben. Woermann profitierte: Denn sein Unternehmen – inzwischen die größte Privatreederei der Welt – hatte das Beförderungsmonopol für die deutschen „Schutztruppen“.

Ein Jahr danach sollte es noch schlimmer kommen: Beim Maji-Maji-Aufstand in Ostafrika starben rund 100 000 Einheimische. Die meisten Opfer verhungerten, weil die deutschen Soldaten überall verbrannte Erde hinterließen: Sie zündeten Dörfer und Felder einfach an.

OBEN
Der Dampfer „Ernst Woermann“. Nicht zuletzt dank der Kolonien wurde die Woermann-Linie zur größten Privatreederei der Welt.

RECHTS
Der Dampfer „Alexander Woermann“ bringt die kaiserliche „Schutztruppe“ von Hamburg nach „Deutsch-Südwestafrika“.

Heinrichstraße hieß sie vorher. 1922 beschlossen die regierenden Sozialdemokraten die Umbenennung. Mit dem neuen Namen wurde die Herbertstraße weltberühmt.

Verrucht, geheimnisvoll und nicht für alle zugänglich

Sechzig Meter lang und sieben Meter breit ist diese Fußgängerzone der ganz besonderen Art. Die Herbertstraße ist voller Widersprüche. Einerseits abgesperrt, und doch steht sie rund um die Uhr offen. Zwar gibt es keine richtigen Läden, aber trotzdem jede Menge Schaufenster. Und obwohl Autos verboten sind, findet nirgendwo in Hamburg so viel Verkehr statt wie hier.

Herbertstraße. Dieser Name ist längst Synonym für Prostitution und käufliche Liebe. Dass es ausgerechnet eingefleischte Bordellgegner sind, die ihr diesen Namen verpasst haben – vorher hat sie nämlich Heinrichstraße geheißen –, das ist wirklich ein Treppenwitz der Geschichte. Sozialdemokraten und Frauenrechtlerinnen der Abolitionisten-Vereinigung sind schon im Kaiserreich dafür eingetreten, Hamburgs Bordellstraßen abzuschaffen. 1922, vier Jahre nach der Abdankung des Kaisers, schreiten die SPD und ihr linksliberaler Koalitionspartner Deutsche Demokratische Partei (DDP), die jetzt im Rathaus das Sagen haben, zur Tat. Ihr Ziel ist es, die Bordelle in Büros, Kontore und Mietwohnungen umzuwandeln. Im letzten Schritt beschließt die Bürgerschaft am 17. Juli 1922, alle Straßen, die als Rotlichtbezirk in Verruf geraten sind, umzubenennen. Sozusagen als Zeichen für den Neuanfang.

Und so wird aus der Schwiegerstraße der Kalkhof, aus der Schützenstraße der Johanniswall, aus der Ulrikus- die Winkelstraße, aus der Klefeker- die Mauerstraße und aus der Heinrich- die Herbertstraße. Heute wissen wir: Zumindest in der Herbertstraße wird das Ziel, die Bordelle zu vertreiben, gründlich verfehlt.

Schon über Jahre gibt es sie inzwischen – ein guter Anlass, die Geschichte des horizontalen Gewerbes Revue passieren zu lassen: Schon vor 800 Jahren, nämlich im 13. Jahrhundert, sind Prostituierte in Hamburg urkundlich erwähnt. 1428 gibt es bereits acht offizielle „Frauenhäuser", unter anderem auf dem Kattrepel (Altstadt).

Zunächst lassen die Stadtväter die Huren gewähren. Das ändert sich im 16. und 17. Jahrhundert im Zuge der Reformation und mit der sich ausbreitenden Geschlechtskrankheit Syphilis. 1666 wird am Alstertor ein Spinnhaus errichtet, in dem Frauen, die der Prostitution überführt sind, Zwangsarbeit verrichten müssen. Zusätzlich werden Huren am Pferdemarkt an den Schandpfahl gekettet und öffentlich zur Schau gestellt. Schon damals schei-

tern alle Versuche, die Prostitution zurückzudrängen. Die leichten Mädchen verschwinden nicht, sie weichen aus, siedeln sich außerhalb der Stadtmauern an – beispielsweise auf dem Hamburger Berg, der später in St. Pauli umbenannt wird. Es ist eine wilde Gegend, in der sich Gestrauchelte und Glücksritter niederlassen.

Bis Ende des 18. Jahrhunderts entstehen entlang der Elbe eine Reihe von Schiffswerften, Ölmühlen, Tranbrennereien und ein großes Hanfmagazin. Als sich nach der Französischen Revolution von 1789 viele Flüchtlinge niederlassen und die Nachfrage nach Wohnraum zunimmt, werden auf dem Hamburger Berg neue Straßen erschlossen und bebaut: Die Davidstraße, die Erichstraße, die Friedrichstraße und die Heinrichstraße entstehen. Von Anfang an sind hier auch Huren zu Hause.

Mit dem Einmarsch napoleonischer Truppen in Hamburg 1806 sind mit einem Mal jede Menge fremder junger Männer in der Stadt – da ist es klar, dass Bordelle nur so aus dem Boden schießen. „Zu den vier Löwen" heißt eins der bekanntesten, und es befindet sich an der Davidstraße. Gleich um die Ecke, zwischen Heinrich- und Friedrichstraße, entsteht 1813 ein Barackenlager für spanische Söldner. Von „lebhaftem Verkehr" mit den Bewohnern schreibt der St. Pauli-Chronist Ernst Heinrich Wichmann augenzwinkernd. „Viele sahen die Spanier ungern scheiden."

Die Franzosenzeit ist vorbei, da legt 1816 an der Stelle, wo sich heute die Landungsbrücken befinden, das erste Dampfschiff an. In der Heinrichstraße entsteht ein Nebeneinander von sogenannten Logierhäusern und Bordellwirtschaften. In den Logierhäusern steigen die Matrosen ab, die sich jetzt immer zahlreicher auf St. Pauli herumtreiben. Und während sie auf eine neue Heuer warten, vertreiben sie sich in den Bordellen die Zeit und hauen ihr Geld auf den Kopf.

Wie sehr das Rotlicht-Geschäft floriert, belegen diese Zahlen: 1833 gibt es in der Heinrichstraße sechs Bordelle, zwei Jahre später sind es schon zehn. 1887 – inzwischen sind sämtliche Logier- in Freudenhäuser umgewandelt –, steigt ihre Zahl sogar auf zwanzig. Inzwischen gibt es sogar ein allgemein gültiges Huren-Reglement. Das legt fest, dass jeder Bordellbesitzer den Frauen einen Morgen-Kaffee bereitstellen muss, dass er keine Dirne zum Beischlaf zwingen und den Freudenmädchen maximal die Hälfte ihres Hurenlohns für Kost und Logis abknöpfen darf.

Ab 1880 verstärkt die Stadt die Bemühungen, die „grassierenden sitten-

LINKE SEITE
Eine Preisverhandlung? Das Foto dürfte in den 1960er oder 1970er Jahren entstanden sein.

OBEN
Sechzig Meter lang und sieben Meter breit ist die Fußgängerzone Herbertstraße.

RECHTS
1943 – eine Aufnahme aus der Nazizeit. Da waren die Sichtblenden noch ganz neu.

OBEN
Die Federzeichnung zeigt die Herbertstraße im 19. Jahrhundert – da hieß sie allerdings noch Heinrichstraße.

widrigen Umtriebe“ einzudämmen und besser zu kontrollieren. Wichtigste Maßnahme: die Kasernierung der Prostituierten. Auf St. Pauli erhalten ab dem 1. Januar 1900 ausschließlich solche Bordelle eine Konzession, die sich in der Heinrichstraße befinden. Nur noch in bestimmten Straßen sollen Prostituierte leben und arbeiten dürfen. Frauen, die in der „Dirnenliste“ stehen, dürfen sich nicht mehr frei bewegen, viele Straßen und Plätze, bestimmte Lokale und Theater nicht mehr besuchen. Um Prostitution für den nachfragenden Mann so „gesund“ wie möglich zu gestalten, müssen sie sich regelmäßig ärztlich untersuchen lassen. Strafrechtlich belangt werden allein Frauen, nicht etwa die Freier. Prostitution gilt als „wahllose Preisgabe eines Weibes an Männer gegen Entgelt“ und wird als eine einseitig weibliche Verfehlung verstanden. Dabei blenden die Verantwortlichen aus, dass immer zwei dazugehören und dass es Prostitution überhaupt nur wegen der männlichen Nachfrage gibt.

Die Kasernierung und staatliche Reglementierung der Prostitution zu beenden, das ist das Ziel, das 1922 SPD und DDP verfolgen, als sie die Bordellstraßen auflösen und umbenennen. Prostituierte unterliegen ab da keinen Wohnungsbeschränkungen mehr und sie dürfen sich jetzt überall aufhalten – außer auf dem Jungfernstieg und in der Gegend rund um den Hauptbahnhof.

Als 1933 die Nazis an die Macht kommen, wird die Prostitution zwar nicht verboten, aber wer ihr nachgeht, läuft Gefahr, als kriminell verfolgt und interniert zu werden: Mehr als 1500 Hamburger Huren werden während der Nazi-Diktatur in Schutzhaft genommen. Es sind die NS-Machthaber, die an den Eingängen der Herbertstraße Sichtblenden aufstellen lassen, um – so wörtlich – das „sittenwidrige Geschehen“ und die „asozialen Elemente“ aus dem Sichtfeld der Öffentlichkeit zu verbannen.

Nachdem die Herbertstraße den Krieg weitgehend unbeschadet überstanden hat, sorgt in den 1950er Jahren das Wirtschaftswunder wieder für jede Menge Zulauf. „Bei Schichtwechsel wurde die Lohntüte – ratsch – aufgemacht, erst mal ein Fuffziger gebunkert, von dem Mutti daheim nichts wusste – und dann: nix wie rin in die Herbertstraße“, erinnert sich eine Zeitzeugin, die dort damals arbeitet.

Bis in die 1960er Jahre sitzen die Prostituierten nicht einzeln, sondern zu zweit oder zu dritt in den Fenstern. Sie tragen keine Dessous, sondern Kostüm oder Abendkleid. Offiziell ist es ihnen verboten, sich ungeniert den Kunden auf der Straße zu präsentieren – sie müssen stattdessen hinter einem Vorhang sitzen. Allerdings halten sie sich daran nur, wenn gerade die Polizei patrouilliert. „Dann ging das überall ‚Pst! Pst!‘ – und die Gardinen flogen zu.“

Davon, wie es damals hinter den Kulissen der Herbertstraße aussieht, können sich 1964 Kinobesucher überzeugen, denn in dem Jahr feiert in den Lichtspielhäusern der Streifen „Polizeirevier Davidswache“ Premiere. Regisseur Jürgen Roland hat für seinen Krimi auch das Innenleben der Bordelle

RECHTS
So sah die Heinrichstraße etwa um die Jahrhundertwende aus. Die Umbenennung erfolgte 1922.

gedreht: Steile, hölzerne Treppen sind zu sehen, schmale Gänge und kleine, veraltet möblierte Zimmer, die gerade mal mit einem Waschbecken ausgestattet sind. Ein Bad? Fehlanzeige. Und warm werden die Räume auch nur, wenn jemand eine Mark in den Münz-Gaszähler wirft.

Domenica Anita Niehoff, Deutschlands berühmteste Prostituierte, arbeitet von 1972 bis 1990 in der Herbertstraße. Ihr Domina-Studio befindet sich erst im Haus 10, später im Haus 7 B. Kiez-Fotograf Günter Zint, ein enger Freund Domenicas, kann sich gut erinnern an „viele lustige Partys", die dort gefeiert werden. Prominente geben sich bei Domenica die Klinke in die Hand. Sogar Fürstin Gloria von Thurn und Taxis ist unter den Gästen. „Ein anderes Mal traf ich einen späteren französischen Minister", so Zint. „Und der Künstler Tomi Ungerer hat 1985 sogar für mehrere Wochen in Domenicas Haus gewohnt und dort sein Buch ‚Schutzengel der Hölle' geschrieben."

„Im Winter, bei Schnee, ist es hell und eigentümlich lautlos hier, und die erleuchteten Fenster wirken warm und einladend", so Domenica über die Herbertstraße. „Ein paar rotnasige Typen mit Riesen-Teddys vom Dom stapfen durch. Schön ist auch, wenn der Nieselregen fällt und sich das rote Neonlicht auf den feuchten Pflastersteinen spiegelt. Nur am Tag wirkt die Straße grau und nüchtern. Erst in der Dämmerung, wenn die Laternen aufflammen, entfaltet sich der alte, ordinäre, abgetakelte Zauber der Puff-Straße."

Im Februar 2009 stirbt die „Königin der Herbertstraße". Nach ihrem Tod erweist der Kiez ihr die letzte Ehre. Ein Trauerzug führt einmal quer durch St. Pauli – inklusive Herbertstraße, versteht sich. Hunderte Menschen schließen sich an, zeigen, wie sehr sie Domenica schätzten. Nur selten ist einer Prostituierten so viel Ehre zuteilgeworden.

OBEN LINKS
1964 drehte Regisseur Jürgen Roland den Film „Polizeirevier Davidswache" – auch in der Herbertstraße.

OBEN RECHTS
Neugierige Frauen werfen einen Blick in die Straße, der sie lieber fernbleiben sollten.

RECHTS
Domenica – die berühmteste Prostituierte Deutschlands

Sie war Deutschlands erstes Mannequin. Gabriele Maus machte in den 1940er und 1950er Jahren als Model Karriere. Sohn Christoph hat sein Fotoarchiv geöffnet.

Das „Fräulein-Wunder“ aus Hamburg

Hamburg lag noch in Trümmern, der Krieg war erst ein paar Jahre vergangen, da präsentierte sie mit einzigartiger Eleganz und einem Ausdruck von tiefem Selbstbewusstsein Mode aus Nachkriegs-Deutschland. Gabriele Maus – so hieß dieses „Fräulein-Wunder“ aus Hamburg – war das erste Top-Model der jungen Bundesrepublik. Fotos mit dem Mannequin zierten fast jede Modezeitschrift der späten 1940er und beginnenden 1950er Jahre.

Inzwischen hätte Gabriele Maus hundertsten Geburtstag gefeiert. Anlass für ihren 64-jährigen Sohn Christoph Maus, der im Schanzenviertel wohnt, im Nachlass seiner Mutter zu stöbern, Fotos und Zeitungsausschnitte herauszusuchen und ihre Geschichte zu erzählen. „Sie war schon eine ganz besondere Frauenpersönlichkeit, jedoch nicht unbedingt eine Mutter, mit der der Sohn kuscheln konnte“, sagt Christoph Maus mit einem Ausdruck des Bedauerns. Und dann wieder mit Bewunderung: „Aber eine, die wusste, was sie wollte, für die Disziplin die wichtigste Tugend war. Sonst hätte sie nicht erreicht, was sie erreicht hat. Nicht in der Zeit, in der sie lebte.“

Am 23. August 1923 wird sie als jüngstes von drei Geschwistern geboren. Ihr Vater besitzt in Ostpreußen das Rittergut Drenken. Dort, hundert Kilometer südöstlich von Danzig, idyllisch gelegen inmitten einer fruchtbaren und waldreichen Landschaft, wird das Mädchen groß. „Von diesem Ort schwärmte sie später immer wieder“, erinnert sich Christoph Maus. „Als ich so fünf oder sechs Jahre alt war, hatte ich noch keine bildliche Vorstellung von Drenken oder von Ostpreußen. Mir kam es damals vor, als würde sie von einem verwunschenen Ort berichten, irgendwo hinter Hügeln und Wolken, eine Art Shangri-La.“

Gabriele besucht ein Internat in Potsdam und mausert sich zur Klassenbesten. „Wer gut aufpasst und nachfragt, hat es leichter“, ist das Credo, das sie durch die Schulzeit und später auch durchs Studium begleitet. Sie schreibt sich in Freiburg im Breisgau für Physik und Mathematik ein – ungewöhnliche Fächer für eine Frau damals. Der Krieg verhindert, dass sie ihr Studium zu Ende bringt.

Die Sommermonate verbringt die Familie gerne im mondänen Badeort Zoppot bei Danzig. Dort trifft die 19-Jährige 1942 auf den 27-jährigen Marineoffizier August Maus, der gerade auf Landurlaub ist. Die sich anschließende Beziehung wird auf eine harte Probe gestellt, als im August 1943 U-185, das Unterseeboot, dessen Kommandant Gabrieles Verlobter ist, von der US-Navy versenkt wird. Gott sei Dank überlebt er, kommt in US-Kriegsgefangenschaft, sodass im Juli 1944 wenigstens eine Ferntrauung stattfinden kann. Bis zum Wiedersehen werden noch zwei Jahre vergehen.

Anfang 1945 muss Gabriele Maus vor der Roten Armee aus Ostpreußen fliehen. Das Dampfschiff „Deutschland“ bringt sie und ihre Schwester Erika sicher bis nach Schleswig-Holstein, wo sie kurz nach Kriegsende durch Vermittlung von Freunden die Bekanntschaft von Charles Ritter macht, dessen Familie in Lübeck schon seit 150 Jahren ein Seidenhaus betreibt. Ritter ist Modeschöpfer, eine Art früher Karl Lagerfeld. Er sucht gerade ein Mannequin, das seine Kreationen präsentiert, und ist begeistert, als er Gabriele Maus das erste Mal sieht: So schön und elegant ist sie.

Nicht zuletzt dank der Ausstrahlungskraft der jungen Frau avanciert Ritter bald darauf zum Star der bundesdeutschen Modebranche. Davon wiederum profitiert Gabriele. Als sie im September 1948 auf einer internationalen Modemesse in Stockholm Ritters neue Kollektion vorführt, hinterlässt sie einen bleibenden Eindruck – und schon

bald darauf ziert ihr Foto erstmals das Titelbild eines Magazins.

Gabriele Maus ist sehr erfolgreich, verdient gut, wovon auch ihr Mann profitiert, der inzwischen aus der US-Gefangenschaft zurückgekehrt ist und gerade anfängt, sich als Großhändler für Werkzeuge ein eigenes Unternehmen aufzubauen. 1952, 1954 und 1958 kommen die Söhne Ralph, Philipp und Christoph zur Welt, die in Rissen in einer gutbetuchten Wirtschaftswunder-Familie groß werden.

Seit der Geburt ihres ersten Kindes übt Gabriele Maus den Mannequin-Beruf nur noch sporadisch aus. Mitte der 1950er Jahre, zum krönenden Abschluss ihrer Karriere, macht sie ein letztes Fotoshooting für Yves Saint-Laurent (1936–2008), der damals zwar noch blutjung ist, aber schon künstlerischer Leiter des Pariser Modehauses Dior.

Was Gabriele Maus auszeichnet, ist ihr Gespür für Stil und Schönheit. Perfekte Voraussetzungen für ihre neue Karriere: Als sie überzeugt ist, dass ihre Söhne alt genug sind, macht sie sich 1968 mit dem Einrichtungsgeschäft „GM Einrichtung“ selbstständig. Sie eröffnet Niederlassungen in Winterhude, Pöseldorf, Poppenbüttel – und schließlich in Kampen auf Sylt, wo sie sich 1975 ein großes Reetdachhaus kauft. Das „Haus Peacock“, wie es wegen eines geschnitzten Pfauenbildes an der Fassade genannt wird, wird mehr und mehr ihr Lebensmittelpunkt.

Bis ins hohe Alter leitet Gabriele Maus ihr Kampener Einrichtungsgeschäft persönlich. Im Januar 2005 – da ist sie 82 Jahre alt – entschließt sie sich, endlich mal kürzerzutreten. Abgesehen von wochenlangen Aufenthalten auf Sylt im Sommer lebt sie von da an in der Elbschlossresidenz in Teufelsbrück, wo sie am 8. November 2014 im Alter von 91 Jahren stirbt.

LINKE SEITE
Ein Foto aus der Modezeitschrift „Elegante Welt“

OBEN
Anprobe eines Abendkleids – perfektes Outfit für den Opernbesuch

RECHTS
Mannequin und Auto – seit jeher ein beliebtes Motiv

1923 plante Moskau den Umsturz in Deutschland. Die KPD machte zwar einen Rückzieher, aber in Hamburg gingen die Genossen auf die Barrikaden.

Die abgesagte Weltrevolution – der Kommunistenaufstand vor hundert Jahren

Alles ist von langer Hand vorbereitet. Pünktlich um fünf Uhr am Morgen des 23. Oktober 1923 beginnt der Aufstand, der – so haben es sich die Mächtigen im Kreml ausgedacht – aus Deutschland eine Räterepublik machen und Startschuss zur Weltrevolution sein soll.

Und wo geht's los? In der Müggenkampstraße in Eimsbüttel, nördlich der Osterstraße. Die Männer der kommunistischen Hundertschaft aus Lokstedt, Langenfelde und Stellingen sind drei, vier Stunden zuvor aus den Betten geholt worden – unter einem Vorwand. Nun erfahren sie von ihrem Anführer Hermann Schmidt, worum es wirklich geht: darum, die Polizeiwache 42 an der Müggenkampstraße zu stürmen und die dort lagernden Pistolen und Gewehre zu erbeuten – Waffen für den Kampf um die Macht.

Im Schutze der Dunkelheit nähern sich die Aufständischen der Wache. Fünf Schutzleute sind im Dienst, davon spielen gerade drei Karten – ihre Koppel mit den Pistolenhalftern hängen an der Wand. Die Beamten sind völlig ahnungslos. Während die Aufständischen draußen auf das Signal zum Losschlagen warten, biegt Hauptwachtmeister Hinrich Scharf um die Ecke – er hat gleich

Dienstbeginn. Bevor ihm klar wird, was vor sich geht, wird Scharf aus nächster Nähe erschossen. Dann beginnt der Angriff. Schüsse fallen. Eine Handgranate fliegt. Ein Polizist sinkt getroffen in sich zusammen, einem seiner Kollegen ist der halbe Hals weggeschossen – er verblutet. Die anderen drei ergeben sich und werden gefesselt.

Der Kampflärm hat das ganze Quartier aufgeweckt. Anwohner versammeln sich auf der Straße, einige Männer wollen sich den Aufständischen anschließen. Bewaffnet mit zwölf erbeuteten Pistolen und ebenso vielen Gewehren verteilen sie sich auf den Dächern links und rechts der Straße, während die eigentliche Hundertschaft weiter zur Polizeiwache 48 in der Fruchtallee zieht, um auch sie zu überfallen. Inzwischen sind überall in der Ferne Pistolen- und Gewehrfeuer und Explosionen zu hören. Das gibt den Männern Zuversicht, dass ihr Aufstand Signalwirkung hat, dass die Massen sich ihnen anschließen und die ersehnte Diktatur des Proletariats unmittelbar bevorsteht. Eine Illusion, wie sich noch zeigen wird.

Die meisten bringen mit dem Jahr 1923 den gescheiterten Hitler-Putsch am 9. November in München in Verbindung, denn der nimmt im Geschichtsunterricht breiten Raum ein. Völlig unbekannt ist dagegen für die meisten, dass gut zwei Wochen zuvor auch Kommunisten einen Aufstand wagten und dass um ein Haar Deutschland in eine Sowjetrepublik verwandelt worden wäre.

1923 steckt die Weimarer Republik in einer tiefen Existenzkrise. Es ist vor allem die französische Regierung, die Deutschland ins Chaos stürzt. Im Januar schickt Paris Truppen, um das entmilitarisierte Ruhrgebiet zu besetzen. Ausbleibende Reparationslieferungen sind für den einstigen Kriegsgegner ein willkommener Anlass, die Kontrolle über das industrielle Zentrum Deutschlands zu übernehmen. Erz und Kohle haben das Deutsche Reich stark gemacht – und gefährlich. Damit soll es für immer vorbei sein.

Reichskanzler Wilhelm Cuno, ein parteiloser Wirtschaftsfachmann, der noch bis 1922 Chef der Hamburger Reederei Hapag war, ruft die Bevölkerung an der Ruhr zum passiven Widerstand auf. Zwei Millionen Menschen – Arbeiter in den Zechen, Beamte in der Verwaltung sowie Bus- und Bahn-Angestellte – treten in den Ausstand. Als Cuno die Notenpresse anwirft, um den Streikenden weiter ihre Löhne zahlen zu können, gibt er der angeschlagenen

LINKE SEITE
Vermutlich ein Foto, das nach dem Ende der Kämpfe gestellt wurde

OBEN
Polizisten posieren an einem umgestürzten Baum, den die Aufrührer als Straßensperre genutzt haben.

RECHTS
Die Karte illustriert die Kämpfe, die sich am Morgen des 23. Oktober 1923 in der Müggenkampstraße in Eimsbüttel ereigneten. Auf den Dächern der Häuser (rot umrandet) waren Kommunisten postiert und feuerten auf die Polizei, die mit Panzerwagen angriff.

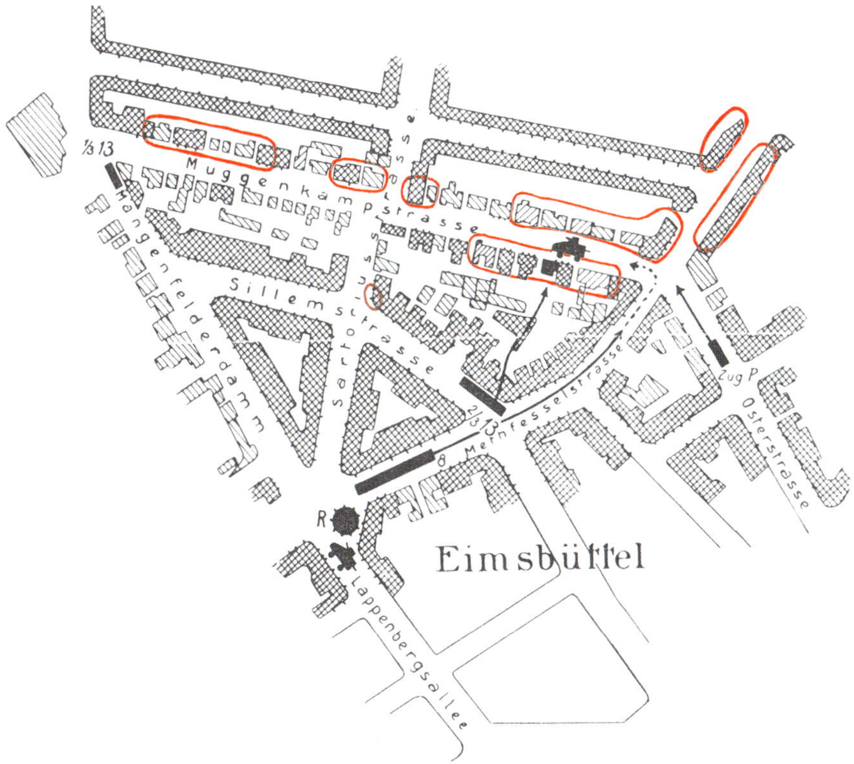

Wirtschaft den Rest: Frisches Geld ohne Gegenwert lässt den Wert der Mark ins Bodenlose stürzen, und die Hyperinflation trifft vor allem die einfache Bevölkerung. Im September kostet ein Brot 118 000 Mark, nur vier Wochen später 800 Millionen. Das Geld ist bald das Papier nicht wert, auf dem es gedruckt wird. Streiks, Plünderungen und Hungerunruhen erschüttern das Reich über Monate.

Genau auf diesen Moment haben die Feinde der jungen Demokratie, der ersten auf deutschem Boden, nur gewartet. Im Rheinland und in der Pfalz bekommen dank französischer Unterstützung Separatisten Auftrieb. Im Oktober 1923 wird die „Rheinische Republik" ausgerufen, im November die „Pfälzische". Eine noch größere Bedrohung für die Demokratie geht von Bayern aus. Dort genießt Generalstaatskommissar Gustav von Kahr diktatorische Vollmachten. Er ist ein glühender Monarchist und will eine „nationale Diktatur" im Reich errichten. In Analogie zum „Marsch auf Rom", der Ende Oktober 1922 Benito Mussolini in Italien an die Macht brachte, plant Kahr einen „Marsch auf Berlin". Doch dann ergreift der junge Biersaal-Agitator Adolf Hitler die Initiative, übernimmt die Führung der Ultrarechten und putscht – erfolglos.

Schließlich sind da noch die Kommunisten, die an ihrem Ziel, Deutschland in eine Diktatur des Proletariats zu verwandeln, auch fünf Jahre nach der gescheiterten Novemberrevolution 1918 festhalten. Die Partei ist tief gespalten: Die „Rechten" um KPD-Chef Heinrich Brandler streben Einheitsfront-Regierungen gemeinsam mit der SPD an. Die „Linken" in der Partei – darunter auch der Hamburger Ernst Thälmann – lehnen dagegen jede Kooperation mit der SPD strikt ab und wollen lieber heute als morgen Revolution machen: Für sie sind die Sozialdemokraten schlimmere Feinde als die Faschisten.

Von großer Bedeutung für den Fortgang der Geschichte sind die sogenannten „Cuno-Streiks" im August 1923, als in Berlin und anderen Städten Arbeiter in den Ausstand treten, um wegen der Ruhrbesetzung und der Inflation gegen die Reichsregierung zu demonstrieren. Als Cuno daraufhin am 12. August zurücktritt, lässt das in Moskau Grigorij Sinowjew aufhorchen, den Vorsitzenden der Kommunistischen Internationale (Komintern). Ist das die revolutionäre Krise, auf die die Kommunisten schon lange warten? Am 15. August 1923 – in Deutschland ist inzwischen Gustav Stresemann Kanzler – weist Sinowjew die KPD an, sich auf den Umsturz vorzubereiten.

Papiere, die jahrzehntelang in Moskauer Geheimarchiven lagern und erst 1995 von Boris Jelzin für die Öffentlichkeit freigegeben werden, beweisen: Von hier ab übernimmt der Kreml die Regie. Am 21./22. August 1923 kommt es zu einer geheimen Sitzung des Politbüros der Kommunistischen Partei Russlands, bei der der Deutschland-Experte Karl Radek ein offensives Vorgehen befürwortet, zumal nach einem Sieg der KPD ein hoch industrialisiertes „Sowjetdeutschland" den wirtschaftlichen Aufbau der noch überwiegend agrarischen Sowjetunion voranbringen würde. Eine Kommission wird gebildet, um einen Aktionsplan auszuarbeiten: Sinowjew, Stalin, Trotzki, Radek und Außenminister Tschitscherin gehören ihr an.

Im September fällt in Moskau die Entscheidung: Revolution! Am 9. November, genau fünf Jahre nach der gescheiterten deutschen Novemberrevolution von 1918, soll sie beginnen. Die Verantwortlichen – der todkranke Lenin ist nicht darunter – rechnen damit, dass Deutschlands Nachbarländer militärisch eingreifen werden, um die kommunistische Machtergreifung zu verhindern. Für diesen Fall schmiedet Trotzki den Plan, zur Unterstützung der deutschen Genossen 2,2 Millionen Soldaten der Roten Armee zu mobilisieren. Die Hoffnung ist, dass ein Krieg auch im Rest Europas und darüber hinaus weitere Revolutionen nach sich ziehen wird. Das könnte die Welt aus den Angeln heben.

KPD-Chef Heinrich Brandler, der sich im August noch skeptisch gezeigt und vor übereilten Schritten gewarnt hat, legt bei einem Zusammentreffen mit den Führern der Kommunistischen Partei Russlands eine Kehrtwende hin und stimmt den Revolutionsplänen mit einem Mal nicht nur zu, sondern malt die Erfolgsaussichten auch noch in rosigen Farben: Er verspricht, 253 000 Kommunisten stünden in proletarischen Hundertschaften zum Kampf bereit. Aus ihnen könnten im Laufe von sechs bis acht Wochen 15 Divisionen gebildet werden. Das ist purer Zweckoptimismus, aber Moskau schenkt Brandlers Worten nur zu gerne Glauben.

Die Maschinerie wird in Gang gesetzt: Revolutionsexperten und sehr viel Geld werden nach Deutschland geschickt. Leo Trotzki fordert die KPD auf, so schnell wie möglich in die von linken Sozialdemokraten geführten Landesregierungen von Sachsen und Thüringen einzutreten, was schon nach wenigen Tagen, nämlich am 10. bzw. 16. Oktober, geschieht. Warum sich die SPD auf eine kommunistische Regierungsbeteiligung einlässt? Sie verspricht sich davon erstens die Überwindung der Feindschaft, die zwischen den beiden Arbeiterparteien herrscht, und hofft zweitens, mithilfe gemeinsam gebildeter proletarischer Hundertschaften den befürchteten rechtsextremistischen „Marsch auf Berlin" stoppen zu können. Die SPD erkennt nicht, dass es den Kommunisten um etwas ganz anderes geht: Sie wollen als Regierungspartei Zugriff auf die Polizei und deren Waffen erlangen. Ziel ist es, 50 000 bis 60 000 Arbeiter mit Pistolen und Gewehren auszustatten – für den bewaffneten Kampf gegen die Demokratie.

Dann überschlagen sich die Ereignisse: Weil die Reichsregierung unter Stresemann ahnt, was die Kommunisten im Schilde führen, setzt Berlin die Reichswehr in Marsch und unterstellt die sächsische Polizei der Armee, was einer Entmachtung der Regierung in Dresden gleichkommt. Es kommt zu Schießereien zwischen Arbeitern und Soldaten. Auf Grundlage einer von Reichspräsident Friedrich Ebert erlassenen Notverordnung wird die SPD/KPD-Regierung ihres Amtes enthoben.

Das wäre in den Augen der linken Kommunisten genau der perfekte Zeitpunkt, den Generalstreik auszurufen und mit der Revolution zu beginnen. Aber KPD-Chef Brandler zögert, will die Entscheidung einer Arbeiterkonferenz überlassen, die für den 21. Oktober in Chemnitz anberaumt ist. Dabei zeigt sich, dass die Kommunisten völlig isoliert sind. Unter den 450 Delegierten – darunter auch Gewerkschafter und einige Sozialdemokraten – stoßen Brandlers Pläne nicht auf Zustimmung. Ganz im Gegenteil. Die Delegierten sind empört. Und so wird sie im letzten

LINKE SEITE
Panzerwagen der Ordnungspolizei an einer von Aufständischen aufgerissenen Straße

RECHTS
Die Wache 46 in Barmbek, um die schwer gekämpft wurde. Zu sehen sind Beamte der Ordnungspolizei mit dem Maschinengewehr 08.

Moment abgeblasen: die deutsche Oktoberrevolution.

Nur in Hamburg kommt es zwei Tage später zum Aufstand – wieso, das ist bis heute unklar. Entweder trifft der Bote aus Chemnitz mit der Nachricht zu spät in der Hansestadt ein oder aber Thälmann & Co. handeln eigenmächtig – nach dem Motto: Was schert uns das Chemnitzer Abstimmungsergebnis? Vielleicht hofft Thälmann, dass sich die Arbeiter im Rest des Reiches doch noch anschließen werden, wenn Hamburg erst den Anfang gemacht hat.

Wie auch immer: Um 5 Uhr am Morgen des 23. Oktober beginnt in der Stadt der Aufstand. Zur gleichen Zeit wie in der Müggenkampstraße werden in Hamburg und in benachbarten preußischen Gemeinden 26 Polizeireviere angegriffen und 17 entwaffnet. Es sind vor allem Arbeiterviertel, in denen die Aufständischen operieren: Winterhude, Langenhorn, Barmbek, St. Georg, Hammerbrook, Borgfelde-Hamm und Schiffbek, das heutige Billstedt. Die Lage der Kampfgebiete lässt Rückschlüsse darauf zu, was der Plan ist: Die Stadt soll von Westen, Norden und Osten eingekreist werden. Im Süden bildet die Elbe die Grenze. Anschließend wollen die Revolutionäre ins Zentrum vordringen, um die Schaltstellen der Macht zu besetzen.

Doch schon nach wenigen Stunden ist klar: Der Aufstand ist gescheitert. Die Zahl der Kämpfer hat nicht gereicht, um alle Polizeireviere gleichzeitig anzugreifen. An die Kasernen an der Bundesstraße haben sich die Aufständischen gar nicht erst rangetraut. Einzelne Wachen werden rechtzeitig gewarnt und leisten erheblich Widerstand. Und selbst in den Polizeiwachen, die den Revolutionären in die Hände fallen, ist der Spuk in der Regel schnell vorbei. Die Wache in der Müggenkampstraße beispielsweise ist schon am Mittag des ersten Tages befreit. Bis zum Abend ist die Polizei fast überall in der Stadt Herr der Lage. Die Aufständischen haben keine einzige öffentliche Einrichtung besetzt, es ist ihnen auch nicht gelungen, den innerstädtischen Verkehr lahmzulegen.

Vor allem aber: Die Masse der Arbeiter hat sich den Revolutionären nicht angeschlossen. Generalstreikaufrufe der KPD haben nur vereinzelte Arbeitsniederlegungen und Proteste zur Folge gehabt. Es ist nicht einmal gelungen, den drei Tage zuvor begonnenen Streik der Hamburger Hafen- und Werftarbeiter umzufunktionieren, da die Gewerkschaften eine Politisierung des Arbeitskampfes ablehnen.

Allein in Barmbek und Schiffbek gelingt es den Aufständischen, sich festzusetzen. Das liegt vor allem daran, dass in beiden Stadtteilen die Bevölkerung stark kommunistisch geprägt ist. Die Menschen aus den umliegenden Häusern versorgen die Kämpfer mit Nahrung, Getränken und Tabak. Frauen und Kinder helfen beim Bau von Barrikaden. Eine Frau sagt zu ihrer Nachbarin: „Das ist der schönste Tag in meinem Leben. Mein Sohn sitzt auf dem Dach und schießt auf die Sipo. Jetzt wird alles besser werden." So ist die Stimmung.

In Barmbek werden an fast sechzig Stellen Straßenbäume gefällt, Laternen und Straßenbahnmasten aus ihren Verankerungen gerissen und quer über die Straße gelegt. Zwei Versuche der Polizei, mithilfe von Panzerwagen in das Viertel einzudringen und den Widerstand zu brechen, scheitern. Die Einheiten der Ordnungspolizei werden jedes Mal zurückgedrängt. „Die Polizei erlitt erhebliche Verluste", schreibt Hans Kippenberger, damals militärischer Leiter der KPD in Barmbek, in seinen Erinnerungen. „Die Aufständischen, die sich auf Hausdächern, hinter Fenstern, hinter Balkongeländern und hinter Barrikaden verschanzt hatten, hatten vollkommen freies Gesichts- und Schussfeld und eröffneten jedes Mal, wenn die Polizei sich den Barrikaden näherte, ein Schnellfeuer gegen sie."

Die Aufständischen in Barmbek fühlen sich als Sieger. Umso größer ist das Entsetzen, als sie am Abend erfahren, dass die Revolution längst abgesagt ist und dass im ganzen Reich allein sie es sind, die auf den Barrikaden stehen. Es gibt keinen Generalstreik in Sach-

sen und Thüringen. Es ist auch keine Hilfe aus Sowjetrussland unterwegs. Alles war umsonst. Aus Trotz weigern sich viele zunächst noch, den Kampf einzustellen. Sie wollen nicht aufgeben, wollen weitermachen. Sieg oder Tod. Aber als um Mitternacht ein Mitglied der KPD-Führung – wer es gewesen ist, ist unbekannt – die Absperrungen überwindet und den Rückzugsbefehl der Parteizentrale überbringt, ist Schluss.

Daraufhin schleichen die Kämpfer so unauffällig davon, dass niemand etwas merkt. Die Polizei ist am Morgen des zweiten Tages – es ist Mittwoch, 24. Oktober – sehr erstaunt, dass sie, als sie mit ihrem Großangriff startet, auf praktisch keine Gegenwehr mehr trifft. Nur vereinzelt fallen noch Schüsse. Nach einer Stunde ist Barmbek in ihrer Hand. Am Nachmittag ist auch in Schiffbek die Ordnung wiederhergestellt.

Die Bilanz des Hamburger Aufstands: Rund hundert Menschen sind ums Leben gekommen, darunter 17 Polizisten und 61 unbeteiligte Passanten. 983 Aufständische werden in den nächsten Tagen bei Razzien festgenommen und vor Gericht gestellt. Richter verhängen Hunderte Freiheitsstrafen und in mehreren Fällen auch Todesurteile, die allerdings nicht vollstreckt werden. Hugo Urbahns, einer der Anführer, wird zu zehn Jahren Festungshaft verurteilt, kommt aber wegen seiner Abgeordnetenimmunität frei. Ernst Thälmann und Hans Kippenberger, die beiden anderen Drahtzieher des Aufstands, verstecken sich und gehen in den Untergrund. Thälmann, der 1925 zum KPD-Chef aufsteigt, wird 1944 im KZ Buchenwald ermordet. Kippenberger fällt 1937 in der Sowjetunion Stalins Säuberungen zum Opfer und wird erschossen.

Die gescheiterte deutsche Oktoberrevolution hat Auswirkungen bis nach Moskau. Leo Trotzki, der eigentlich als Lenins Nachfolger gesetzt ist, verliert an Rückhalt und fällt in Ungnade. Als Lenin im Januar 1924 stirbt, geht alle Macht an das Triumvirat Josef Stalin, Grigorij Sinowjew und Lew Kamenew. Der Rest ist bekannt: Stalin entledigt sich der beiden anderen, lässt sie 1936 bei Schauprozessen zum Tode verurteilen und hinrichten.

Der gescheiterte Aufstand in Deutschland dürfte eine Rolle dabei gespielt haben, dass Stalin 1924 von Lenins Idee der Weltrevolution abrückt und die These vertritt, dass der Sozialismus auch in nur einem Land aufgebaut werden könne. Der Mann, der das falsch findet und weiter an der Weltrevolution festhält, nämlich Trotzki, flieht ins Ausland. Aber Stalins langer Arm reicht bis nach Mexiko City: Dort wird Lenins Weggefährte und Gründer der Roten Armee 1940 von einem Killer des sowjetischen Geheimdienstes mit einem Eispickel erschlagen.

LINKE SEITE
Eine Radfahrbereitschaft der Ordnungspolizei versammelt sich zum Einsatz.

OBEN
Polizeiwache an der Kirchenallee. Sie ist gegen Angreifer mit einem Stacheldrahtverhau gesichert.

Als Hitler an die Macht kam, musste Altonas Oberbürgermeister ins Ausland fliehen. Nur mit knapper Not entkam er den Häschern.

Max Brauer – die Nazis jagten ihn quer durch Europa

Wenn es diesen Titel nicht schon gäbe, auf eine Verfilmung des Lebens von Max Brauer würde er passen: „Staatsfeind Nummer eins". In der Weimarer Republik war er einer der einflussreichsten demokratischen Politiker überhaupt. Deshalb musste er fliehen, als Adolf Hitler an die Macht kam. Nazi-Agenten jagten Brauer quer durch Europa. Er flüchtete nach China und in die USA und hatte Glück, dass Hitler seiner nicht habhaft wurde. Er hätte es nicht überlebt.

Max Brauer gehört zu den ganz großen Persönlichkeiten der Hamburger Geschichte. Seine politische Karriere – wenige wissen das heute noch – begann lange vor dem Zweiten Weltkrieg. Über einhundert Jahre ist es her, dass Brauer am 31. März 1924 zum Oberbürgermeister der damals noch eigenständigen Stadt Altona gewählt wurde. Er war da gerade 36 Jahre alt.

Max Brauer stammte aus einfachsten Verhältnissen. Geboren wurde er am 3. September 1887 in Ottensen als Sohn eines Glasbläsers. Das achte von 13 Kindern träumte davon, Lehrer zu werden. Aber obwohl er gute Noten hatte und in jeder freien Minute Bücher verschlang, verbot ihm sein Vater, die höhere Schule zu besuchen. Dabei hatte sich sogar der Rektor der Schule dafür eingesetzt, den Jungen weiter zur Schule zu schicken. Es blieb Brauer keine andere Wahl: Als 14-Jähriger begann auch er eine Ausbildung zum Glasbläser.

1904 trat Brauer in die Glasarbeiter-Gewerkschaft ein, 1905 wurde er SPD-Mitglied und galt bald als engagierter Streikführer. „Der junge Brauer trat dem Fabrikbesitzer unerschrocken entgegen und schleuderte ihm die Wahrheit ins Gesicht. War es ein Wunder, wenn er allen Unternehmern ein Dorn im Auge war, da er sie als Hyänen bezeichnete?", erinnert sich ein Zeitzeuge. Brauer musste den erlernten Beruf aufgeben, weil er auf einer schwarzen Liste der Glasfabrikanten stand und nirgendwo mehr eine Anstellung fand.

Die Revolution von 1918/19, die zur Errichtung einer demokratischen Republik führte, brachte viele neue und vor allem junge Menschen in politische Verantwortung: Max Brauer wurde mit 31 Jahren Stellvertreter des Altonaer Oberbürgermeisters Bernhard Schnackenburg und nach dessen Tod am 31. März 1924 zu dessen Nachfolger gewählt. Altona, damals noch selbstständige preußische Stadt, gehörte mit 200 000 Einwohnern zu den 25 größten deutschen Städten. Als Oberbürgermeister, als Mitglied des schleswig-holsteinischen Provinziallandtags und als Vertreter Schleswig-Holsteins im preußischen Staatsrat zählte Brauer zu den profiliertesten Politikern Norddeutschlands.

Bildungsmöglichkeiten zu schaffen, kulturelle Teilhabe zu ermöglichen und das Wohnungselend zu bekämpfen, das waren Brauers politische Ziele. Er setzte mit Bauprojekten Maßstäbe: Schulen, Kindergärten, ein Arbeitsamt und gute, bezahlbare Wohnquartiere für Arbeiter entstanden. Vom „Neuen Altona" war bald die Rede. Dazu gehörte auch die Gründung der Siedlungs-Aktiengesellschaft Altona, kurz SAGA, die als kommunales Wohnungsunternehmen für Arbeiterhaushalte bezahlbaren Wohnraum schaffen sollte.

Als im Januar 1933 Adolf Hitler das Amt des Reichskanzlers antrat, wurde die Lage für den jungen Altonaer Oberbürgermeister von Tag zu Tag gefährlicher. Der Politiker war einer der angesehensten Sozialdemokraten im Reich – genau das machte ihn so gefährlich für die Nazis. Zunächst wagten sie es nicht, ihn physisch anzugehen. Stattdessen versuchten sie, seinen Ruf zu zerstören. Korruptionsvorwürfe wurden konstruiert. Am 27. Februar 1933 kam der Stein ins Rollen: Brauer und seinem Senator August Kirch wurde zur Last gelegt, sie hätten vom ehemaligen Intendanten des Schiller-Theaters, Max Ellen, Geld und Geschenke angenommen, und als Gegenleistung seien städtische Subventionen geflossen.

Im Korruptionsprozess, der am 3. März 1933 begann, gelang es Brauer zwar, die Vorwürfe zu entkräften, aber damit war die Gefahr längst nicht gebannt. Noch am selben Tag bat Brauer den schleswig-holsteinischen Regierungspräsidenten um seine Beurlaubung. Am 4. März ließ er sich sein gesamtes März-Gehalt auszahlen: 2552,13 Reichsmark. Auf diese Weise versetzte er sich in die Lage, jederzeit fliehen zu können.

Am 5. März 1933, einem Sonntag, war es so weit. An diesem Tag fanden Reichstagswahlen statt. Als Brauer gerade unterwegs war, um im Wahllokal seine Stimme abzugeben, kam die Polizei zu ihm nach Hause, um seine Wohnung zu durchsuchen. Unmittelbar danach zog Brauers Frau mit den beiden Kindern zu ihrer Mutter, um tags darauf nach Oberhof in Thüringen abzureisen. Brauer selbst begab sich zunächst nach Bayern, fuhr dann aber wenige Tage später auch nach Oberhof.

Drei Wochen nach seiner Flucht wurde Brauer in Deutschland steckbrieflich gesucht. Alle Personen, die ihm in Bayern geholfen hatten, und auch sein Schwager wurden verhaftet, und es gab Hausdurchsuchungen bei sämtlichen Verwandten. Als ihm sogar in Österreich Nazis nachstellten, packte Brauer seine Koffer, floh über die Schweiz

nach Altkirch im französischen Elsass, wo er seine Frau und seine Kinder wiedersah. Zu dieser Zeit war Brauer gerade 45 Jahre alt. Ein Mann im besten Alter. Um seine Familie ernähren, aber auch um sein Wissen weiter einbringen zu können, suchte er im französischen Exil nach neuen Aufgaben – und bekam bald einen Auftrag vom Völkerbund: Der schickt ihn nach China, wo er die Regierung Chiang Kai-shek beim Aufbau von modernen Verwaltungsstrukturen beraten sollte. Aber Nazi-Deutschland interveniert und sorgt dafür, dass Brauer nach nur einem Jahr wieder entlassen wurde.

Zurück in Frankreich begann eine furchtbare Zeit für ihn. Brauer machte die Erfahrung, dass der lange Arm Berlins bis nach Paris reichte. Am ersten Weihnachtstag 1935 erschienen französische Polizisten mit einem Haftbefehl, der auf deutsches Ersuchen hin ausgestellt worden war. Grund waren die längst entkräfteten falschen Korruptionsvorwürfe. Einflussreiche französische Sozialisten erreichten, dass Brauer in Frankreich nicht als Krimineller, sondern als politischer Gefangener behandelt wurde und bald wieder freikam. Im Herbst 1937 siedelte Brauer in die USA über. Weil er dort vor Kirchengemeinden, Rotary-Clubs und örtlichen Handelskammern regelmäßig Vorträge über Hitler-Deutschland hielt, brachte er es als deutscher Nazi-Gegner in den Vereinigten Staaten schnell zu einigem Ansehen und erhielt 1943 die US-Staatsbürgerschaft.

Nach Kriegsende zog es Brauer aber zurück in die Heimat. Im Juli 1946 kam er in Hamburg an. „Da standen wir nach langen Jahren der Emigration vor unserer Vaterstadt und sahen das

LINKE SEITE
Stammte aus ärmsten Verhältnissen und war das achte von 13 Kindern: Max Brauer (1887–1973)

OBEN
Max Brauer während seines Aufenthalts in China 1933

erschütternde Bild unüberschaubarer Ruinen“, erinnerte er sich später. „Als wir das Nobistor erreicht hatten, glaubten wir, nun beginne Altona, der Altstadtkern, der sich einmal eng um das schöne alte Rathaus geschlängelt hatte. Wir fanden weder das Rathaus noch den Stadtkern. Wir fanden nur Einöde. Unser Altona, unsere alte Heimat, war ausgelöscht.“

Die Hamburger SPD setzte in Brauer all ihre Hoffnung. „Wir brauchen Dich hier dringend in wichtigsten Funktionen“, hatte man ihn bereits zuvor schriftlich wissen lassen. Als er am 11. August 1946 bei einer sozialdemokratischen Wahlkampfveranstaltung in Planten un Blomen auftrat, waren 80 000 Menschen „im Innersten aufgewühlt, gepackt und erregt“, wie es Brauers Pressesprecher Erich Lüth später beschrieb. „Max Brauer war selbst tief bewegt und konnte wiederholt nur mühsam weitersprechen. Dennoch strahlte der Mann am Rednerpult dreierlei aus: Kraft, Mut und Hoffnung! Und mehr noch: ein geradezu unbändiges Selbstvertrauen.“

OBEN
Brauer (rechts) als Oberbürgermeister Altonas mit seinem Magistrat

RECHTS
16. September 1949: Max Brauer mit MOPO-Gründer Heinrich Braune. Sie betrachten die allererste Ausgabe des Blatts.

Brauer ging kraftvoll und mit seinem autokratischen Führungsstil daran, aus der Trümmerlandschaft Hamburgs wieder eine blühende Weltstadt zu machen. Die SPD erzielte mit ihm als Spitzenkandidaten bei der Wahl am 13. Oktober 1946 eine überwältigende Mehrheit. Brauer wurde der erste frei gewählte Bürgermeister Hamburgs nach dem Krieg.

Die erste große Herausforderung Brauers war der Hungerwinter 1946/47, als die Temperaturen über Monate bis auf minus 20 Grad fielen und der Brennstoff immer knapper wurde. Weil die letzten Brennstoffreserven fast verfeuert waren, drohten die Kraftwerkspumpen der Hamburgischen Electricitäts-Werke (HEW) zu vereisen, was den totalen Zusammenbruch der Energieversorgung zur Folge gehabt hätte. Auf Brauers Appell hin fuhren die Bergleute im Ruhrgebiet Sonderschichten. Im allerletzten Moment erreichten die Kohlenzüge Hamburg. Von da an galt Brauer als Retter der Stadt.

Nach der Währungsreform 1948 ging es mit Hamburg bergauf. Brauer ließ Wohnungen, Schulen, Straßen und Krankenhäuser bauen, erreichte, dass die Alliierten den Schiffbau freigaben, sodass es auf den Hamburger Werften wieder brummte. Als 1953 Bürgerschaftswahlen anstanden, zweifelte Brauer keine Sekunde am Sieg – und war furchtbar enttäuscht, als „sein Volk“ die von ihm und der SPD präsentierte Leistungsbilanz nicht würdigte. Der Hamburg-Block, ein konservativ-bürgerliches Bündnis, gewann – und Brauer zog sich aus der Politik zurück. Vorerst. Vier Jahre später stand er nämlich wieder in den Startlöchern. Die SPD erzielte 1957 einen historischen Sieg, errang fast 54 Prozent der Stimmen – und Brauer trat erneut das Amt des Bürgermeisters an. An seinem selbstherrlichen Regierungsstil hatte sich nichts geändert. Im Gegenteil: Widerspruch duldete er noch weniger als zuvor.

In seiner letzten Amtszeit war die von der Regierung Adenauer geplante Atombewaffnung Deutschlands sein großes Thema. Brauer war strikt dagegen, gehörte zu einer Gruppe von Politikern, die forderten, dass in einer so fundamentalen Frage eine Volksabstimmung durchgeführt werden müsse. Er wurde zum Matador der Atomgegner. 150 000 Menschen versammelten sich am 17. April 1958 auf dem Hamburger Rathausmarkt zu einer politischen Demonstration.

Brauer war ein „Barockfürst“, ein „Volkstribun“, ein hemdsärmeliger Macher. Doch dieser Typus von Politiker passte nicht mehr so recht in die

1950er Jahre. Anstelle von Tatkraft und Führungsstärke waren jetzt Diplomatie und Ausgleich unterschiedlicher Interessen gefragt. Eigenschaften, die Brauer nicht besaß. Schon zu Beginn der Legislaturperiode wurde innerhalb der SPD vereinbart, dass er zur Halbzeit den Staffelstab an den bisherigen Bausenator Paul Nevermann weitergibt. Nur schweren Herzens hielt Brauer Wort und nahm am 20. Dezember 1960 seinen Hut. Ein letztes Mal trat er auf den Balkon des Rathauses. 20 000 Menschen winkten ihm zu. Das war's. Eine Ära ging zu Ende.

Ganz aus der Politik zurückziehen wollte sich Brauer nicht. Er wurde Abgeordneter des Bundestages, doch es gelang ihm nicht, in Bonn eine nennenswerte Rolle zu spielen. 1964 verpasste er die Wiederwahl in den SPD-Bundesvorstand. Als die Hamburger SPD ihn im Jahr darauf nicht einmal mehr für die Bundestagswahl nominierte, verließ er zornig die politische Bühne.

Max Brauer starb am 2. Februar 1973. Er wurde auf dem Friedhof am Volkspark beigesetzt.

OBEN LNKS
Kundgebung gegen die atomare Bewaffnung. Brauer spricht 1958 zu 150 000 Menschen.

OBEN RECHTS
Trauerfeier für Max Brauer. Der Alt-Bürgermeister starb am 2. Februar 1973 an den Folgen eines Schlaganfalls.

UNTEN
Einweihung einer Gedenktafel für Max Brauer: Holger Martens, Peter Tschentscher, Peter Hess

Gauleiter, Reichsstatthalter und Verbrecher: Karl Kaufmann, der schlimmste Nazi der Stadt, wurde nie vor Gericht gestellt.

Wie ein Totalversager zum mächtigsten Mann Hamburgs wurde

Karl Kaufmann hatte absolut nichts auf der Habenseite. Keinen Schulabschluss, keine abgeschlossene Ausbildung, geschweige denn ein Studium. Im Gegenteil: Er war ein Blender, ein Dieb, durch und durch korrupt und psychisch labil. Kurz: ein Totalversager. Und doch: Er hat es geschafft. Dank der Skrupellosigkeit, mit der er Widersacher aus dem Weg räumte, und dank der Protektion Adolf Hitlers brachte es dieser Hilfsarbeiter zum mächtigsten Mann Hamburgs, ja, ganz Norddeutschlands.

Karl Kaufmann. Gauleiter, Reichsstatthalter, Führer der Landesregierung, Chef der Staats- und Kommunalverwaltung und Reichsverteidigungskommissar im Wehrkreis X – kaum jemand anderes in Nazi-Deutschland vereinigte so viele Ämter auf sich, häufte so viel Macht an wie er. Gleichzeitig gab es aber auch kaum jemanden, der so viel Schuld auf sich lud. Kaufmann höchstpersönlich gab den Anstoß zur Deportation Tausender Juden, ließ politisch Andersdenkende rücksichtslos verfolgen, quälen, foltern und ermorden. Er war Hitler treu ergeben. Erst als er erkannte, dass der Krieg verloren war, wechselte Kaufmann die Seite und leitete die Kapitulation der Stadt ein. Das tat er nicht, weil ihm an Hamburg oder an der Bevölkerung gelegen war. Seine eigene Haut wollte er retten. Mehr nicht.

Als Sohn eines mittelständischen Wäschereibesitzers wird Karl Kaufmann am 10. Oktober 1900 in Krefeld geboren. Er wächst in Elberfeld auf, ist ein schwieriges Kind. Der kleine Karl ist, wann immer er seinen Willen nicht bekommt, so jähzornig, dass er alles kurz und klein schlägt, erzählt einer, der ihn von früh an kennt. Nach mehrfachen Schulwechseln verlässt er 1917 die Oberrealschule ohne Abschluss und meldet sich als Kriegsfreiwilliger. Die Kapitulation Deutschlands verhindert, dass er an die Front kommt. Darunter, dass er keine Gelegenheit erhalten hat, sich auf dem Schlachtfeld zu beweisen, leidet Kaufmann sehr.

Das ist wohl der Grund, weshalb er sich gleich darauf völkisch-antisemitischen paramilitärischen Gruppen anschließt. Als Angehöriger eines nationalistischen Freikorps ist er 1920 an der Niederschlagung der Roten Ruhrarmee und 1921 in Oberschlesien am Kampf gegen polnische Verbände beteiligt. Als 1923 Franzosen ins Ruhrgebiet einmarschieren, gehört er zu einer rechten Terrortruppe, die Sprengstoffanschläge auf Kohlenzüge und Eisenbahnbrücken verübt und auch vor Mord an Besatzungssoldaten und sogenannten „französischen Spitzeln" nicht zurückschreckt.

Beruflich erleidet Kaufmann nur Fehlschläge. Erst will er Landwirt werden, bricht die Ausbildung aber ab. Anschließend beginnt er eine kaufmännische Lehre im Betrieb seines Vaters, die er ebenfalls nicht zu Ende macht. Kaufmann geht daraufhin nach Bayern, wird Hilfsarbeiter. Manchmal steckt ihm seine Mutter heimlich Geld zu.

1922 schließt er sich der NSDAP an und ist aktiv an der Vorbereitung des Hitler-Putsches am 9. November 1923 in München beteiligt. Als Dank wird er 1925 zum Leiter des neuen NSDAP-Gaues Rheinland-Nord ernannt. In seinem Parteiamt als Gaugeschäftsführer setzt Kaufmann einen damals völlig unbekannten Mann ein: Joseph Goebbels. Der spätere Reichspropagandaminister („Wollt ihr den totalen Krieg?") ist zu dieser Zeit „bester und einziger Freund Kaufmanns", wie Historiker Frank Bajohr schreibt. Goebbels erlebt Kaufmann als „labil, innerlich total zerrissen, unrastig, ungegoren und ungezügelt". Er nennt Kaufmann „ein typisches Halbgenie ohne Halt und Ziel". Anfang Januar 1926 ist Goebbels dabei, als sich sein Freund das Leben nehmen will, und hält ihn im letzten Moment davon ab: „Er schrie wie ein Besessener und wollte in die Wupper", schreibt Goebbels in sein Tagebuch.

Kaufmanns Parteikarriere im Ruhrgebiet endet abrupt. Weil rausgekommen ist, dass er in die Parteikasse gegriffen hat, muss er 1928/29 seinen Rücktritt erklären. Außerdem wird ihm vorgeworfen, ein „Ordensschwindler" zu sein: Er hat sich von einem Bekannten dessen Eisernes Kreuz II.

Klasse ausgeliehen, damit fotografieren lassen und sich in der Öffentlichkeit als Frontkämpfer ausgegeben. Kaufmanns politische Karriere ist auf dem Tiefpunkt angekommen. Aber er hat Glück. Hitler gibt ihm noch eine Chance. Eine letzte Bewährungsprobe! Kaufmann ist dazu ausersehen, einen besonders verrufenen NSDAP-Gau auf Vordermann zu bringen, in dem jeder gegen jeden intrigiert, der außerdem finanziell und organisatorisch völlig am Ende ist – den Gau Hamburg. Da habe Kaufmann aber „einen schönen Stall auszumisten", schreibt Goebbels in sein Tagebuch und fügt wenig optimistisch hinzu: „Ich fürchte, dass es ihm nicht gelingen wird."

Doch Goebbels irrt sich: Kaufmann hat inzwischen dazugelernt. Er weiß sich jetzt im innerparteilichen Intrigen-

LINKE SEITE
Karl Kaufmann (1900–1969) wurde 1933 zum Reichsstatthalter, also Hitlers Vertreter in Norddeutschland, ernannt.

OBEN UND RECHTS
Anlässlich der Ernennung Kaufmanns zum Reichsstatthalter fand am 16. Mai 1933 eine große Parade auf dem Rathausmarkt statt.

spiel durchzusetzen. In Hamburg gelingt es ihm, sich eine Hausmacht aufzubauen. Er schaltet seine innerparteilichen Widersacher aus, strukturiert die Parteiverwaltung um und macht aus der örtlichen NSDAP eine schlagkräftige Truppe. Kaum ist im März 1933 die Macht im Hamburger Rathaus in Kaufmanns Händen, stellt er aus berüchtigten SA-Schlägern sogenannte Fahndungskommandos zusammen und lässt sie Jagd auf Kommunisten, Sozialdemokraten und Juden machen.

OBEN
17. August 1934: Karl Kaufmann empfängt Hitler am Flughafen zum ersten offiziellen „Staatsbesuch".

RECHTS
16. Mai 1933: An diesem Tag wurde Kaufmann zum Reichsstatthalter ernannt. Aus diesem Anlass gab es auf dem Rathausmarkt eine Parade.

Höchstpersönlich ordnet Kaufmann, der am 16. Mai 1933 zum Reichsstatthalter ernannt wird und damit auf dem Höhepunkt seiner Macht angekommen ist, die Errichtung des Konzentrationslagers Fuhlsbüttel an. Als er das Lager besichtigt, wirft sich ihm ein jüdischer Häftling blutüberströmt vor die Füße und bittet um Gnade. Kaufmann zischt nur: „Schafft ihn mir aus den Augen." Von dieser Art ist der Charakter von Hamburgs neuem starken Mann.

In der Öffentlichkeit gibt sich Kaufmann als volksnaher Tribun, regiert selbstherrlich wie ein Kurfürst. Er ordnet eine Senkung der Fahrpreise für öffentliche Verkehrsmittel an, erhöht die Löhne von Arbeitern und verlängert ihren Urlaub. Er finanziert die sogenannte „Weihnachtsspende des Reichsstatthalters" für Bedürftige und übernimmt im Krieg Patenschaften für Kinder, die nach Luftangriffen zu

Vollwaisen werden. Sozialpopulismus setzt Kaufmann bewusst ein, um die Menschen auf seine Seite zu ziehen. Er hat Erfolg damit. Viele Bürger verehren ihn, nennen ihn sogar noch nach dem Krieg „Kuddel Kaufmann“.

Hinter den Kulissen regiert der Reichsstatthalter die Stadt indes mit einem System aus Korruption und Patronage. Mit der Gründung der sogenannten „Hamburger Stiftung von 1937“ baut Kaufmann sich ein nur von ihm selbst kontrolliertes Finanzsystem außerhalb des städtischen Haushalts auf. Die Stiftung speist sich aus öffentlichen Mitteln, aus Spenden der Hamburger Wirtschaft, aus Zwangsabgaben der städtischen Betriebe, vor allem aber aus sogenannten „Arisierungsspenden“. Zehn Millionen Reichsmark umfasst das Finanzvolumen der Stiftung. Geld, das Kaufmann dazu verwendet, sich die Loyalität von Parteigenossen zu erkaufen. Häuser, Geschäfte und Betriebe, die er Juden wegnimmt, verteilt er an Günstlinge.

Das dunkelste Kapitel in Kaufmanns Herrschaft ist die Vertreibung der Juden. Einen Bombenangriff auf Hamburg am 15. September 1941 nimmt er zum Anlass, Adolf Hitler inständig darum zu bitten, mit der Deportation der jüdischen Bevölkerung beginnen zu dürfen. Nur weil Kaufmann für ausgebombte nicht jüdische Bürger Ersatzwohnraum braucht, müssen kurz darauf Tausende die Reise in den Tod antreten. Historiker Frank Bajohr ist überzeugt: Kaufmanns Gesuch gab den entscheidenden Anstoß zur Deportation aller Juden aus Deutschland.

Im Sommer 1943, als britische Bomber weite Teile Hamburgs in Schutt und Asche legen, reift in Kaufmann die Erkenntnis, dass der Krieg nicht zu gewinnen ist. Der Reichsstatthalter beginnt damit, sich auf eine Zeit nach Hitler vorzubereiten. Im Duvenstedter Brook, einem Naturschutzgebiet, das er seit 1939 auf Steuerzahlerkosten zu einem Privatdomizil hat ausbauen lassen, hortet er jetzt ungeheure Mengen an Genussmitteln, darunter tausend Flaschen Wein und Spirituosen.

Kaufmann ist entschlossen, Hitlers Befehl, die Stadt bis zum letzten Mann zu verteidigen, zu ignorieren. Er arbeitet auf eine Kapitulation hin, und mit Unterstützung eines Mitarbeiters der deutschen Gesandtschaft in Stockholm unterrichtet er die Briten von seinem Plan, die Stadt kampflos zu übergeben. Und tatsächlich: Als am 3. Mai 1945 britische Panzer über die Elbbrücken rollen, fällt kein Schuss. Noch am selben Tag wird Kaufmann von den Briten verhaftet. Vier Jahre bleibt er in Internierungshaft. Vor Gericht gestellt und bestraft wird er aber nie.

Das liegt vor allem an einem Unfall, den Kaufmann 1946 auf einer Autofahrt nach Nürnberg erleidet. Dort soll er bei den Nürnberger Kriegsverbrecherprozessen als Zeuge aussagen. Kaufmann wird schwer verletzt. Ab da bescheinigen ihm Ärzte immer wieder von Neuem Verhandlungsunfähigkeit. Jahrelang. Weil die Ermittler den Gutachten offenbar misstrauen und glauben, dass es Kaufmann besser geht, als behauptet wird, lassen sie den Gefangenen ständig überwachen. Ergebnislos.

Karl Kaufmann lebt noch zwanzig Jahre. Obwohl angeblich schwer krank, ist er sehr wohl in der Lage, seine Aufgaben als Seniorchef eines Versicherungskonzerns und als Teilhaber einer chemischen Fabrik zu erfüllen. Ganz nebenbei mischt er auch noch mit bei einem Versuch alter Nazis, kleine Parteien wie die FDP zu unterwandern. „Naumann-Kreis“, so heißt die Verschwörer-Gruppe, der führende Köpfe der NS-Zeit angehören. Ihr Ziel ist es, ein Viertes Reich aufzuziehen. Der britische Geheimdienst jedoch ist wachsam. Agenten Ihrer Majestät schlagen am 14. Januar 1953 zu. Codename „Operation Terminus“: Die Verschwörer werden verhaftet. Ein Gerichtsverfahren bleibt Karl Kaufmann aber auch diesmal erspart.

Der einst mächtigste Nazi der Stadt stirbt am 4. Dezember 1969 als wohlhabender Mann. Beigesetzt ist er auf dem Ohlsdorfer Friedhof. Sein Grab existiert bis heute.

RECHTS
Kaufmanns Grab auf dem Ohlsdorfer Friedhof

Die Angestellte des brasilianischen Generalkonsulats rettet während der NS-Zeit unzähligen Juden das Leben. Die Geschichte einer vergessenen Heldin.

Diese Frau ist der „Engel von Hamburg“

Aracy de Carvalho gilt in ihrer Heimat als Heldin. Spätestens seit die Holocaust-Gedenkstätte Yad Vashem ihr 1982 den Status einer „Gerechten unter den Völkern“ verlieh, weiß in Brasilien jedes Kind, wer sie ist. Die brasilianische Post ehrte sie 2019 sogar mit einer Sonderbriefmarke.

Merkwürdig, dass ausgerechnet in Deutschland so gut wie niemand ihren Namen je gehört hat: Dabei hat sich alles hier in Hamburg zugetragen, im brasilianischen Generalkonsulat, wo sie als Mitarbeiterin der Pass- und Visaabteilung ihrem unbeirrbaren Gerechtigkeitssinn folgte, große Risiken in Kauf nahm und Hunderte von Juden vor dem sicheren Tod bewahrte. Für die Geretteten und deren zahlreiche Nachkommen gilt sie bis heute als „Engel von Hamburg“.

Aracy de Carvalho wird 1908 in Rio Negro in Brasilien geboren. Ihr Vater ist ein erfolgreicher portugiesischer Geschäftsmann, ihre Mutter stammt aus Deutschland. Aracy, die einzige Tochter, genießt als Kind ein wohlbehütetes Leben in Wohlstand. Mit 18 Jahren heiratet sie den Deutschen Johann Tess, doch die Ehe scheitert und Aracy will ihren Mann verlassen. Aber eine Scheidung gibt es nach brasilianischem Recht damals nicht.

Der Skandal ist so groß, das Gerede so unerträglich, dass Aracy de Carvalho Brasilien verlässt und mit ihrem Sohn Eduardo in die Heimat ihrer Mutter, nach Deutschland, geht. Im Süden Hamburgs lebt ihre Tante Lucy Luttmer, bei der sie unterkommt. Die deutsche Kultur ist Aracy vertraut. Gemeinsam mit ihren Eltern war sie in den 1920er Jahren schon mehrfach in Hamburg zu Besuch und hat Deutschland dabei als weltoffen, liberal und tolerant erlebt. Allerdings hat sich inzwischen einiges geändert. Als sie 1934 in Hamburg ankommt, sind die Nazis an die Macht gelangt.

Aracy de Carvalho kümmert das zunächst wenig. Wohin das NS-Regime Deutschland und die Welt führen wird, ist ein Jahr nach Hitlers Machtübernahme nicht absehbar. Aracy lebt das Leben einer jungen, unpolitischen Frau: Sie sorgt sich um die Erziehung ihres fünfjährigen Sohnes, findet eine Wohnung auf der Uhlenhorst – Immenhof 18 lautet ihre Adresse – und bereist ganz Europa. 1936 besucht sie die Olympischen Spiele und schreibt an ihre Mutter in Brasilien, Berlin sei „ein Wunder“. Eine Gegnerin des NS-Regimes ist sie nicht. Noch nicht.

Aracy de Carvalho spricht Deutsch, Portugiesisch, Englisch und Französisch. Mit ihren Sprachkenntnissen bewirbt sie sich beim brasilianischen Generalkonsulat und bekommt im Sommer 1936 einen Posten in der Pass- und Visaabteilung. In ihrer neuen Funktion ist sie hautnah konfrontiert mit dem Terror, den das NS-Regime insbesondere gegen die jüdische Bevölkerung ausübt. Die Zahl der Menschen, die ins Konsulat drängen und um ein Visum für Brasilien bitten, weil sie Nazi-Deutschland den Rücken kehren wollen, wächst.

Da ist beispielsweise der Hamburger Hans Hochfeld, der 1938 27 Jahre alt ist. Aufgrund der NS-Rassengesetze musste er sein Jurastudium abbrechen. In Deutschland sieht er keine Zukunft mehr.

Oder Karl Franken: Er war Geschäftsführer des Hamburger Modehauses „Feldberg“ an der Mönckebergstraße. Als die jüdischen Eigentümer dem Druck der Nazis nachgeben und

das Geschäft weit unter Wert verkaufen, verliert er seinen Job. Er will nur noch weg aus Deutschland.

Genauso wie sie: Margarethe Levy und ihr Mann Hugo, ein jüdischer Zahnarzt. Beide entgehen im November 1938 nur knapp der Verhaftung durch die Nazis.

Vier von Unzähligen, die bei Aracy vorsprechen. Eigentlich müsste sie sie alle wieder wegschicken, müsste ihnen die Einreise nach Brasilien verwehren, denn die autoritäre nationalistische Regierung Brasiliens unter Diktator Getúlio Vargas ist ähnlich antisemitisch eingestellt wie die deutsche. Im geheimen Runderlass 1127 hat das brasilianische Außenministerium bereits 1937 alle diplomatischen Vertretungen angewiesen, keine Visa mehr auszustellen an Personen mit „semitischer Herkunft".

Aber Aracy de Carvalho fasst den Entschluss, diese Anweisung zu missachten. Vor allem nachdem die Nazis am 9. November 1938 bei landesweiten Pogromen Synagogen angezündet, jüdische Geschäfte geplündert und zerstört haben, stellt sie unzähligen Verzweifelten Einreisedokumente aus. Sie verschweigt ihren Vorgesetzten, dass es sich um Juden handelt. Anscheinend vertraut ihr der Generalkonsul so sehr, dass er sich die Papiere, die sie ihm zur Unterschrift vorlegt, nicht genau ansieht.

Als die deutschen Behörden damit beginnen, die Pässe von Juden mit einem roten „J" zu kennzeichnen, und Aracy de Carvalho die „Rassenzugehörigkeit" der Antragsteller kaum noch verheimlichen kann, findet sie ein Schlupfloch: Sie stellte ab da Touristenvisa aus, denn als Besucher sind Juden noch willkommen. Allerdings sind diese Visa nur zeitlich befristet gültig. Aber Aracy de Carvalho hat sich einen Trick ausgedacht: Sobald sie die Unter-

LINKE SEITE
Aracy de Carvalho – in Brasilien nennt man sie den „Engel von Hamburg".

OBEN
Drei Filmszenen aus dem Dokudrama „Aracy – Der Engel von Hamburg"

UNTEN LINKS
Aracy an ihrem Arbeitsplatz im brasilianischen Generalkonsulat am Glockengießerwall

UNTEN RECHTS
Sie verlieben sich – Aracy und der Vizekonsul João Guimarães Rosa, der auch ihr Komplize wird.

schrift des Generalkonsuls hat, fügt sie ohne sein Wissen eine Anweisung hinzu, die sich an die brasilianischen Behörden daheim richtet: dass das Touristenvisum nach Ablauf der Frist in ein permanentes Aufenthaltsvisum umzuwandeln sei.

OBEN
Juden, die ein Visum ergattert und es bis auf das Schiff nach Brasilien geschafft haben, sind gerettet.

UNTEN
Geheimer Runderlass des brasilianischen Außenministeriums, keine Visa an Juden auszustellen

Das Engagement Aracy de Carvalhos geht noch weit über die Erteilung von Einreisepapieren hinaus: Mehrmals schmuggelt sie Juden in ihrem Dienstwagen über die Grenze nach Dänemark. Sie versteckt Juden bei sich zu Hause, andere versorgt sie mit Lebensmitteln. Einige ihrer Schützlinge bringt sie im Dienstfahrzeug zum Hafen, begleitet sie bis zur Kabine und bringt für sie im Diplomatengepäck Schmuckstücke an Bord, die sonst von den NS-Behörden konfisziert worden wären. Eine Gegenleistung verlangt sie für ihre Hilfe nie. „Wir hätten gerne bezahlt", so Grete Callmann, die dank Aracy de Carvalho 1938 nach Brasilien ausreisen kann. „Aber sie sagte nur: ‚Sie schulden mir nichts.'"

Ohne Hilfe durch Dritte wäre das alles nicht möglich gewesen: Einer ihrer „Komplizen" ist Wilhelm Unger von der Schifffahrtslinie Hamburg Süd. Der sorgt dafür, dass jüdische Auswanderer an den NS-Behörden vorbei große Teile ihres Eigentums, ja sogar sperrige Möbel, mit nach Übersee nehmen können. Ein Freund Ungers, der im Einwohnermeldeamt arbeitet, stellt gefälschte Dokumente aus, mit denen er Juden aus anderen Teilen Deutschlands, aus Österreich und aus Polen bescheinigt, in Hamburg gemeldet zu sein – denn nur dann ist Aracy de Carvalho zuständig, nur dann kann sie helfen. Außerdem tauscht der Komplize aus dem Einwohnermeldeamt in einigen Fällen Pässe, die mit dem verräterischen „J" gekennzeichnet sind, gegen Dokumente ohne „J" aus.

Der allerwichtigste Unterstützer Aracy de Carvalhos ist allerdings João Guimarães Rosa. Der Diplomat tritt 1938 die Stelle des Vizekonsuls im brasilianischen Generalkonsulat in Hamburg an. Er wird nicht nur Aracy de Carvalhos Liebhaber und später ihr Ehemann,

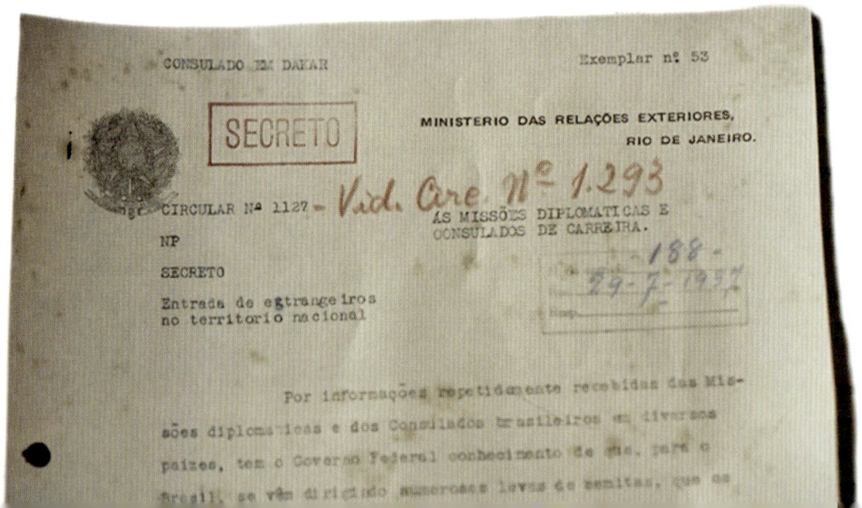

CONSULADO EM DAKAR

Exemplar nº 53

SECRETO

MINISTERIO DAS RELAÇÕES EXTERIORES,
RIO DE JANEIRO.

CIRCULAR Nº 1127 – Vid. Circ. Nº 1.293

ÀS MISSÕES DIPLOMATICAS E
CONSULADOS DE CARREIRA.

NP

SECRETO

Entrada de estrangeiros
no territorio nacional

188
29-7-1937

Por informações repetidamente recebidas das Mis-
sões diplomaticas e dos Consulados brasileiros em diversos

er teilt auch ihre Verachtung für die Nazis, deckt ihre Taten und hilft, wo er kann: Immer wenn der Generalkonsul, sein Chef, nicht da ist, zeichnet er als Stellvertreter die Visa für Juden ab.

Aracy de Carvalho und ihre Helfer gehen ein großes Risiko ein. Wären ihre Geheimaktivitäten entdeckt worden, wäre die Entlassung aus dem Konsulat die logische Konsequenz gewesen. Schlimmer noch: Die Gestapo hätte Aracy de Carvalho verhaften können. Juden bei sich zu verstecken, dabei zu helfen, Wertgegenstände von Juden außer Landes zu schmuggeln und deutsche Beamte dazu anzustiften, Meldebescheinigungen zu fälschen – das hätte ihr einige Jahre Gefängnis eingebracht.

Noch bis Januar 1942 setzt Aracy de Carvalho ihre illegale Tätigkeit fort, dann wird das Konsulat geschlossen, denn die brasilianische Regierung bricht auf Druck der USA die diplomatischen Beziehungen zu den Achsenmächten ab und erklärt Deutschland den Krieg. Mit der Folge, dass die deutschen Behörden Aracy de Carvalho, Guimarães Rosa und andere Mitglieder des Konsulats und der Botschaft in einem Hotel in Baden-Baden internieren. Ihre Freilassung erfolgt vier Monate später im Austausch gegen deutsche Diplomaten, die in Brasilien festgehalten worden sind.

Aracy de Carvalho und João Guimarães Rosa werden vom Außenministerium in Rio zunächst nach Paris, dann nach Mexiko geschickt und kehren anschließend in ihre Heimat zurück, wo sich Aracy de Carvalho jetzt ganz ihrem Mann widmet, der eine steile Doppelkarriere macht, als Diplomat und als Schriftsteller. Der Autor von Romanen wie „Sagarana", „Grande Sertão" und „Mein Onkel, der Jaguar" wird einer der bedeutendsten Schriftsteller Südamerikas.

Nachdem sich 1964 in Brasilien das Militär an die Macht geputscht hat, zeigt sich erneut, was für eine unerschrockene Frau Aracy de Carvalho ist. Diesmal setzt sie sich für linke Intellektuelle ein, denen die Verhaftung droht. Nach Adolf Hitler und dem Diktator Getúlio Vargas ist die Militärdiktatur das dritte autoritäre Regime, dem sie die Stirn bietet: Mehrere Prominente, darunter der Sänger und Komponist Geraldo Vandré, versteckt sie in ihrer Wohnung in Rio, in der sie seit dem Tod ihres Mannes 1967 allein lebt.

Über ihre Zeit in Nazi-Deutschland spricht Aracy de Carvalho jahrzehntelang nur sehr wenig. Selbst ihre Familie weiß kaum darüber Bescheid. Das ändert sich erst Anfang der 1980er Jahre. Da besucht sie eine Synagoge in Rio und trifft zum ersten Mal einige der Menschen wieder, die ohne ihre Hilfe in Auschwitz, Majdanek oder Treblinka vergast worden wären. Bei dem Zusammentreffen spielen sich herzzerreißende Szenen ab: Viele Juden knien weinend vor ihr nieder und fangen an, ihre Hände zu küssen. So groß ist die Dankbarkeit.

Einige der geretteten Juden berichten jetzt auch der Holocaust-Gedenkstätte Yad Vashem in Jerusalem von den mutigen Taten der Brasilianerin. 1982 wird ihr daraufhin der Status einer „Gerechten unter den Völkern" verliehen. Nun machen brasilianische Journalisten Aracy de Carvalhos Geschichte öffentlich. In den Interviews betont sie immer wieder, eine Heldin sei sie nicht gewesen. Auf die Frage, warum sie denn so viel für andere Menschen riskiert habe, antwortet sie mit diesen Worten: „Na, weil es richtig war."

Der „Engel von Hamburg", wie sie in Brasilien genannt wird, leidet die letzten Lebensjahre an Alzheimer. Sie ist 102, als sie im Februar 2011 in São Paulo stirbt.

OBEN
Aracy verschafft vielen Flüchtlingen Touristenvisa wie dieses hier.

RECHTS
Von Aracy gerettet (von oben nach unten): Zahnarzt Hugo Levy mit Ehefrau Margarethe, Jura-Student Hans Hochfeld und der Kaufmann Karl Franken

Seine Fotos vom Vater der Psychoanalyse sind zu Ikonen geworden. 1936 musste er Deutschland verlassen, starb 1940 in Südafrika und geriet in Vergessenheit. Zu Unrecht.

Max Halberstadt – Freuds Fotograf und Schwiegersohn

Wir schreiben das Jahr 1909. Der Hamburger Fotograf Max Halberstadt ist 27 Jahre alt und hat zwei Jahre zuvor sein Atelier am Neuen Wall eröffnet, da schellt eines schönen Septembertages die Glocke an der Eingangstür. Ob Halberstadt den Mann, der im Türrahmen steht, sofort erkennt? Ob ihm gleich klar ist, was für eine Berühmtheit er da vor die Linse bekommt? Wir wissen es nicht.

Jedenfalls entstehen bei diesem Besuch Fotos, die Geschichte schreiben. Die Bilder des bärtigen Mannes im grauen Anzug mit ernstem, distanziertem Blick, der in der Hand eine Zigarre hält, kennt jeder. Fast immer wenn ein Buch oder ein Artikel über Sigmund Freud publiziert wird, den Begründer der Psychoanalyse, wird zur Illustration ein Foto aus dieser Serie abgedruckt. Etliche Jahre lang lässt sich Freud von keinem fotografieren – nur von Halberstadt.

Wie es dazu kommt, dass ein Hamburger zum Haus- und Hoffotografen Freuds wird? Nun, Martha, die Ehefrau des berühmten Wieners, stammt aus Wandsbek, und um Verwandtschaft zu besuchen, hält sich das Paar des Öfteren in Hamburg auf. Dabei könnte er davon gehört haben, dass ein gewisser Halberstadt der beste Porträtfotograf weit und breit sei. Kann aber auch sein, dass Sigmund Freud beim Bummeln durch die Hamburger City ganz zufällig über Halberstadts Werbeschild gestolpert ist.

Einer der besten Porträtfotografen Hamburgs: Max Halberstadt beim Betrachten eines Glasnegativs

Eine schicksalhafte Begegnung ist es in jedem Fall. Freud findet großen Gefallen an dem jungen Lichtbildner. Erst recht aber seine jüngste Tochter. 1913 heiratet Max Halberstadt – er ist 35 – die 19-jährige Sophie. Im Jahr darauf kommt Sohn Ernst Wolfgang zur Welt. Schließlich wird 1918 – Halberstadt ist gerade zurück aus dem Krieg – Heinz Rudolf geboren, genannt „Heinele". Die Beziehung zwischen Schwiegervater und Schwiegersohn ist ausgesprochen warmherzig. Freud nennt Halberstadt „einen besonders feinen und ernsthaften Menschen". Während er seine ersten Briefe an den Schwiegersohn noch mit „Sehr geehrter Herr …" beginnt, schreibt er später ganz vertraut „Lieber Max" und schließt jedes Mal mit einem liebevollen „Papa".

Auch nach dem frühen Tod von Sophie Halberstadt im Jahr 1920 bleibt der Kontakt zwischen den Männern eng. Als 1923 Heinele in Wien an Tuberkulose stirbt, schreibt Freud an seinen Schwiegersohn: „Ich habe hier einige der schwärzesten Tage meines Lebens in Trauer um das Kind verbracht. End-

lich habe ich mich aufgerafft und kann jetzt ruhig an ihn denken und ohne Tränen von ihm reden.“

Beruflich geht es bei Halberstadt wieder aufwärts. Im Sommer 1919 zählt er zu den Gründungsmitgliedern der „Gesellschaft Deutscher Lichtbildner“. Eine besonders große Ehre wird ihm zuteil, als die Hamburger Zeitschrift „Photofreund“ im November 1920 ein ganzes Sonderheft allein seiner Arbeit widmet. Herausragend sind Halberstadts Porträt- und Kinderaufnahmen. Sie wirken – das ist ungewöhnlich für die Zeit – sehr natürlich. Bald gehört es unter wohlhabenden Hamburgern zum guten Ton, den Nachwuchs von Halberstadt fotografieren zu lassen. Auch Oberrabbiner Joseph Carlebach schickt seine neun Kinder in das Atelier des berühmten Fotografen. Es entsteht eins der letzten Bilder, auf denen alle gemeinsam zu sehen sind. Drei der Kinder, die Töchter Ruth, Noemi und Sara, werden 1942 zusammen mit den Eltern nahe Riga von Nazis ermordet.

Halberstadt ist erfolgreich auch als Werbefotograf: Darboven, Reemtsma und Dralle zählen zu den Kunden. Gutes Geld verdient er mit seinen „Heim- und Haus-Aufnahmen“: Reiche Hamburger engagieren ihn, damit er ihre Villen fotografiert, drinnen wie von außen. Dank dieser Fotos ist überliefert, wie prunkvoll es damals bei Kaufleuten daheim zuging. Die schönsten Fotos Halberstadts sind jedoch die, die die Stadt Hamburg zeigen, Alt- und Neustadt, Hafen und Altona. Mit Vergnügen streift Halberstadt über den Fischmarkt, fotografiert die Markthändler in Aktion. Stimmungsvoll sind seine Fotos von den Landungsbrücken und vom Schiffsverkehr auf der Elbe.

Im November 1923 heiratet Halberstadt erneut: Bertha Katzenstein heißt seine zweite Frau, ebenfalls jüdischer Herkunft. Zwei Jahre später kommt Tochter Eva zur Welt. Nur wenige glückliche Jahre sind der Familie vergönnt. Als 1933 die Nazis an die Macht kommen, geht es rapide bergab – wirtschaftlich und auch sonst. Firmen stornieren ihre Aufträge, immer weniger Menschen kommen, um sich fotografieren zu lassen. Weil er sich seine Wohnung nicht mehr leisten kann, zieht Halberstadt mit seiner Familie ins Atelier.

Früh erkennt er, dass es in Deutschland keine Zukunft mehr für ihn gibt. Im April 1936 emigriert er über Rotterdam, Antwerpen und Dakar nach

OBEN LINKS
Sigmund Freud ließ sich exklusiv von Max Halberstadt fotografieren.

OBEN RECHTS
Nach dem Besuch des Realgymnasiums in Wandsbek machte Max Halberstadt eine Fotografenlehre.

UNTEN RECHTS
Auch dieser berühmte Mann ließ sich von Halberstadt fotografieren: August Bebel (1840–1913), einer der Begründer der Sozialdemokratie.

Johannesburg, arbeitet dort zunächst für ein Reklame-Atelier, bevor er 1938 sein eigenes Fotostudio eröffnet. An seine alten Erfolge kann er aber nicht mehr anknüpfen. Die Verfolgung durch die Nazis, die Vernichtung seiner wirtschaftlichen Existenz und der schwierige Neuanfang in Südafrika – all das setzt seiner Gesundheit zu. Er stirbt am 30. Dezember 1940 im Alter von 58 Jahren.

Daheim in Hamburg gerät der einst berühmte Porträtfotograf in Vergessenheit. Dafür sorgen die Nazis. Und auch nach 1945 gibt es Menschen, die aktiv dafür sorgen, dass das so bleibt: beispielsweise Fritz Kempe, einst NS-Propagandafotograf, der es nach dem Krieg zum Leiter der Staatlichen Landesbildstelle bringt. Als Kempe ein Buch zur Geschichte der Fotografie in Hamburg verfasst, unterschlägt er Halberstadt.

Es ist ein großer Zufall, dass diesem Künstler nun doch noch – sehr spät – eine Würdigung zuteilwird. Wilfried Weinke, ein Hamburger Literaturwissenschaftler und Publizist, hat es sich zur Aufgabe gemacht, das Leben und Werk Halberstadts vor dem Vergessen zu bewahren. Wie er auf Halberstadt gekommen ist? Alles habe, so Weinke, mit einem Fax begonnen, das er 1999 aus Südafrika erhielt. „Damals suchte ich für eine Ausstellung nach Dokumenten und Bildern von Fotografen jüdischer Herkunft. Daraufhin meldete sich bei mir die Tochter von Max Halberstadt, die mir auch direkt eine Fotografie ihres Vaters zuschickte – ein Porträt von Sigmund Freud. Ich hatte ja keine Ahnung. Also begann ich zu recherchieren."

Weinke, ein „Jäger und Sammler", durchforstete Archive, Bibliotheken, Antiquariate und Fachzeitschriften und trug in jahrelanger detektivischer Kleinstarbeit umfangreich zusammen, was von Halberstadt noch erhalten ist: 97 Glasnegative, 160 Fotoabzüge und 27 Rollfilme. Außerdem Akten, dazu einige Auszeichnungen, die Halberstadt verliehen wurden, und – das ist der Clou – seine Leica-Kamera.

Es kann gut sein, dass noch einige Hamburger Besitzer eines fotografischen Schatzes sind, ohne es zu wissen. Es lohnt sich immer, mal in den Keller hinabzusteigen oder auf den Dachboden zu gehen und die alten Fotoalben von anno dazumal rauszusuchen. Nicht auszuschließen, dass sich manche Ur- oder Urgroßeltern heute lebender Hamburger den Luxus geleistet haben, Halberstadts Fotoatelier zu besuchen.

OBEN
Auch die neun Kinder des Hamburger Oberrabbiners Joseph Carlebach hat Halberstadt fotografiert.

UNTEN
Max Halberstadt mit seiner zweiten Frau, Tochter Eva und Sohn Ernst Wolfgang

RECHTE SEITE
Straßenszene, fotografiert von Max Halberstadt: Aquarien auf dem Altonaer Fischmarkt

Helmuth Hübener, der Kopf einer Gruppe von Widerstandskämfern, war gerade mal 17, als der Volksgerichtshof ihn zum Tode verurteilte.

Unfassbar, der Mut dieses jungen Mannes

Der Vollstreckungsbeamte notierte hinterher, der Delinquent sei „ruhig und gefasst“ gewesen. Er habe nicht um sein Leben gefleht, sich nicht gewehrt. Am 27. Oktober 1942 abends um exakt 20.13 Uhr waltete Scharfrichter Wilhelm Röttger seines Amtes, löste per Knopfdruck den Mechanismus aus und das Fallbeil rauschte in die Tiefe.

17 Jahre alt war Helmuth Hübener, als die Nazis ihn aufs Schafott führten. Damit war der Hamburger der jüngste Widerstandskämpfer der NS-Zeit, an dem ein Todesurteil vollstreckt wurde. In seinem Abschiedsbrief notierte er mit verschnörkelter kindlicher Schreibschrift: „Ich bin meinem himmlischen Vater sehr dankbar, dass heute Abend dieses qualvolle Leben zu Ende geht. Mein Vater im Himmel weiß, dass ich nichts Unrechtes getan habe. Ich weiß, dass Gott lebt, und er wird der gerechte Richter über diese Sache sein.“

Zu den wenigen Dingen, die von Helmuth Hübener geblieben sind, gehören eine Handvoll Fotos. Sie zeigen einen etwas frühreifen jungen Mann mit offenem, sympathischem Gesicht. Auf dem einen Bild ist sein Haar ausgesprochen ordentlich gescheitelt, auf dem anderen trägt Hübener einen Hut, den er sich – ganz kess – schräg aufgesetzt hat. Er ist ein netter Kerl, das sieht man gleich. Einer, der, so sagte es nach dem Krieg einer seiner Lehrer, stets konsequent den eigenen Weg ging und großen Einfluss auf andere Menschen ausüben konnte.

Geboren wurde Helmuth Hübener am 8. Januar 1925 in Hamburg. Er wuchs in einfachen Verhältnissen auf. Weil seine Mutter und sein Adoptivvater berufstätig waren, wohnten er und seine beiden Halbbrüder Hans und Gerhard bei den Großeltern am Luisenweg in Hamm. Die ganze Familie gehörte den Mormonen an. Alle besuchten die „Kirche Jesu Christi der Heiligen der letzten Tage“, was für den weiteren Verlauf der Geschichte eine gewisse Rolle spielt.

LINKS
Eines der wenigen Fotos, die von Hübener existieren – mit Anzug und Hut

RECHTS
Hübener (Mitte) mit seinen Freunden Rudolf Wobbe (links) und Karl-Heinz Schnibbe (rechts)

Helmuth Hübener war acht, als Hitler an die Macht kam. Freiheit und Demokratie hat er also bewusst nie kennengelernt. Die Diktatur war der Normalfall für ihn. Für seine beiden späteren ebenfalls mormonischen Mitstreiter Rudolf Wobbe und Karl-Heinz Schnibbe, die im gleichen Alter waren, galt das ebenfalls. Umso erstaunlicher, dass Hübener und seine Freunde aus sich selbst heraus einen Sinn dafür entwickelten, was gut und was böse ist, was anständig, was unanständig.

1938 traten Hübener und seine beiden Freunde dem Jungvolk und später der HJ bei. Anfangs waren sie wohl mit Euphorie bei der Sache. Aber das änderte sich: Ihnen widerstrebten schon bald der ständige Zwang, der pausenlose Drill und die geforderte bedingungslose Unterordnung. Und dann war da noch diese ständige Hetze gegen Juden. Mit Entsetzen erlebten Hübener und seine Freunde die Pogromnacht 1938, als die Schaufenster jüdischer Geschäfte eingeschlagen und Synagogen in Brand gesetzt wurden. Als dann die eigene Glaubensgemeinschaft bei der antisemitischen Ausgrenzung mitmachte und Juden das Betreten der Kirche verbot, da kannte die Empörung bei Hübener kaum noch Grenzen. „Die Nazis vergiften und versauen wirklich alles Gute im Menschen", sagte er. „Jetzt sickert der Hass auch schon in die Gotteshäuser."

Es gärte in Hübener. Es fehlte nicht mehr viel, dass aus einem angepassten jungen Mann ein Widerstandskämpfer wurde, den die NS-Behörden so sehr fürchteten, dass sie an ihm unbedingt ein Exempel statuieren mussten. Allesentscheidend war eine Begegnung, die Hübener im Jahr 1940 hatte: Da lernte er im Altonaer Bismarck-Bad eine Gruppe kommunistischer Jugendlicher kennen, die angeführt wurde von einem gewissen Josef Wieczorek. In dessen Wohnung trafen sich alle, um verbotene Auslandssender zu hören, und im Gartenhaus des Bahrenfelder Rechtsanwalts Dr. Horn gab es politische Diskussionen. Hübener nahm an diesen konspirativen Treffen teil.

Nachdem Wieczorek zur Wehrmacht eingezogen worden war, begann Hübener im März 1941 damit, eigenständig die deutschen Sendungen der Londoner BBC zu hören, die stets mit dem Signal „Bum Bum Bum" begannen. Er verwendete dazu ein Radio, das sein Halbbruder Gerhard aus Frankreich mitgebracht hatte. Hübener erfuhr nun, was auf den Schlachtfeldern Europas wirklich passierte, hörte vom pausenlosen Blutvergießen und auch vom millionenfachen Mord in den Nazi-Gefängnissen und -Konzentrationslagern. Er war erstaunt, dass sich die Informationen, die er den Auslandssendern entnahm, nicht deckten mit dem, was deutsche Radiosender und deutsche Zeitungen berichteten. Und so wurde ihm klar, wie sehr das Volk von der Goebbels-Propaganda belogen wurde.

Inzwischen war der 16-Jährige für den Präsidenten seiner Mormonen-Gemeinde ehrenamtlich als Sekretär tätig. Außerdem trat er am 1. April 1941 bei der Hamburger Sozialbehörde eine Lehre im gehobenen Verwaltungsdienst an. Er hatte also Zugang zu Schreibmaschinen und zu Papier – und im Sommer 1941, nach Hitlers Überfall auf die Sowjetunion, begann er damit, Flugblätter zu verfassen. Zunächst waren dies nur kleine Zettel im Format DIN A6, die er in einer Auflage von sechzig Exemplaren an Bekannte verteilte, in Briefkästen steckte oder mit der Post verschickte. Diese sogenannten Streuzettel enthielten lediglich kurze Losungen wie „Nieder mit Hitler – Volksverführer, Volksverderber, Volksverräter – Nieder mit Hitler!"

Im August 1941 vertraute sich Hübener seinen Jugendfreunden Rudolf Wobbe und Karl-Heinz Schnibbe an, die sich nach einigem Zögern bereiterklärten, beim Verteilen der Flugblätter zu helfen. Um die Jahreswende 1941/42 konnte Hübener auch noch den gleichaltrigen Gerhard Düwer als Mitstreiter für die Gruppe gewinnen – Düwer war wie er Lehrling bei der Sozialverwaltung im Bieberhaus. „Wir kamen oft zusammen, um ausländische Sender zu hören", erinnert sich Düwer später. „Das Gehörte wurde mitstenografiert und dann vervielfältigt, was damals ausschließlich mit der Schreibmaschine gemacht wurde – eine ungeheure Arbeit." Mindestens vierzig Bogen pro Woche waren es, die an zwei Abenden mittels der Gemeindeschreibmaschine und Kohlepapier beschriftet wurden.

OBEN
Helmuth Hübener wird im Alter von 17 Jahren von den Nazis hingerichtet.

UNTEN
Das vierte Mitglied der Widerstandsgruppe: Gerhard Düwer

Europäisches Erwachen : Als Antwort auf die lächerlich-dreiste Behauptung der Achsenpropagandisten, dass die U.S.A durch den Japanischen Ueberfall schon in den ersten Monaten schwer mitgenommen wurde und "Roosevelts Traum, auf den europäischen Kontinent ein Wort mitsprechen zu können, auch nichts weiter als ein Traum" sei, haben nun auf Nordirland amerikanische Luft-, Land- und Seestreitkräfte Stellung bezogen. Mag man in Berlin, Rom oder Tokio das gewaltige Ausmass dieser Landungsaktion verschleiern und mit spöttelnden Gesten ihre Glossen ziehen. Die Zeit wird es lehren, wer die Wahrheit sprach. Und dann, wann die allierten und amerikanischen Streitkräfte auf dem Kontinent Fuss fassen, amerikanische und britische Luftgeschwader Tod und Verderben über das Reich bringen, wenn die allierte und U.S.A - Flotte mit frischen Reservem wirkungsvoll in die Schlacht um den Atlantik eingreift, dann wreden Taten eine beredte Sprache sprechen, dann wird man den illusionistischen Seifenbläsern aus der Berliner Wilhelmsstrasse mit Hamlet nichts weiter entgegen als:

" Worte, Worte, Worte !"

Darum rufen wir euch zu: Lasst euch euren freieh Willen, das kostbarste was ihr besitzt, nicht nehmen. Lasst euch von euren Führern - selbstherrlichen Königen im Kleinen - nicht unterdrücken und tyrannisieren, sondern wendet vielmehr der H.J, dem Werkzeug des Hitlerregimes für euren Untergang, den Rücken.

Wir sind bei euch, und unsere Hilfe ist euch jederzeit gewiß !

"Harret aus , Deutschland erwacht !"

Wochenendkarzer

Deutsche Jungen! Kennt Ihr das Land ohne Freiheit, das Land des Terrors und der Tyrannei. Nun, ihr wisst es wohl und gut, nur ihr mögt es nicht aussprechen. Man hat euch schon soweit unterdrückt, dass ihr aus Furcht vor Strafe es nicht wagt. Ja, ihr habt recht; Deutschland ist es, das Hitlerdeutschland.

Man hat es versucht und es ist der blutdürstigen Oberschicht eures Heimatlandes gelungen, euch durch skrupellose Terrormassnahmen gegen jung und alt, gross und klein und Männer und Frauen so einzuschüchtern, dass sie zu willenlosen, gefügigen Elementen wurden.

Doch namentlich ihr, deutsche Jungen, habt unter diesem GeStaPoterror zu leiden. Euch in der H.J. nimmt man besonders vor, und nicht ohne Grund. "Ihr seid die Zukunft Deutschlands!". Und so werdet ihr tyrannisiert und bestraft, wie es kein zweites Beispiel gibt.

Doch die sog. Wochenendkarzer - wie d die Jugendarresthäuser im Volksmund genannt werden - setzen diesem Treiben die Krone auf. Für das geringste Vergehen während des H.J.Dienstes etc. müsst ihr tagelang abend für abend in einer kaum auszuhaltenden Bruthitze in einer engen, muffigen Kammer eingeschlossen euer Vergehen büssen.

Ausschnitte aus Hübeners Flugblättern. Vor allem in Arbeiterstadtteilen wie Hamm, Hammerbrook und Rothenburgsort verteilte er sie.

Hübener und seine Freunde klebten sie an Litfaßsäulen, legten sie in Telefonzellen aus, steckten sie bei Veranstaltungen, Festlichkeiten und Tanzvergnügen den Gästen heimlich in die Manteltasche.

Nach Hübeners Überzeugung musste Hitler gestürzt werden, um Deutschland vor dem Untergang zu retten. Er glaubte, diesem ehrgeizigen Ziel näherzukommen, wenn er die Menschen mit der Wahrheit konfrontierte und sie zum Nachdenken brachte. Immer produktiver wurde er. Ab August 1941 verfasste er alle acht bis 14 Tage ein Flugblatt. Viele Flugblätter beschäftigten sich mit der Lage an den Fronten, die weit weniger positiv war, als es die regelmäßigen Berichte des Oberkommandos der Wehrmacht glauben machten. In einem weiteren Flugblatt schrieb Hübener: „Soldaten der Arbeit! Soldaten an allen Fronten! Der Führer hat Euch für 1942 die Entscheidung versprochen, und er wird kein Mittel scheuen, sein Versprechen diesmal zu halten. Zu Tausenden wird er Euch ins Feuer schicken, um das von ihm begonnene Verbrechen auch zu beenden. Zu Tausenden werden Eure Frauen und Kinder zu Witwen und Waisen gemacht."

An die Mitglieder der HJ richtete sich das Flugblatt „Wochenendkarzer". Darin prangerte Hübener die Zustände in der Hitler-Jugend an. Schon das geringste Vergehen während des HJ-Dienstes werde mit Arrest geahndet, schreibt er – dem sogenannten „Wochenendkarzer". Hübener: „Deutsche Jungen! Kennt Ihr das Land ohne Freiheit, das Land des Terrors und der Tyrannei? Nun, Ihr wißt es wohl und gut, nur Ihr mögt es nicht aussprechen. Man hat Euch schon so weit unterdrückt, daß Ihr aus Furcht vor der Strafe es nicht wagt. Ja, Ihr habt recht; Deutschland ist es, das Hitlerdeutschland."

LINKS
Das Bieberhaus, der Arbeitsplatz von Hübener und Düwer. Hier werden sie 1942 festgenommen.

RECHTS
Die sogenannte Hinrichtungsanzeige. So wollen die Nazis andere Regimegegner einschüchtern.

Helmuth Hübener und seine Mitstreiter hatten noch viele Pläne: So begannen die vier Anfang 1942 damit, eine Gruppe Gleichgesinnter ins Leben zu rufen, die in Altona die Verteilung von Flugblättern übernehmen sollte. Sie dachten auch daran, französischen Kriegsgefangenen Nachrichten zukommen zu lassen. In diesem Zusammenhang bat Hübener einen sprachbegabten Kollegen aus der Sozialbehörde darum, Texte ins Französische zu übersetzen. Dies wurde der Gruppe zum Verhängnis: Bei der Übergabe eines Flugblatts an den Übersetzer wurden Hübener und Düwer beobachtet und denunziert.

Am 5. Februar 1942 nahm die Gestapo die beiden an ihrem Arbeitsplatz im Bieberhaus fest und brachte sie ins Gestapo-Gefängnis Fuhlsbüttel. Bei der Durchsuchung der Wohnung von Hübeners Großmutter fanden die Beamten weitere Flugblätter. Ein noch nicht ganz fertiggestelltes Flugblatt steckte noch in der Schreibmaschine.

Bei den Verhören wurden Hübener und Düwer schwer misshandelt. Hübener wurde gefoltert, damit er seine Hintermänner preisgibt. Hübeners Bruder Hans erinnerte sich später: „Die Gestapo konnte sich nicht vorstellen, dass ein 16-Jähriger allein und ohne Hilfe von Erwachsenen diese Flugzettel verfasste und verbreitete.“ Am 10. Februar 1942 verhaftete die Gestapo Karl-Heinz Schnibbe und am 18. Februar Rudolf Wobbe. Um seine Freunde zu decken, nahm Hübener bei den Verhören alles auf sich. Schnibbe sagte später: „Helmuth war mein ehrlicher, treuer Freund. Seiner Standhaftigkeit trotz Qual und Schlägen kann ich es verdanken, dass ich heute noch am Leben bin.“

Am 11. August 1942 verhandelte der Volksgerichtshof die Strafsache gegen „Hübener und andere“ wegen „Vorbereitung zum Hochverrat“. Laut Nazi-Gesetzgebung durfte der Volksgerichtshof keine Minderjährigen zum Tode verurteilen. Um bei Hübener eine Ausnahme machen zu können, suchten die Nazi-Richter nach einer plausibel klingenden Rechtfertigung: „Es lassen sich in dem Hergang der Tat keine Merkmale finden, die für die Tat eines noch nicht ausgereiften Jugendlichen sprechen. Damit war der Angeklagte wie ein Erwachsener zu bestrafen.“

Als der Richter das Todesurteil verkündete, ergriff Hübener das Wort. Er sagte: „Ich muss jetzt sterben und habe kein Verbrechen begangen. Jetzt bin ich dran, aber Sie kommen auch noch dran.“ Am 27. Oktober 1942 wurde Helmuth Hübener im Strafgefängnis Berlin-Plötzensee enthauptet. Schnibbe, Düwer und Wobbe überlebten das NS-Regime. Sie erhielten Freiheitsstrafen zwischen vier und zehn Jahren. Schnibbe, der letzte Überlebende der Hübener-Gruppe, starb 2010.

Vor dem Haus Sachsenstraße 42 in Hammerbrook liegt heute ein Stolperstein, der an Helmuth Hübener erinnert. In St. Georg gibt es einen Helmuth-Hübener-Gang, in der City Nord trägt eine Stadtteilschule seinen Namen. In der Hamburger Verwaltungsschule in Borgfelde erinnert außerdem eine ständige Ausstellung an ihn.

Der stille Held Emil Matulat kämpfte um seine Pflegetochter und bekam sie aus dem KZ frei.

„Gebt mir meine Else zurück!“

18. APRIL 1944

Dass er ein Hitler-Bärtchen unter der Nase trug, ist sicherlich kein Zufall. Emil Matulat, ein einfacher Mann, Hafenarbeiter bei der Reederei Hapag, hat Hitler anfangs wohl sehr verehrt. So sehr sogar, dass er 1933 in die NSDAP eintrat. Aber als die Nazis ihm das Kind nahmen, da kam er ins Grübeln – und hat gekämpft wie ein Löwe. Er schrieb Briefe an SS-Chef Heinrich Himmler, an Reichsmarschall Hermann Göring, an Propagandaminister Joseph Goebbels, ja, sogar an Diktator Adolf Hitler persönlich und stellte immer wieder die gleiche Forderung: „Gebt mir meine Else zurück!“

Das Wunder ist: Er hatte Erfolg damit. Matulat kochte die NS-Prominenz mit seinen Eingaben so lange weich, bis diese ihm die Erlaubnis erteilte, Else aus dem KZ Ravensbrück abzuholen. Ein einzigartiger Vorgang! Aus zwölf Jahren NS-Diktatur ist kein ähnlicher Fall überliefert.

Das Kind, das er rettete, lebt heute 89-jährig in England. Dorthin wanderte Else Baker 1963 aus, weil sie dachte, in der Fremde über das Trauma, das sie als Kind erlitt, besser hinwegzukommen.

LINKS
Emil Matulat (1887–1971): Der Hafenarbeiter nervte Hitler, Göring, Goebbels und Himmler so lange, bis seine Pflegetochter aus dem KZ freikam.

RECHTS
Else Schmidt wurde als Achtjährige nach Auschwitz deportiert.

Ein Irrtum. Bis heute vergeht kein Tag, an dem sie nicht dunkle Gedanken hat. „Ich weiß, dass es auch Gutes gibt auf der Welt“, sagt Else Baker im Gespräch mit der MOPO. „Aber ich muss mich sehr bewusst daran erinnern.“

Die Geschichte beginnt im Dezember 1935. Da wird Else Baker geboren, und zwar als Tochter der Hausangestellten Elsa Schmidt, die zwar als groß und blond beschrieben wird, also optisch dem Ideal der Nazis entspricht, aber dennoch von NS-Rassenideologen als „Halb-Zigeunerin“ eingestuft wird. Tochter Else ist ein Jahr alt, als die Mutter sie weggibt. Warum ausgerechnet die Matulats das Kind in Pflege nehmen, ist rätselhaft. Die Eheleute sind 48 bzw. 43 Jahre alt und haben bereits drei Kinder.

Eine mögliche Erklärung lautet: Emil Matulat glaubt, damit einem

Wunsch Hitlers zu entsprechen. Später, bei seinen Eingaben an die NS-Prominenz, soll er argumentiert haben, er habe sich doch nur an das gehalten, was der „Führer“ verlangte: nämlich mitzuhelfen, die Waisenhäuser zu leeren. „Ich habe ein Kind aufgenommen, ein Kind, wie der Führer sich das wünscht, blauäugig und mit blonden Zöpfen.“

Wie auch immer es zur Adoption kommt – Else wird jedenfalls im Haus der Matulats am Kamillenweg sehr behütet groß. Da draußen in Osdorf ist es fast wie auf dem Land: Kornfelder, Wiesen, Gärten, hohe Bäume. Else ist das Nesthäkchen, wird von Ilse, Gerda und Kurt Matulat, ihren „Geschwistern“, geliebt und umsorgt. Else zweifelt keine Sekunde daran, dass Emil und Auguste Matulat ihre leiblichen Eltern sind.

Sieben Jahre ist sie alt und geht in die zweite Klasse, als eines Morgens gegen vier Uhr Männer mit langen Ledermänteln vor dem Haus stehen. Emil Matulat ist bei der Arbeit. Die Männer halten seiner Frau ein Papier unter die Nase und sagen, das Kind müsse mitkommen. Jetzt. Sofort.

Else versteht überhaupt nicht, was vor sich geht. Wenig später findet sie sich in einer riesigen Halle im Freihafen wieder. Von dort werden an diesem 11. März 1943 Roma und Sinti nach Auschwitz deportiert. „Ganz viele Menschen waren da versammelt“, erinnert sich Else Baker. „Auch viele Kinder. Alle hatten Eltern und Großeltern bei sich. Ich aber war ganz allein.“ Was sie nicht weiß: dass sich ihre leibliche Mutter zu diesem Zeitpunkt auch in der Lagerhalle befindet. Aber wie hätte sie sie erkennen sollen? Sie hat sie ja nie bewusst gesehen, wusste ja nicht einmal, dass es sie gibt.

Als Emil Matulat von der Arbeit kommt, erzählt ihm seine völlig verzweifelte Frau, was passiert ist. Er eilt zum Stadthaus, dem Sitz der Gestapo, macht schließlich einen Verantwortlichen ausfindig – und kann ihn überzeugen, das Kind wieder rauszurücken.

Als ein Jahr später, am 18. April 1944, erneut Beamte an der Tür klopfen, kann Emil Matulat die Deportation nicht verhindern. Beim Abschied kommt es zu dramatischen Szenen. Jetzt erfährt Else, dass Auguste und Emil Matulat „nur“ Pflegeeltern sind. „Da, wo du jetzt hinkommst, siehst du deine richtige Mutter“, sagt Auguste Matulat, will das Kind auf diese Weise trösten. „Aber ich habe geschrien“, erinnert sich Else Baker heute. „‚Ihr lügt!‘, hab ich gerufen und dass ich keine ‚richtige‘ Mutter will.“

Kurz darauf sitzt sie in einem Viehwaggon und befindet sich auf einer nicht enden wol-

OBEN
Hier war die achtjährige Else für mehrere Monate eingesperrt: das Vernichtungslager Auschwitz-Birkenau.

UNTEN
Emil Matulat scheute sich nicht, die Partei-Kanzlei der NSDAP zu kontaktieren, um Else freizubekommen.

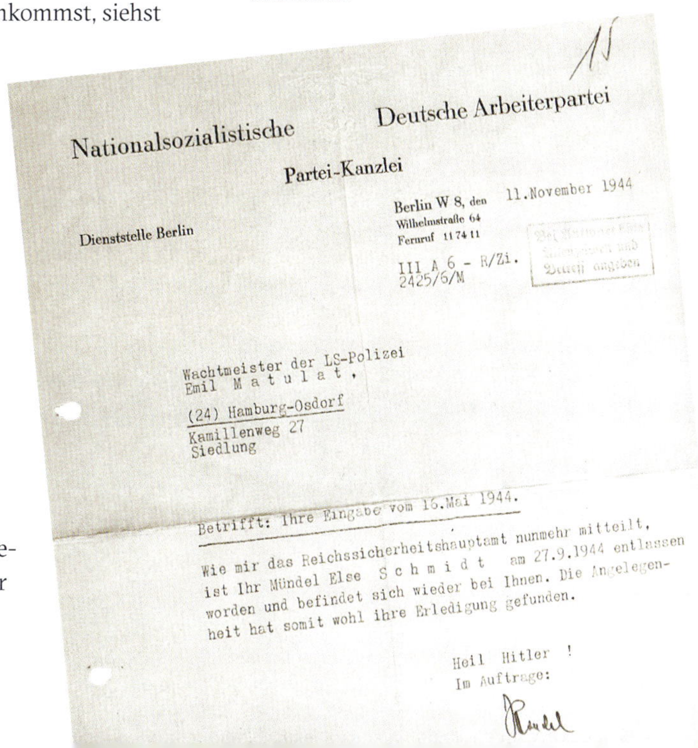

15

Nationalsozialistische Deutsche Arbeiterpartei
Partei-Kanzlei

Dienststelle Berlin

Berlin W 8, den 11.November 1944
Wilhelmstraße 64
Fernruf 11 74 11

III A 6 - R/Zi.
2425/6/M

Wachtmeister der LS-Polizei
Emil M a t u l a t ,

(24) Hamburg-Osdorf
Kamillenweg 27
Siedlung

Betrifft: Ihre Eingabe vom 16.Mai 1944.

Wie mir das Reichssicherheitshauptamt nunmehr mitteilt, ist Ihr Mündel Else S c h m i d t am 27.9.1944 entlassen worden und befindet sich wieder bei Ihnen. Die Angelegenheit hat somit wohl ihre Erledigung gefunden.

Heil Hitler !
Im Auftrage:

OBEN
Eine Hochzeit bei Familie Matulat: ganz links Pflegetochter Else, rechts neben ihr der Pflegevater und dahinter die Pflegemutter

UNTEN LINKS
Pflegetochter Else (Mitte) mit ihren „Schwestern" Ilse (links) und Gerda Anfang der 1940er Jahre

UNTEN RECHTS
Kamillenweg in Osdorf: Hier wuchs Else auf.

lenden Reise. „Ich weiß noch, dass ich durch die Lücke von diesen schweren Schiebetüren geguckt habe. Ich kann mich erinnern, dass ich den Nachthimmel mit den Sternen sah. Ich dachte daran, dass meine Mutter, mein Vater und meine Schwestern die gleichen Sterne sehen können wie ich. Das hat mir Trost gegeben."

Als der Zug endlich hält, ist da plötzlich großes Geschrei. „Männer in schwarzen Uniformen trieben uns an. Als ich aus dem Waggon sprang, fiel mein Koffer zu Boden, in den meine Eltern Zahnbürste, Waschlappen und Unterwäsche eingepackt hatten. Ich wollte die Sachen wieder zusammenpacken, doch die Uniformierten schrien nur: ‚Lass liegen! Komm, komm!'" – Sie ist in Auschwitz angekommen. In der Hölle auf Erden.

„Wir mussten uns nackt ausziehen", erzählt Else. „Die Kleider mussten wir auf einen großen Haufen werfen. Nach dem Duschen fand ich meine Sachen nicht wieder. Irgendwann lagen nur noch wenige Kleidungsstücke da. Ich nahm mir einen durchlöcherten Schlüpfer und ein Sommerkleid, das viel zu groß war." Else Baker fängt heute noch an zu weinen, wenn sie daran denkt. „Das waren dann meine einzigen Kleider", sagt sie schluchzend. „Ich hatte nicht mal Schuhe."

Else bekommt eine Nummer in den Arm tätowiert: Z 10540. Andere Gefangene erklären ihr, was das „Z" bedeutet: Zigeuner. Aber was sind Zigeuner eigentlich? Sie hat keine Ahnung. „Ich war doch erst acht Jahre alt!"

Else erinnert sich bis heute mit Schaudern an die Baracke, in die sie gestoßen wurde. Furchtbar dunkel sei es darin gewesen. „Da waren Vier-Stock-Betten, in denen völlig abgemagerte Menschen mit ausdruckslosem Gesicht und kahl geschorenem Kopf lagen, die mich mit leerem Blick anstarrten. Ich hatte so was ja noch nie gesehen. Es war furchtbar."

Else entdeckt einen Schuppen, der randvoll ist mit Leichen. Andere sagen ihr, dass die alle verbrannt werden. Aber das glaubt sie nicht. „Man verbrennt Holz, aber doch keine Menschen", denkt sie. In der Nacht vom 2. auf den 3. August 1944 wird das sogenannte „Zigeunerlager" von Auschwitz aufgelöst. Das bedeutet:

Knapp 3000 Roma und Sinti werden innerhalb kürzester Zeit vergast. Else sagt, sie habe nur deshalb überlebt, weil sie sich außerhalb der Baracke im hohen Gras versteckt habe. Über das, was sie in dieser Nacht gesehen hat, könne sie nicht reden, sagt sie. Immer noch nicht.

Sie selbst wird mit einer Gruppe weiterer Gefangener in das Frauen-Konzentrationslager Ravensbrück nördlich von Berlin gebracht. Dort sei es noch furchtbarer als in Auschwitz gewesen. „Schon in der Frühe mussten wir Appell stehen", so Else. „Oft wurde ich von den SS-Frauen geschlagen. Schlagen und Auspeitschen waren an der Tagesordnung. Die zwei Monate in Ravensbrück kamen mir wie eine Ewigkeit vor. Ich glaube, viel länger hätte ich das nicht überlebt."

Emil Matulat hat seit der Deportation seiner Adoptivtochter keine Ruhe gegeben. Er, der die Behörden in Hamburg und in Berlin mit seinen Eingaben regelrecht bombardiert, stößt zunächst auf Unverständnis: „Es gibt so viele arische Kinder, die jetzt elternlos geworden sind – nehmen Sie sich doch einfach ein anderes", so empfiehlt es ihm ein Beamter. Matulat reagiert mit großer Entrüstung: „Glauben Sie eigentlich, ich wechsele meine Kinder wie schmutzige Wäsche?" Sein Kind sei die Else, und die Else wolle er zurück.

Auch Matulats Tochter Ilse beteiligt sich an dem Kampf. Gemeinsam mit ihrem Vater wird sie bei der Gestapo im Hamburger Stadthaus vorstellig. „Ich kann mir nicht vorstellen, dass das, was hier abläuft, im Sinne unseres Führers ist", wirft die junge Frau dem Beamten an den Kopf. „Und wenn doch, dann hasse ich ihn dafür."

Nach einigem Hin und Her geschieht schließlich das Wunder: Im September 1944 erhält Emil Matulat ein Schreiben von Martin Bormann, dem Chef der Partei-Kanzlei der NSDAP: Matulat dürfe seine Tochter aus Ravensbrück abholen. Das Kind, das er am 27. September 1944 in Empfang nimmt, erkennt er kaum wieder. Else lacht nicht, weint nicht, zeigt keinerlei Gefühlsregungen. Wie eine „verschüchterte Mumie" sei sie gewesen, so wird Emil Matulat es später in einem Wiedergutmachungsantrag formulieren.

Nach sechsmonatiger Abwesenheit kehrt Else im Oktober 1944 in ihre alte Schulklasse zurück. Die Häftlingsnummer auf dem linken Unterarm deckt Auguste Matulat jeden Morgen mit einem Pflaster ab. Ihren Mitschülern erzählt Else, sie habe Verwandte im Harz besucht. Davon, dass sie im KZ war und was sie dort erlebte, erzählt sie nur ihrem Vater und auch das nur ein einziges Mal. Danach schweigt sie. Verdrängt alles. Für Jahrzehnte.

Else macht in Groß Flottbek eine Friseurlehre, wandert 1963 nach England aus, wo sie einen Mann namens Baker heiratet und sich ihre Häftlingsnummer vom linken Unterarm entfernen lässt. Die Tätowierung ist weg, das Trauma bleibt. Else leidet zunehmend an Depressionen.

Irgendwann bricht sie endlich das Schweigen, nimmt Kontakt zum Zentralrat Deutscher Sinti und Roma in Heidelberg auf, erzählt von ihrem Schicksal, gibt Interviews, hält Vorträge und stellt Nachforschungen an. Sie erfährt, dass ihre leibliche Mutter Elsa Schmidt – nachdem auch sie in Auschwitz und Ravensbrück war – vermutlich 1944 als Gefangene eines Außenlagers des KZ Buchenwald ums Leben kam. Die Umstände und der genaue Zeitpunkt ihres Todes sind ungeklärt.

Tot sind auch drei der vier leiblichen Geschwister Elses: Elisabeth, Dieter und Uwe – so hießen sie – wurden in Auschwitz vergast. Nur Rosemarie, die Jüngste, übersteht den Holocaust. Else macht sie in der Schweiz ausfindig und besucht 1995 gemeinsam mit ihr die Stätten des Grauens: Auschwitz und Ravensbrück.

Emil und Auguste Matulat – für Else Baker sind sie immer ihre richtigen Eltern gewesen. Bis heute hält sie Kontakt zu Nichten und Neffen, Großnichten und Großneffen. Zu allen wichtigen Familienanlässen ist sie eingeladen. Alle paar Jahre nimmt sie die Reise von England nach Hamburg auf sich. Zuletzt vor ein paar Tagen, als eine Beerdigung anstand.

Heute wünschte sich Else Baker, sie hätte es früher geschafft, über Auschwitz und Ravensbrück zu sprechen. Denn als sie endlich so weit war, war Emil Matulat – er starb 1971, zwei Jahre nach seiner Frau – schon nicht mehr am Leben. „So habe ich ihm leider nie dafür gedankt", sagt Else Baker, „dass er seine eigene Existenz riskiert hat, um mein Leben zu retten."

OBEN
Else Baker lebt heute in England. Nach Hamburg kehrte sie gelegentlich zurück.

Ruinen, Hunger, Temperaturen von minus 25 Grad. Und dann versetzte auch noch ein Serienmörder die Stadt in Angst.

Der Todeswinter 1946/47

„Wenn man auf Rekorde erpicht ist, wenn man Experte für Ruinen werden will, wenn man sich ein Musterbeispiel für alles wünscht, was eine ausradierte Stadt an Ruinen zu bieten haben kann, wenn man eine ganze Ruinenlandschaft sehen möchte, öder als eine Wüste, wilder als ein Gebirge und so phantastisch wie ein Angsttraum, erfüllt vielleicht nur eine Stadt alle Voraussetzungen – Hamburg.“

Das schreibt Stig Dagerman, ein 23-jähriger schwedischer Journalist, als er im Spätherbst 1946 im Auftrag der Zeitung „Expressen“ eine Recherchereise nach Deutschland unternimmt. Stig Dagerman ist entsetzt. Apokalyptische Zerstörungen wie in Hamburg hat er noch nie gesehen. „Rostige Eisenträger ragen wie die Steven vor langer Zeit gesunkener Schiffe aus den Schutthaufen“, schreibt er. „Meterschmale Säulen, die ein künstlerisches Schicksal aus eingestürzten Häuserblocks herausgeschnitten hat, erheben sich aus weißen Haufen zerbrochener Badewannen oder grauen Haufen aus Stein, zerbröselten Ziegeln und kaputtgebratenen Heizkörpern.“

Dagerman sitzt in der Vorortbahn, fährt vom Bahnhof Hasselbrook bis zur Station Landwehr – und sieht aus dem Fenster ununterbrochen „auf etwas, das aussieht wie eine gigantische Müllkippe für kaputte Hausgiebel, einsame Hauswände, die mit ihren leeren Fensterlöchern wie aufgerissene Augen auf die Züge hinabstarren“. Dagerman steigt aus und geht eine Weile „auf den früheren Bürgersteigen der früheren Straßen. Wir schauen durch gähnende Löcher in zerstörte Häuser hinein. Wir bleiben vor Häusern stehen, deren Außenwand weggerissen wurde wie in einem dieser populären Dramen, bei denen der Zuschauer das Leben auf mehreren Etagen gleichzeitig verfolgen kann. Wir schauen durch die kleinen Fenster in die kleinen Zimmer mit nackten Zementwänden, mit Ofen, Bett, Tisch und bestens einem Stuhl hinein. Auf dem Fußboden sitzen Kinder und spielen mit einem Stein, auf dem Ofen steht ein Topf.“

Im Juli und August 1943 haben alliierte Bomber an Hamburg Rache für das genommen, was die deutsche Luftwaffe zuvor im englischen Coventry und im spanischen Guernica angerichtet hat. Kein Luftangriff in der Geschichte war so verheerend wie der auf die Hansestadt: Ganze Viertel sind im Feuersturm untergegangen, etwa 40 000 Menschen ums Leben gekommen – wie viele genau, weiß niemand.

Jetzt, im Herbst 1946, ist der Krieg zwar bereits mehr als ein Jahr vorbei – aber die Trümmer sind noch lange nicht fort. Die Bevölkerung leidet fast noch schlimmer als zu Kriegszeiten. Nahrungsmittel sind äußerst knapp. Wer nicht irgendetwas besitzt, was er

auf dem Schwarzmarkt gegen einen Laib Brot eintauschen kann, ein Pfund Butter, etwas Kaffee, der muss verhungern. Und genauso knapp wie Essen ist Wohnraum. Güterwaggonweise kommen Flüchtlinge aus dem Osten am Bahnhof an. Auch die sogenannten Butenhamburger, die sich während des Krieges aus Angst vor weiteren Luftangriffen auf dem Land in Sicherheit gebracht haben, drängen in die Stadt. Wohin nur mit all diesen Menschen?

Die Hierarchie in Hamburgs Nachkriegsgesellschaft sieht so aus: An der Spitze stehen diejenigen, die so viel Dusel hatten, dass ihr Haus nicht zerstört wurde. Sie müssen zwar ein bisschen zusammenrücken, weil der Staat Flüchtlinge bei ihnen einquartiert, aber immerhin haben sie ein menschenwürdiges Heim. Eine Stufe tiefer: die Zigtausenden, die in Ruinen hausen, in Kellern oder in Notunterkünften, die sich Nissenhütten nennen. Benannt sind sie nach dem kanadischen Offizier und Ingenieur Peter Norman Nissen, der sie erfunden hat. Die meisten Hamburger glauben jedoch, der Name rühre von den Nissen her, also den Eiern von Läusen. Und so ist das Vorurteil sehr verbreitet, dass die Menschen, die darin leben, schmutzig sind. Ganz unten in der Hierarchie: die armen Teufel, die in ausgedienten Luftschutzbunkern Zuflucht gefunden haben, hinter zwei Meter dicken Betonwänden. Ohne Licht, ohne Luft. Ohne Aussicht – und das im wahrsten Sinne des Wortes.

„Bunkermenschen", so hat der Journalist Josef Müller-Marein seine 1947 erschienene Reportage überschrieben, in der er die Menschen porträtiert, die dort leben. „An einer Bretterwand hängen Mäntel, Kleider, leere Rucksäcke; an der Außenmauer rinnt das Wasser", so Müller-Marein. „Fenster sind nicht vorhanden, und die Luft ist so dick, dass man glaubt, man könne sie in Scheiben schneiden."

Tagsüber sind die Bunkerleute unterwegs, solange das Schuhwerk hält. Im Vorübergehen schauen sie sehnsüchtig in erleuchtete Fenster. Sie sehen einen Tisch, ein Bücherregal, ein Stück Tapete. Sie sehen ein paar Quadratmeter freien Raum, einen Flecken, auf dem sich keine Menschen drängen. „Und sie haben dabei", so Müller-Marein, „ein würgendes Gefühl von Hungernden, die an einem gefüllten Bäckerladen vorüberkommen."

Hamburg zum Jahreswechsel 1946/47: ein trister, grauer Ort. Da ist gar nichts, was Freude macht. Alle hoffen, dass wenigstens der kommende Winter mild wird. Frost, das ist das Letzte, was Hamburg jetzt gebrauchen kann. Und was kommt? Der kälteste Winter seit Menschengedenken. Mitte Dezember 1946 geht es mit Temperaturen von minus zehn Grad los. Von der

LINKE SEITE
Keine Stadt in Deutschland ist nach dem Krieg so zerstört wie Hamburg – der Michel im Trümmermeer

OBEN
Nach dem Krieg legten sich die Kinder auf die Lauer, warteten auf die Kohlenzüge, sprangen drauf und bedienten sich – Kohlenklau.

RECHTS
Unbeschreiblich der Hunger, unter dem die Hamburger in der Nachkriegszeit litten. Hier sucht ein Kind ohne Schuhe im Müll nach Essen.

zweiten Januarhälfte an bis weit in den Februar herrscht Dauerfrost von minus zwanzig Grad – und kälter. Den tiefsten Wert erreichen die Temperaturen am 25. Februar 1947 mit minus 25 Grad.

Die Hamburgerin Helga Bischoff, damals zwanzig Jahre alt, ist Tänzerin am Flora-Theater im Schanzenviertel. Ihr fröstelt heute noch, wenn sie an die Temperaturen im Zuschauerraum denkt. „Es war bitterkalt. Wir hatten ja so gut wie kein Brennmaterial. Es gab einfach nix! Deshalb zahlten unsere Zuschauer damals auch nicht mit Geld, sondern mit einem Eintritts-Brikett. Und nach Ende der Vorstellung wurden wir vom Publikum nicht etwa mit Blumen beschenkt, sondern mit Butter, Käse und Brot. Darüber waren wir glücklich, kann ich Ihnen sagen!"

Die Kälte ist so ungeheuerlich, dass der Warenverkehr zusammenbricht. Der Frost lässt die Flüsse gefrieren, sodass an einen Transport auf dem Wasserweg nicht zu denken ist. Straßen und Schienennetz sind wegen der Kriegsschäden und der enormen Schneemassen ebenfalls nur schwer passierbar. Nur wenige funktionstüchtige Lokomotiven stehen der Reichsbahn zur Verfügung. Die Folge: Die Kohle aus dem Ruhrgebiet trifft verspätet ein.

Oder sie trifft gar nicht ein. Manche Züge sind besenrein, wenn sie ankommen. Denn die Kohlendiebe haben sich schon alles geholt. Einer davon ist Ralf Zander, der später als Polizeibeamter Karriere machte. In jenem Todeswinter ist er zehn und wartete nachts am Rangierberg in Rothenburgsort auf die Güterzüge. Wenn einer rückwärts den Rangierberg runterrollt, dann ist der Moment gekommen: Ralf Zander schwingt sich mit der Behändigkeit eines Affen den Waggon hoch, um seinen Sack mit Kohlen zu füllen.

Ralf Zander wird zum Meisterdieb: „Nach und nach schärften sich meine Sinne. Ich konnte schnuppern, ob sich auf einem Waggon Briketts, Bunkerkohle, Nusskohle, Koks oder Schmiedekohle befand. Großen Respekt hatte ich vor den ‚Rotkäppis', den britischen Militärpolizisten, die mit wendigen Jeeps heransausten und ungeniert von der Schusswaffe Gebrauch machten. Einmal als wir einen Waggon mit Schuhsohlengummi knackten, passierte es: Als wir flüchteten, ballerten sie hinter uns her. Wir hatten Glück, keiner wurde getroffen. Mit meinem Anteil konnten zu Hause mehrere Paar Schuhe besohlt werden."

Der Mangel an Kohle gefährdet die Stromversorgung der Stadt, denn ohne das schwarze Gold können die Elektrizitätswerke keinen Strom erzeugen. Der S-Bahn- und Straßenbahn-Betrieb werden eingeschränkt. Um Energie zu sparen, müssen 700 Firmen den Betrieb einstellen, Schulen werden geschlossen, Gaststätten dürfen nur bis 19 Uhr öffnen. 37 000 Bürger sind „stromarbeitslos" – und damit ohne Erwerb. Die Menschen verfeuern ihr Mobiliar, fällen die Bäume in den Grünanlagen, machen Parkbänke zu Kleinholz, um nicht zu erfrieren.

Zeitzeugin Ursula Loest wohnt in einem Behelfsheim an der Flughafenstraße, und es ist so kalt, dass die Wände von innen vor lauter Eiskristallen nur so glitzern. „Wir hatten Hun-

LINKE SEITE
Die „Schwedenspeisung“ war für Kinder in den Nachkriegsmonaten oft die einzige Möglichkeit einer warmen Mahlzeit.

UNTEN UND RECHTS
Mitten im Todeswinter geht ein Serienmörder um. Der Täter, der vier Menschen auf dem Gewissen hat, wird mit Plakaten gesucht, aber nie gefasst.

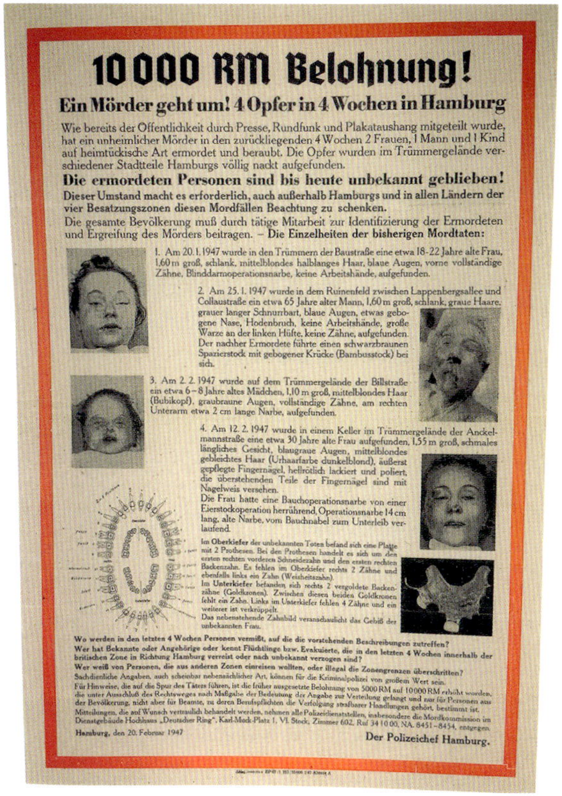

ger, Hunger, jeden Tag Hunger. Immer kreisten unsere Gedanken um die eine Frage: Woher bekomme ich heute was zu essen?“ Ihr Mann, der Maurer Heinz Loest, lässt sich aber immer etwas einfallen, um sich und seine Frau am Leben zu erhalten. „Einmal hatte er in einem Schneiderei-Betrieb zu tun und sah ein Paket grünes Nähgarn herumstehen“, erzählt sie. „Das hat er dann mitgehen lassen und auf dem Schwarzmarkt verkauft. Ein anderes Mal war er für eine Drogerie tätig. Da hat er so viel Seife, wie er konnte, in seinen Eimer gepackt, Sand drübergeschaufelt und ist getürmt. So war das damals. Wer überleben wollte, wurde zum Dieb.“ Und mancher wird gar zum Mörder: Als hielte die Todeskälte nicht auch so genügend Schrecken bereit, versetzt im Winter 1946/47 ein Serientäter die Stadt in Panik.

Am Nachmittag des 20. Januar spielt ein Junge namens Kurt in den Ruinen einer zerbombten Akkumulatorenfabrik in der Nähe des S-Bahnhofs Landwehr – bis ihm der Schreck in die Glieder fährt. Der Buttje stolpert über eine Leiche: eine schlanke, mittelblonde Frau. Offenbar wurde sie mit einer Schnur erdrosselt. Die Frau ist nackt. Es ist nichts an ihr, wodurch sie identifizierbar wäre.

Wäre es bei dieser einen Leiche geblieben, würden wir mehr als ein Dreivierteljahrhundert später nicht weiter darüber reden. Aber in den folgenden drei Wochen werden drei weitere Tote gefunden: ein alter Mann, ein kleines Mädchen und eine 35- bis 40-jährige Frau. Die Mordopfer sind vom Täter an weit auseinanderliegenden Orten in der Stadt abgelegt worden, aber immer in Ruinen. Und immer nackt.

Jetzt leiden die Hamburger nicht nur unter Kälte und Hunger, sondern auch noch unter der Angst, zum nächsten Opfer des Killers zu werden. Der dringende Rat der Polizei lautet: Bloß nicht zu dicht an Trümmergrundstücken vorbeigehen! Wer weiß, wer da plötzlich auftaucht und einem die Schlinge um den Hals legt! Die Polizei lässt 60 000 Plakate mit den Gesichtern der Toten drucken. Die Staatsanwaltschaft setzt eine Belohnung von 5000 Reichsmark und 1000 Zigaretten für Hinweise aus. Doch der oder die Täter werden nie gefasst. Bis heute ist nicht mal bekannt, wer die vier Opfer waren. Eine äußerst mysteriöse Geschichte. Irgendwie passend zu diesem furchtbaren Jahreswechsel.

Nach drei Monaten Frost sinkt das Thermometer am 19. März 1947 erstmals nicht unter null. Der Hungerwinter ist überstanden. Offiziell sind 85 Menschen ums Leben bekommen, tatsächlich aber sind es wohl mehrere Hundert gewesen, denn die Statistik erfasst nur Erfrorene, nicht Verhungerte und Menschen, die an kältebedingten Krankheiten gestorben sind.

„Wir sind noch einmal davongekommen“, dieses Stück von Thornton Wilder ist das erste, das die Kammerspiele nach Ende dieses unvergesslichen Winters aufführen. Es ist kein Zufall, dass die Wahl auf dieses Schauspiel fällt.

Mit seinem Drama „Draußen vor der Tür“ prägte er die Trümmerliteratur. Er starb bereits mit 26 Jahren.

Wolfgang Borchert – der erste Autor, der nach dem Krieg die Sprache wiederfand

Wolfgang Borchert ist gerade mal 26 Jahre alt, als er 1947 stirbt. Was hätte er der Welt noch für Bücher schenken können, wenn ihm mehr Zeit vergönnt gewesen wäre? Zu Borcherts Schicksal gehört, dass er die Uraufführung seines größten Werkes nicht erlebt hat. Am Tag bevor in den Hamburger Kammerspielen der Vorhang für „Draußen vor der Tür“ aufging, hauchte der Schriftsteller in einem Schweizer Klinikum sein Leben aus.

„Draußen vor der Tür“ – das ist die Geschichte des Kriegsheimkehrers Beckmann, der nach drei Jahren Gefangenschaft zurück ist in Hamburg und nicht nur vor den Trümmern der Stadt, sondern auch vor den Trümmern seines Lebens steht. Während Beckmann selbst noch geprägt ist von den Erfahrungen an der Front, haben die Mitmenschen längst alles verdrängt. Beckmann findet keinen Platz in dieser Gesellschaft. Er fragt nach dem Sinn des Lebens. Aber er erhält keine Antwort.

Am Abend der Uraufführung – es ist der 21. November 1947 – tritt Ida Ehre, die Intendantin der Kammerspiele, vors Publikum und lässt die Zuschauer wissen, dass tags zuvor der Autor gestorben ist. „Alle sind aufgestanden“,

LINKE SEITE
Wolfgang Borchert (1921–1947)

LINKE SEITE OBEN & UNTEN
Borchert als Vierjähriger mit seiner Mutter und 1945 auf Urlaub in Hamburg bei seinen Eltern

so erinnert sich Ida Ehre später. „Wir haben einige Minuten stillschweigend verbracht." Nach der Aufführung bleiben die Zuschauer noch lange schweigend sitzen. Totenstill ist es im Saal. Erst dann setzt Applaus ein, der gar nicht mehr enden will. Das Stück hat jeden, der es gesehen hat, bis ins Mark getroffen. Borchert spricht darin genau das aus, was alle beschäftigt, was aber die meisten tief in sich vergraben haben. „Draußen vor der Tür" ist eine Anklage. Ein Aufschrei.

Am 20. Mai 1921 kommt der berühmteste Autor der Stadt in Eppendorf zur Welt. Er wächst als einziges Kind in einem kulturell aufgeschlossenen Elternhaus auf – sein Vater Fritz ist Volksschullehrer, Mutter Hertha schreibt in ihrer Freizeit plattdeutsche Geschichten. Wie die meisten seiner Altersgenossen wird Wolfgang Borchert Mitglied der Hitler-Jugend, doch früh erwacht der Rebell in ihm. Die Nazis verlangen Disziplin und Gehorsam – Tugenden, die ihm zuwider sind. Er widersetzt sich, sieht in seinen Eltern angepasste Spießer, wird zum Anhänger der Swing-Jugend, kleidet sich

auffällig, trägt das Haar lang, hört amerikanische Musik und bringt schlechte Noten mit nach Hause.

Seine Leidenschaft gehört der Literatur. Mit 15 Jahren beginnt er, Gedichte zu schreiben, die allerdings kaum Begabung erkennen lassen. Zusammen mit einem Freund verfasst er 18-jährig eine Komödie, die den Titel „Käse" trägt und von einem Käsehändler handelt, der die Welt erobert – eine Hitler-Parodie, die Borchert für einen ganz großen Wurf hält, die aber davon weit entfernt ist.

OBEN
Zum 26. Geburtstag bekam Borchert das Buddelschiff „Tui Hoo" geschenkt. Es trägt den Namen einer seiner Geschichten.

UNTEN
Das Borchert-Zimmer, das anlässlich von Borcherts hundertstem Geburtstag in der Staatsbibliothek aufgebaut wurde

Gerne und oft trägt der von sich selbst überzeugte Borchert in seinem Bekanntenkreis Gedichte vor, von denen einige nicht gerade Hitler-freundlich sind. Er wird denunziert, und zum ersten Mal nimmt die Gestapo Notiz von dem aufmüpfigen jungen Mann, durchsucht sein Zimmer nach staatsfeindlichen Notizen und liest fortan auch seine Briefe heimlich mit.

Nachdem Borchert 1937 im Thalia-Theater Gustaf Gründgens als Hamlet gesehen hat, fällt sein Entschluss, Schauspieler zu werden. Als er 1938 die Schule ohne Abschluss verlässt, vermitteln ihm die Eltern eine Buchhändlerlehre bei der alteingesessenen Buchhandlung C. Boysen – doch die Arbeit erfüllt ihn nicht. Denn da ist immer noch der Traum vom Theater. Jedes Wochenende nimmt Borchert Schauspielunterricht, und kurz bevor er seine Schauspielprüfung besteht, bricht er Ende 1940 die Lehre ab und nimmt ein Engagement an der Landesbühne Osthannover in Lüneburg an. Es folgen die schönsten Monate seines Lebens. Das herrliche Vagabundenleben an der Wanderbühne genießt er in vollen Zügen.

Doch die Realität des Krieges holt ihn ein: Er wird eingezogen, kommt an die Ostfront, wo er 1942 von einem

LINKS
Tarpenbekstraße 82, 3. Stock: Das Geburtshaus von Wolfgang Borchert

RECHTE SEITE
Der Todesschein: Borchert starb am 20. November 1947 in Basel. Er ist auf dem Ohlsdorfer Friedhof beigesetzt.

Patrouillengang mit einer Schussverletzung an der Hand zurückkehrt. Er wird festgenommen und wegen des Vorwurfs, sich selbst verstümmelt zu haben, vors Militärgericht gestellt: Die Anklage fordert die Todesstrafe, aber er hat Glück und erhält einen Freispruch. Allerdings wird er in einem zweiten Verfahren wegen „wehrkraftzersetzender Äußerungen" zu acht Monaten Gefängnis verurteilt. Die Strafe wird auf Antrag der Verteidigung in sechs Wochen verschärften Arrest mit anschließender sogenannter „Frontbewährung" umgewandelt.

Im November 1942 ist Borchert zurück an der Ostfront. Mit Fußerfrierungen, Gelbsucht und Fleckfieberverdacht landet er Ende Januar 1943 im Lazarett. Anschließend soll er zu einer Schauspieltruppe der Wehrmacht versetzt werden, doch dazu kommt es nicht: Vor seinen Kameraden parodiert er Propagandaminister Joseph Goebbels, wird denunziert, erneut angeklagt und im September 1944 zur „Feindbewährung" an die vorderste Front geschickt. Er hat Glück und überlebt. Nachdem sich seine Einheit in der Nähe von Frankfurt/Main französischen Truppen ergeben hat, gelingt ihm die Flucht. Die 600 Kilometer bis nach Hamburg schlägt er sich zu Fuß durch und erreicht sein Elternhaus schwer krank am 10. Mai 1945.

Der Krieg ist aus – und in ihm erwacht der Tatendrang. Sein körperlicher Zustand lässt kontinuierliches Arbeiten allerdings kaum zu. Im November 1945 kommt er ins Elisabeth-Krankenhaus am Kleinen Schäferkamp, wo die Mediziner erkennen, dass er ein hoffnungsloser Fall ist. Als die Ärzte Borchert eröffnen, dass er wegen seines schweren Leberleidens nicht mehr lange zu leben hat, beginnt er wie besessen zu arbeiten – so, als müsse er jetzt jede Sekunde nutzen.

Im Krankenbett schreibt er sein erstes großes Prosastück: „Die Hundeblume". Ein zum Tode Verurteilter macht darin eine kleine Blume im Gefängnishof zum Objekt seiner Sehnsucht. Das Werk überrascht durch einen bisher unbekannten Ton. Unter dem Eindruck der Kriegserfahrungen hat Borchert jetzt zu seinem ganz eigenen Stil gefunden. In wenigen Monaten entstehen all die Werke, die noch heute gelesen und gespielt werden. Aus einem „Allesversucher und Nichtskönner", so Peter Rühmkorf, wird plötzlich der meistdiskutierte Autor im Nachkriegsdeutschland.

Bei Wolfgang Borchert denken die meisten Menschen an Tragik und Pathos, dabei war er ein lebenslustiger Typ. Einen „verhinderten Komiker" hat Biograf Peter Rühmkorf ihn mal genannt. Dazu passt die kleine Episode, die sich während des Krankenhausaufenthaltes ereignet: Er himmelt eine 21-jährige Mitpatientin an, die zwei, drei Türen weiter ihre Gelbsucht auskuriert, und schreibt Liebesgedichte an das „Hannelörchen" mit den „süßen Öhrchen". „Alle anderen sind mir völlig schnuppe", so umgarnt er „die Wunderbare". „Ich seh den ganzen Tag nur deine hochgekämmten Haare. Sogar im Traum und – in der Suppe!"

Borchert hat Pech. Seine Gefühle werden nicht erwidert. Hannelore ist schon verlobt. „Leider hab ich großen Liebeskummer", schreibt Borchert, „der raubt mir jede Nacht den Schlummer – auf ihrem Bett hockt schon ein anderer Brummer!" Ganz offensichtlich hat er aber einen nachhaltigen Eindruck bei der jungen Frau hinterlassen. Immerhin nennt die ihren Sohn, der einige Zeit später zur Welt kommt, nach ihm: Wolfgang. Die Liebesgedichte bewahrt Hannelore ein Leben lang auf. Erst vor einigen Jahren hat ihr Sohn die Texte öffentlich gemacht.

Mit dem Drama „Draußen vor der Tür", das als Hörspiel bereits im Februar 1947 im NWDR ausgestrahlt wird und eine aufgeregte Debatte auslöst, hat Borchert seinen großen Durchbruch. Ida Ehre animiert den jungen Schriftsteller, aus seinem Werk eine Theaterfassung für die Hamburger Kammerspiele zu schreiben. Diesen Auftrag vollendet er noch.

Im September 1947 begibt er sich erneut ins Krankenhaus, diesmal nach Basel. Er hofft, dass ihm Schweizer Ärzte vielleicht doch noch helfen können. Die Besserung bleibt aus. Der Schriftsteller, der die deutsche Nachkriegsliteratur stärker geprägt hat als jeder andere, stirbt am 20. November 1947. Borcherts Verdienst ist es, der Kriegsgeneration, die um das Leben betrogen wurde, eine Stimme gegeben zu haben. Schriftsteller Siegfried Lenz („Deutschstunde") hat einmal gesagt, Borchert sei der erste Autor gewesen, der nach der Katastrophe des Zweiten Weltkriegs die Sprache wiedergefunden habe.

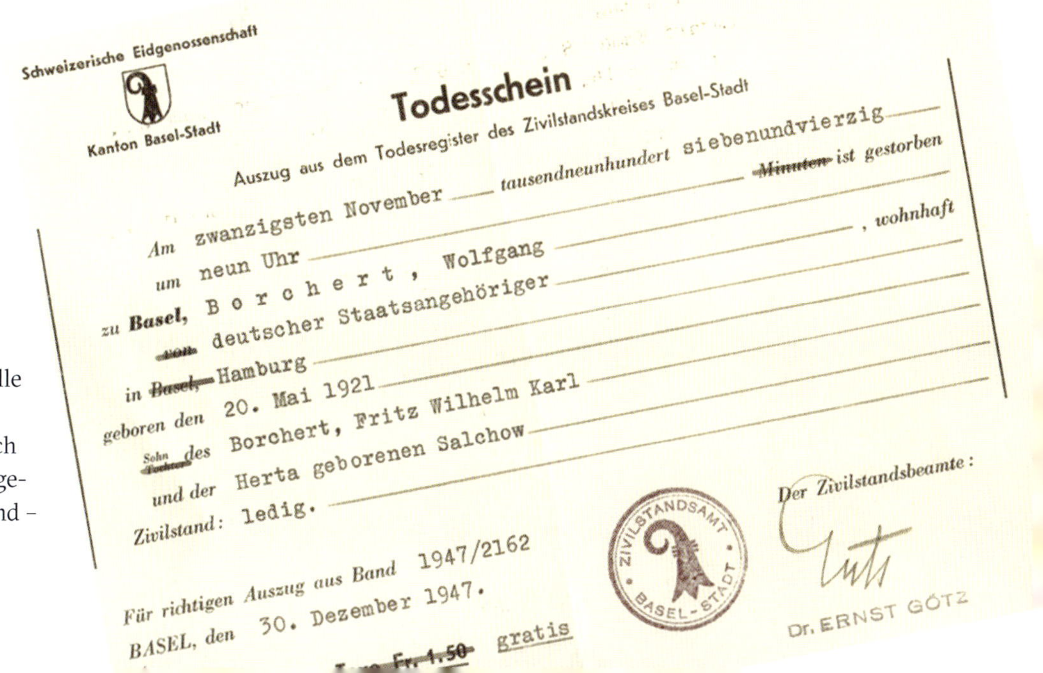

Schweizerische Eidgenossenschaft
Kanton Basel-Stadt

Todesschein

Auszug aus dem Todesregister des Zivilstandskreises Basel-Stadt

Am zwanzigsten November *tausendneunhundert* siebenundvierzig ~~*Minuten*~~ *ist gestorben*
um neun Uhr *, wohnhaft*
zu **Basel,** B o r c h e r t , Wolfgang
~~*von*~~ deutscher Staatsangehöriger
in ~~*Basel,*~~ Hamburg
geboren den 20. Mai 1921
Sohn des Borchert, Fritz Wilhelm Karl
und der Herta geborenen Salchow
Zivilstand: ledig.

Für richtigen Auszug aus Band 1947/2162
BASEL, den 30. Dezember 1947.
~~Taxe Fr. 1.50~~ gratis

ZIVILSTANDSAMT BASEL-STADT

Der Zivilstandsbeamte:
Dr. ERNST GÖTZ

Mit der Währungsreform bekamen die Menschen in den westlichen Besatzungszonen die D-Mark. Der Beginn des Wirtschaftswunders. Endlich war die Not der Nachkriegszeit vorbei.

Geheimoperation „Bird Dog“: Polizisten bringen das neue Geld

„Auf einmal gab es alles! Plötzlich waren die Läden wieder voll.“ Daran erinnert sich bis heute jeder, der es erlebt hat. Die Währungsreform am 20. Juni 1948 – bis zur Wiedervereinigung war dieser Tag das markanteste kollektive Erlebnis der Deutschen nach dem Krieg. Jeder Bürger erhielt zunächst vierzig D-Mark „Kopfgeld“, vier Wochen später noch einmal zwanzig, egal, ob Kind oder Greis. Und es ging wieder aufwärts mit dem Land.

Was für eine furchtbare Zeit hinter den Deutschen lag! Die Jahre von 1945 bis 1948 waren geprägt gewesen von Not und Elend, Hunger und Kälte. Lebensmittel gab es – wie schon im Krieg – nur auf Bezugsschein. Die Rationen wurden von den alliierten Behörden je nach Bedürftigkeit bemessen. Für „Normalverbraucher“ (die keinen Anspruch auf Zulagen hatten) lagen sie bei wenigen Gramm Fett und kaum mehr als einem Kanten Brot täglich. Daher fuhren viele Großstädter aufs Land, um bei Bauern gegen Schmuck oder Teppiche eine Extraration Kartoffeln einzutauschen.

Praktisch jeder litt Hunger. Um an Essen zu kommen, verhökerten die Menschen ihre letzten Habseligkeiten.

Der Schwarzmarkt boomte. Für 146 Amis gab es ein Kilo Kaffee, ein Brot kostete zehn Amis. Die „Ami“, die amerikanische Zigarette, war die wahre Währung zu jener Zeit. So sah es aus, das Leben in den ersten Jahren nach dem Krieg. Im Frühjahr 1948 kamen dann mit einem Mal Gerüchte auf, dass das Elend bald vorbei sein würde, und dass er kurz bevorsteht: der Tag, an dem endlich die neue Währung kommt. Alle redeten vom „Tag X“.

Tatsächlich hatten die Amerikaner und die Briten bereits im Februar 1948 im Alliierten Kontrollrat vorgeschlagen, eine neue Währung für Gesamtdeutschland einzuführen. Da die Sowjetunion jedoch ablehnend reagierte – der Kalte Krieg tobte bereits –, entschieden die Westalliierten, die Währungsreform in ihren drei Besatzungszonen in Eigenregie durchzuführen. Auf Initiative der US- Militärregierung wurden am 21. April 1948 elf deutsche Ökonomen und Währungsexperten in einer Kaserne in Rothwesten bei Kassel regelrecht interniert. Ihr Auftrag: Sie sollten in den folgenden sieben Wochen englische Texte, Fragebögen und Formulare übersetzen sowie Formulierungshilfen bei Gesetzen, Verordnungen und Durchführungsbestimmungen geben – für die Einführung einer neuen Währung. Diese Langzeit-Konferenz in der Kaserne wird in der Geschichtsschreibung – in Anlehnung an die Papstwahl – gerne als „Währungskonklave“ bezeichnet.

Federführende Person und damit Ziehvater der D-Mark war der damals erst 27-jährige US-Leutnant und Ökonom Edward Tenenbaum. Er pendelte ständig zwischen der Kaserne in Rothwesten und den Führungsstäben der drei Militärregierungen hin und her. „Tenenbaum war das intellektuelle Bindeglied zwischen amerikanischer Militärregierung und deutschen Fachleuten“, wie Helmut Schmidt später schrieb.

Mitreden durften die Deutsche bei der Währungsreform kaum. Nicht mal die Gestaltung der neuen Banknoten konnten sie beeinflussen. Die Scheine wurden auch nicht in Deutschland gedruckt, sondern in New York und Washington D.C. In 23 000 gut gesicherten Kisten wurde das Geld anschließend verschifft. Zur Täuschung war die Fracht nach Barcelona deklariert. Das wirkliche Ziel aber hieß Bremerhaven.

Obwohl alles streng geheim war, kochte in Deutschland längst die Gerüchteküche. Je mehr sich die Anzeichen verdichteten, dass eine Währungsreform bevorstand, desto schwieriger wurde die Versorgungslage. Obwohl verboten, horteten Geschäftsleute ihre Produkte, denn keiner wollte seine Waren für Reichsmark abgeben, die vermutlich bald nichts mehr wert sein würde. Oder aber die Händler verlangten horrende Preise: 2500 Reichsmark für eine Herrenhose zum Beispiel. Auch ein verbreiteter Trick: Unternehmen setzten Betriebsferien an – um so die Zeit bis zum neuen Geld zu überbrücken.

Während das Angebot an Waren sank, wuchs die Nachfrage – denn jeder versuchte jetzt noch, seine Reichsmark loszuwerden. Mitte Juni 1948 teilte die Hamburger Friseur-Innung mit, 60 000 Hamburger würden täglich in die Salons drängen, um sich noch einmal gegen Reichsmark frisieren zu lassen. Manche hauten ihr Geld anderweitig auf den Kopf: „Auf St. Pauli geht es hoch her“, berichtete das „Hamburger Echo“. „Denn die Leute rechnen damit, dass die Vergnügungslokale nach der Währungsreform erst mal schließen werden.“

Spätestens seit dem 14. Juni 1948 gab es kaum noch einen Zweifel, dass es bald so weit sein würde. Denn an diesem Tag trafen die Lastwagen mit den neuen Banknoten in Hamburg ein. „Operation Bird Dog“ – so lautete der Codename für die streng geheimen Geldtransporte quer durch die westdeutschen Besatzungszonen. „Bewaffnete britische Soldaten haben das Gebäude der Hamburger Landeszentralbank mit einem scharfen Absperrungsring umgeben“, berichtete das „Hamburger Echo“ am Tag darauf. „Im Laufe des Vormittags wurden von acht eintreffenden Lastwagen Kisten mit der

LINKE SEITE
Ein Polizeibeamter trägt Pakete mit dem neuen Geld ins Reichsbankgebäude am Alten Wall.

OBEN
Vor dem Reichsbankgebäude hält ein Geldtransporter mit den D-Mark-Banknoten. Zum Schutz ist viel Polizei vor Ort.

RECHTS
Polizeibeamte helfen dabei, die Pakete mit den neuen D-Mark-Scheinen auszuladen.

Aufschrift ‚Clay‘ (General Lucius D. Clay war damals Militärgouverneur in Deutschland) ausgeladen, in denen das neue Geld verwahrt lag. Egal, ob auf den Straßen, am Arbeitsplatz oder am Stammtisch – für die Hamburger gab es jetzt nur noch ein Thema: das neue Geld. Als am 18. Juni, einem Freitag, Bürgermeister Max Brauer eine Rundfunkrede hielt und die Einführung der neuen Währung für den darauffolgenden Sonntag ankündigte, waren Hamburgs Straßen wie leergefegt.

Alle Bürger saßen vor den Rundfunkgeräten und hörten zu, wie Brauer sagte: „Meine lieben Hörer, ich spreche heute Abend zu Ihnen, weil wir an einem entscheidenden Wendepunkt der Nachkriegszeit angekommen sind. Um Mitternacht von Sonntag auf Montag hört die Reichsmark auf, allgemein gesetzliches Zahlungsmittel zu sein.“ Brauer appellierte an die Hamburger, das neue Geld als „Chance zu nutzen, um mit harter Arbeit wieder zu Wohlstand zu gelangen“. Und weiter: „Wir alle, die wir wieder ehrliches Geld für unsere ehrliche Arbeit haben wollen, atmen auf, dass es endlich so weit ist und die neue Deutsche Mark ausgegeben werden kann.“

Am darauffolgenden Tag waren Hamburgs Zeitungen voll mit detaillierten Anweisungen, wie und wo die Bürger ihr Kopfgeld in Empfang zu nehmen hätten. Am Sonntag, dem langersehnten Tag X, standen die Menschen schon Stunden, bevor es überhaupt losging, Schlange – „so wie beim Schlachter, wenn es Brühe gibt“, wie ein Reporter des „Hamburger Echos“ schrieb. Die Leute konnten es nicht erwarten, das neue Geld in die Hand zu nehmen. An 1300 Lebensmittelkarten-Ausgabestellen waren 17 000 Helfer im Einsatz, um den Umtausch „Reichsmark gegen D-Mark“ durchzuführen. Jeder, der sechzig Reichsmark abgab, erhielt vierzig Mark ausgezahlt – und einen Monat später gab es einen Nachschlag in Höhe von zwanzig Mark. Sechzig Mark also – ein Kopfgeld für die Zukunft.

„Über Nacht ist alles anders geworden“, schrieb das „Hamburger Echo“. „In den Schaufenstern vieler Läden tauchen plötzlich Waren auf, die seit Jahren nur auf dem Schwarzen Markt gehandelt wurden. In den Straßen der Stadt wogt eine schaulustige Menge. Hier und da laute Empörung darüber, dass jetzt Artikel angeboten werden, die der Bevölkerung vorgestern noch vorenthalten oder nur zu Wucherpreisen überlassen wurden. Und doch! In manchem Gesicht steht ein froher Zug: Endlich scheint es bergauf zu gehen, endlich die große Wende!“

In den ersten Tagen hielten sich die Bürger noch zurück. Alle wollten

OBEN
20. Juni 1948: Vor dem Emilie-Wüstenfeld-Gymnasium warten die Hamburger auf das neue Geld.

LINKS
Gedruckt in den USA: die ersten D-Mark-Banknoten

RECHTS
In der Bismarckschule werden die 40 D-Mark „Kopfgeld“ ausgezahlt.

von ihrem wertvollen Geld möglichst viel zurücklegen. Nach zwei Wochen aber stieg die Kauflust. „Kleidung und Haushaltswaren finden reißend Absatz", berichtete das „Hamburger Echo". Vor allem im Kaufhaus Karstadt an der Mönckebergstraße bewunderten die Kunden die Auslagen – das, was es plötzlich dort zu kaufen gab, hatten die meisten Hamburger seit 1939 nicht mehr zu sehen bekommen. Leisten allerdings konnten sich anfangs nur die wenigsten etwas. Angesichts der großen Nachfrage verlangten die Händler Höchstpreise: Ein Ei kostete 35 Pfennig neuer Währung, ein Kilo Schweinefleisch sieben D-Mark – und ein VW-Käfer 5300 D-Mark. Im Vergleich dazu: Der durchschnittliche Monatslohn lag bei 250 D-Mark.

Die Währungsreform sei so etwas gewesen wie die „Stunde null", weil alle mit den gleichen Voraussetzungen anfingen, nämlich einem Kopfgeld von sechzig Euro. So wird es oft erzählt. Aber dies ist ein Mythos, ein Märchen, eine Lüge. Nicht einmal im Ansatz kann davon die Rede sein, dass so etwas wie Chancengleichheit existierte. Wahr ist stattdessen: Wer vor der Währungsreform reich war, war es auch danach. Zu den Verlierern der Währungsreform gehörten die kleinen Sparer. Geld auf der Bank wurde im Verhältnis 10:1 abgewertet. Mit der Währungsreform schmolzen auf einen Schlag Bankguthaben in Höhe von 144 Milliarden Reichsmark auf 6,3 Milliarden D-Mark zusammen. Das bedeutete: Zum zweiten Mal seit der Hyperinflation von 1923 verloren die Deutschen den Großteil ihrer Geldvermögen.

Aber es gab eben auch Gewinner. Das waren diejenigen, die Sachwerte besaßen, denn Grundstücke, Fabriken und Warenlager waren vom Währungsschnitt nicht betroffen und behielten ihren Wert. Die größten Profiteure waren Immobilienbesitzer – erst recht dann, wenn ihre Gebäude kreditfinanziert waren, denn die Schulden waren über Nacht im Verhältnis 10:1 heruntergesetzt.

Noch mit einer anderen Legende wollen wir aufräumen: Nein, die Währungsreform ist keineswegs das Meisterstück Ludwig Erhards gewesen, auch wenn er das gerne behauptet hat. In Wirklichkeit war der Wirtschaftsminister und spätere Kanzler an der konkreten Planung überhaupt nicht beteiligt – genauso wenig wie irgendein anderer deutscher Ökonom oder Politiker. Stattdessen gebührt einem heute völlig unbekannten Mann die Ehre, als Vater der D-Mark gefeiert zu werden: Edward A. Tenenbaum – dem jungen Leutnant der US-Luftwaffe.

Die Währungsreform hatte weitreichende Folgen: Drei Tage danach reagierte die Sowjetunion und führte in der sowjetischen Zone ebenfalls eine Währungsreform durch. Ähnlich wie im Westen erhielten die Menschen in Ostdeutschland pro Kopf einen Grundbetrag des neuen Geldes – in der sowjetischen Besatzungszone waren es siebzig „Deutsche Mark der Deutschen Notenbank". Wirklich neu war dieses Geld allerdings nicht: Die Sowjets hatten auf die alten Reichsmark-Banknoten einfach farbige, briefmarkengroße Kupons geklebt.

Die doppelte Währungsreform sorgte dafür, dass Deutschland ökonomisch zweigeteilt war. Die politische Spaltung folgte, als 1949, also im Jahr darauf, zwei neue deutsche Staaten auf deutschem Boden entstanden – ein Zustand, der vierzig Jahre anhalten sollte.

HAMBURGER FREIE PRESSE

Preis 20 Pf. Nr. 49 Jahrgang 3 Sonnabend, 19. Juni 1948 — ES WACHSE DIE EINTRACHT — Veröffentlicht unter Zulassung Nr. 21 der Militärregierung

Der Tag X ist da!

Die Währungsreform tritt am Sonntag, dem 20. Juni, in Kraft

Dr. Pünder verkündet Reform

Hamburg, 19. Juni.

Der Vorsitzende des Verwaltungsrates Dr. Pünder verkündete am Freitagnachmittag in einer Ansprache über den Rundfunk, die mit großem Ernst auf die schicksalshafte Bedeutung dieser Stunde hinwies, dem deutschen Volke die Maßnahmen zur Währungsreform. Die Rede Dr. Pünders hat folgenden Wortlaut:

Meine verehrten Hörerinnen und Hörer!

Die Militärregierungen haben heute die Gesetze verkündet, durch welche in den Westzonen eine Währungsreform eingeleitet wird. Damit hat der Zustand der Spannungen und Erwartungen einen gewissen Abschluß gefunden. Nur einen gewissen Abschluß deshalb, weil ein weiteres Gesetz in etwa einer Woche erscheinen wird. Erst dieses weitere Gesetz wird über das Schicksal unseres alten Geldes endgültig befinden. Aber die von allen Einsichtigen seit langem herbeigesehnte Währungsreform ist nunmehr da.

Mehr und mehr schleppte sich unsere Wirtschaft nur noch ächzend voran, und auch dies nur mit Hilfe der vielen grauen und schwarzen Aushilfen. Unser Geld hatte Charakter und Aufgabe völlig eingebüßt, und in der allerletzten Zeit konnten wir, wo alle Welt auf den Startschuß zum neuen Beginn wartete, den Stand der deutschen Wirtschaft nur noch mit einer beginnenden Todesstarre vergleichen. Die nun heute in Kraft tretenden Gesetze sind Militärgesetze, aber ihr Inhalt betrifft uns Deut-

DIE WICHTIGSTEN BESTIMMUNGEN:

Kopfgeld 60 Mark, Umtauschquote wird erst festgesetzt!

Den umfangreichen Wortlaut des Währungsreformgesetzes finden unsere Leser im Innern des Blattes. Im folgenden veröffentlichen wir den wichtigsten Inhalt seiner Bestimmungen:

1. Das alte Geld — Reichsmark, Rentenmark und alliierte Militärmarknoten — ist vom 21. Juni an ungültig. Die einzige Ausnahme bilden Altgeldnoten und Münzen mit einem Nennwert von höchstens einer Mark. Diese Noten und Münzen werden bis zum Ersatz durch neues Kleingeld im Umlauf bleiben, und zwar werden sie ein Zehntel ihres bisherigen Nennwertes gelten. Briefmarken bleiben ebenfalls zu einem Zehntel ihres Nennwertes gültig.
2. Als erste Maßnahme erhält jeder Einwohner der Westzonen 60 Mark der alten Währung gegen neues Geld eingewechselt. Vierzig Mark hiervon werden am kommenden Sonntag ausgezahlt, die restlichen 20 Mark einen Monat später. Für eine vierköpfige Familie können also 240 Mark Altgeld eingezahlt werden, für die es sofort einen Gegenwert von 160 Deutschen Mark und nach einem Monat 80 Deutsche Mark gibt.
3. Andere Geldbeträge in Händen des deutschen Publikums ebenso wie Guthaben bei Banken, Sparkassen, Postbanken und Postscheckämtern werden zu einem späteren Zeitpunkt in Deutsche Mark umgetauscht werden. Das Umtauschverhältnis, das den Geldumlauf drastisch reduzieren wird, und weitere Einzelheiten über den Umtausch dieser Beträge werden in Kürze in weiteren Gesetzen bekanntgemacht. Bei diesem späteren Umtausch von Altgeld wird der bereits ausgezahlte Kopfbetrag von den zur Auszahlung oder zur Gutschreibung gelangenden Deutschen Mark abgezogen. Wer also zum Beispiel ein Bankguthaben hat, das durch den späteren Umtausch auf 200 Mark zusammenschrumpft, bekommt von diesem Restbetrag die 60 Mark abgezogen, die er bereits als Kopfgeld in der neuen Währung erhalten hat.
4. Die Kopfquote wird am kommenden Sonntag in den Verteilungsstellen für die Lebensmittelkarten ausgezahlt werden. Einzelpersonen müssen ihre Lebensmittel- und Ausweiskarten vorlegen und 60 Mark in altem Gelde aushändigen. Bei Familien wird die Kopfquote für die ganze Familie dem Familienoberhaupt ausgehändigt. Personen, die nicht in der Lage sind, persönlich zu erscheinen, dürfen einen Vertreter schicken, der jedoch eine schriftliche Vollmacht vorweisen muß, in der die Gründe für das Nichterscheinen des Betreffenden angegeben sind. Wenn das Familienoberhaupt wegen Krankheit oder aus anderen Gründen am Erscheinen verhindert ist, kann ein anderes Familienmitglied, ebenfalls mit einer Vollmacht versehen, die Kapitalquote entgegennehmen. Für Reisende gelten Sonderbestimmungen, die sie auf den Verteilungsstellen einsehen können.

Einkommensteuer wird voraussichtlich um ein Drittel ermäßigt

Frankfurt/Main, [illegible] Juni (dpd).

Die Militärregierungen d[illegible]lichen Besatzungszonen sind, wie [illegible] Freitagabend aus gut unterrichteten Kreisen in Frankfurt verlautet, übereingekommen, bei der vorgeschlagenen Steuerreform die Einkommensteuer um etwa ein Drittel zu ermäßigen. Nach der gleichen Quelle ist diese Ermäßigung im Laufe des Freitags den führenden Persönlichkeiten der Zweizonenwirtschaftsverwaltungen mitgeteilt worden.

Die Ermäßigung um etwa ein Drittel stellt einen Kompromiß zwischen den deutschen Vorschlägen und den französischen Wünschen dar. Die Deutschen hatten eine Kürzung um 50 Prozent vorgeschlagen, während die französische Militärregierung nur um 20 Prozent kürzen wollte.

Ob sich diese Ermäßigung auch auf die Lohnsteuer bezieht, konnte noch nicht bestätigt werden. Doch wurde darauf hingewiesen, daß nach den deutschen Vorschlägen die Lohnsteuer genau so wie die Einkommensteuer behandelt werden sollte.

Sowjets sperren Zonengrenze

Berlin, 18. Juni (dpd).

Die sowjetischen Besatzungbehörden haben nach Mitteilung des Sowjetischen Nach-

LINKS
Mit „Tag X" ist die langersehnte Währungsreform gemeint.

OBEN
US-Reserveoffizier Edward A. Tenenbaum ist der „Vater der Deutschen Mark".

1949 starb im sibirischen Arbeitslager einer der größten Verbrecher in Hamburgs Geschichte: Mindestens 45 000 Menschen hat Georg Henning von Bassewitz-Behr auf dem Gewissen.

In dieser Villa residierte Graf Tod

Er selbst hat wohl nie einen Schuss auf einen anderen Menschen abgegeben. Und doch dürfte Georg Henning Graf von Bassewitz-Behr, der von seinen Untergebenen kurz „BB“ genannt wurde, zu den schlimmsten Massenmördern gehören, die Hamburg hervorgebracht hat. Der Adlige aus Mecklenburg war ein fanatischer Nationalsozialist, ein rücksichtsloser Schreibtischtäter – und verantwortlich für den Mord an mindestens 45 000 Menschen.

Auf dem Höhepunkt seiner NS-Karriere fungierte Bassewitz-Behr als verlängerter Arm Heinrich Himmlers in Norddeutschland. Höherer SS- und Polizeiführer (HSSPF) Nordsee, so lautete sein offizieller Titel. Damit war er der ranghöchste SS-Repräsentant in der Stadt. Das Haus, in dem der blutrünstige Graf ab 1943 gemeinsam mit seiner Frau, seinen drei Kindern, einem Adjutanten und einigen Hausangestellten wohnte, steht noch: eine große Backsteinvilla in Alsterdorf. Adolf-Hitler-Straße 80 – so lautete die Anschrift damals. Heute: Bebelallee 80.

Als Spross eines uralten mecklenburgischen Adelsgeschlechts kommt Bassewitz-Behr am 21. März 1900 auf dem familieneigenen Gut Lützow auf die Welt. Nachhaltig prägend für die Persönlichkeit des Grafen ist Deutschlands Niederlage im Ersten Weltkrieg. Er meldet sich nach dem Abitur im Frühjahr 1918 noch freiwillig zum Militärdienst, aber zum ersehnten Fronteinsatz kommt es nicht mehr. Riesig die Enttäuschung. Der Drang, sich auf militärischem Gebiet doch noch beweisen zu können, bestimmt sein restliches Leben.

Das Ende des Kaiserreichs und die Revolutionswirren 1918/19 sind für Bassewitz-Behr ein Trauma. Er muss mitansehen, wie sich seine Adelsprivilegien in nichts auflösen. „Die Agrarkrise, der politische Extremismus der Weimarer Republik und die ‚Gefahr des Kommunismus‘ führten bei Bassewitz-Behr zu persönlicher Krisenerfahrung und einem Gefühl der Bedrohung“, so Historiker und Biograf Tino Jacobs.

„BB“ entschließt sich, Deutschland den Rücken zu kehren, und wandert in die ehemalige Kolonie Südwestafrika aus, wo er als Farmer neu anfangen will. Aber schon nach wenigen Monaten kehrt er zurück. Plötzlich hat er – offenbar angestoßen durch die Lektüre von Hitlers „Mein Kampf“ – eine neue politische Heimat gefunden: die NS-Bewegung. Später, bei den Verhören durch britische Militärs, wird Bassewitz-Behr nicht ohne Stolz bekennen: „Ich glaube, dass ich der erste Adlige Mecklenburgs war, der der Partei beitrat.“ 1931 wird er Mitglied der NSDAP und tritt kurz darauf auch in die SS

LINKS
Georg Henning Graf von Bassewitz-Behr war Heinrich Himmlers Mann in Hamburg.

RECHTS
In der Bebelallee 80 residierte der Graf – mit Möbeln aus dem „Vier Jahreszeiten“ und Gemälden aus der Kunsthalle.

ein – Heinrich Himmlers neuen „Adel". Bassewitz-Behr wird einmal sagen: „Da meine Vorväter von jeher in der Garde gedient hatten, war es für mich eine selbstverständliche Pflicht, dieser Formation beizutreten."

Nach Hitlers Überfall auf die Sowjetunion 1941 verwandelt sich der gottesfürchtige Mann innerhalb weniger Monate in einen eiskalten Massenmörder. Als SS- und Polizeiführer im sogenannten Generalkommissariat Dnjepropetrowsk in der Ukraine lässt er Wehrmachts-, SS- und Polizeieinheiten unter dem Deckmantel des „Partisanenkampfes" Zigtausende Zivilisten massakrieren und organisiert außerdem den Mord an unzähligen sowjetischen Juden. Heinrich Himmler ist mit Bassewitz-Behr so zufrieden, dass er ihn 1942 zum Stab des für seine Brutalität berüchtigten Höheren SS- und Polizeiführers Russland-Mitte, Erich von dem Bach, ins weißrussische Mogilew versetzt. In dessen Auftrag organisiert Bassewitz-Behr mehrere sogenannte „Operationen", bei denen rund 13 000 Zivilisten sterben: Partisanen, Bauern und sowjetische Juden, die entweder an Ort und Stelle erschossen oder in Wälder getrieben werden, wo sie ihr eigenes Massengrab ausheben müssen.

Erich von dem Bach lobt seinen „Schüler" in den höchsten Tönen: „Ich habe bisher noch nie einen Mitarbeiter gehabt, der eine solch schnelle Auffassungsgabe besitzt." Im Gegenzug bedankt sich der Graf bei seinem Lehrmeister für „sechs Monate, die ich unter Dir kämpfen und arbeiten durfte". Es seien die schönsten Monate innerhalb seiner zwölfjährigen Zugehörigkeit bei der SS gewesen.

Mit seiner Skrupellosigkeit empfiehlt sich Bassewitz-Behr für höhere Aufgaben: Heinrich Himmler ernennt „BB" Anfang 1943 zum Höheren SS- und Polizeiführer (HSSPF) Nordsee.

Sein Dienstsitz ist die ehemalige „Villa Laeisz", Harvestehuder Weg 8 A. Privat bezieht er mit seiner Familie das Anwesen Adolf-Hitler-Straße 80 in Alsterdorf, das der Stadt Hamburg gehört und in dem schon sein Vorgänger Rudolf Querner gewohnt hat. Der Graf sorgt für standesgemäße Ausstattung und lässt dafür ungeniert seinen Einfluss als Parteibonze spielen: Zwölf Teppiche, einen Sessel, eine Standuhr, Geschirr und einen Steinway-Flügel stellt das Hotel „Vier Jahreszeiten" zur Verfügung. Die Wände schmückt der Graf mit Bildern, die er sich aus der Hamburger Kunsthalle kommen lässt. Wer würde einem so mächtigen Mann schon einen Wunsch abschlagen?

Dem Grafen fehlt es an nichts. Dank seines stattlichen Vermögens, das aus mehreren Gütern in Mecklenburg, Wertpapierdepots in Höhe von 500 000 Reichsmark und großen Ersparnissen besteht, hält er bis zum Schluss an seinem aristokratischen Lebensstil fest. Wenn Bassewitz-Behr nicht gerade seiner Jagdleidenschaft frönt oder Partys im „Vier Jahreszeiten" feiert, gesellt er sich mit seiner Frau Ilse (1900–1987), einer geborenen Gräfin von Pfeil und Klein-Ellguth, zum hanseatischen Bildungsbürgertum in die Staatsoper und ins Schauspielhaus, für die das Paar Dauerkarten besitzt.

LINKS
Bassewitz-Behr ordnete den Mord an Tausenden Juden und Zivilisten in der Sowjetunion an.

OBEN
Der Dienstsitz des Grafen am Harvestehuder Weg 8 A. Hier befand sich der SS-Oberabschnitt Nordsee.

31. JANUAR 1949

Einiges spricht dafür, dass Bassewitz-Behrs Ansehen in Hamburg nicht das beste ist, auch nicht in Kreisen der Nazi-Nomenklatura. Ernst O. Ebeling, Generalstabschef im Wehrkreis X, nennt „BB" in seinem Tagebuch den „größten Tropf und Nichtskönner" und einen „degenerierten Adligen". Bassewitz-Behr wird von vielen wohl dafür verachtet, dass er stets die Rolle des 150-prozentigen Nazis spielt. Keinen Hauch von Menschlichkeit oder von Schwäche zeigt er. Nicht einmal, als im Winter 1943/44 innerhalb von nur drei Monaten beide Söhne an der Ostfront fallen – der eine 18, der andere 19 Jahre alt. „Als alter Marschierer der Bewegung", schreibt er in einem Brief, „gehe ich auch jetzt meinen Weg weiter und kämpfe für den Sieg, damit das Opfer meiner Söhne nicht umsonst gegeben ist."

Die Befehle, die Bassewitz-Behr in seiner Zeit in Hamburg erteilt, kosten Tausende Menschen das Leben: Nach den schweren Bombenangriffen der „Operation Gomorrha" im Sommer 1943 ordnet er an, dass für die besonders gefährlichen Aufräumarbeiten KZ-Insassen aus Neuengamme eingesetzt werden. Viele Häftlinge werden durch Trümmer erschlagen oder stürzen zu Tode. Als sich Hamburgs Nazi-Führung Sorgen macht, dass im Chaos der zerbombten Stadt frei herumlaufende ausländische Zwangsarbeiter die öffentliche Sicherheit gefährden könnten, weist Bassewitz-Behr Polizei und Waffen-SS an, gegen Ausschreitungen „mit den schärfsten Maßnahmen" vorzugehen. Zehn Tage nach Ende der Bombenangriffe meldet er an Heinrich Himmler, dass „bis heute 16 ausländische Arbeiter kurzerhand erschossen" worden seien.

Im Angesicht der drohenden Niederlage arbeitet der Graf kurz vor Kriegsende einen Evakuierungsplan aus, um sicherzustellen, dass keine politischen Häftlinge mehr in der Stadt sind, wenn die Alliierten Hamburg erreichen. Ende März 1945 werden rund eintausend Gefangene des Gestapo-Gefängnisses Fuhlsbüttel auf einen mörderischen Fußmarsch in ein „Arbeitserziehungslager" in Kiel geschickt, während 71 angeblich besonders „gefährliche" Personen – darunter die „Thalia-Theater"-Schauspielerin Hanne Mertens – ins KZ Neuengamme gebracht und ermordet werden.

Im April 1945 lässt Bassewitz-Behr auch das KZ Neuengamme und seine Außenlager räumen. Die Gefangenen werden entweder in Auffanglager wie Bergen-Belsen und Sandbostel verfrachtet oder sie werden auf die Schiffe „Cap Arcona" und „Thielbek" in der Lübecker Bucht gebracht, die als mobile Ausweichlager dienen. Tausende sterben, als britische Jagdbomber-Piloten die Schiffe am 3. Mai 1945 angreifen, weil sie sie irrtümlich für deutsche Truppentransporter halten. Als Koordinator des Alarmplans kann der Graf noch mal sein ganzes organisatorisches Geschick unter Beweis stellen. Der massenhafte Tod lässt ihn dabei völlig gleichgültig. „Rund 15 000 Häftlinge verloren in den letzten Kriegswochen auf Todesmärschen und Bahntransporten, durch Hunger oder Willkür der SS-Bewacher ihr Leben", schätzt Tino Jacobs.

Bei Kriegsende taucht Bassewitz-Behr unter, geht aber im September 1945 das Risiko ein, sich anlässlich seines 25. Hochzeitstages mit seiner Frau in Bremen zu treffen. Er wird verraten und vom US-Militär festgenommen. Bassewitz-Behr hat nicht mal den Anstand, sich zu seinen Taten zu bekennen. Als ihm die Briten 1947 im Hamburger Curio-Haus den Prozess machen, versucht er sich rauszureden, stellt sich hin als jemanden, der selbst überhaupt keine Befehlsgewalt gehabt habe. Dem Gericht gelingt es am Ende nicht, ihm seine Schuld nachzuweisen.

Im Prozess vorgeworfen wird Bassewitz-Behr unter anderem der Tod von acht russischen Zwangsarbeitern, die am 30. Juli 1943 hingerichtet wurden, weil sie im Krankenhaus St. Georg während eines Nachtangriffs aus Panik ihre Stationen verlassen hatten. Außerdem wird ihm die Liquidierung von fünf weiblichen sowjetischen Kriegsgefangenen im November 1943 zur Last gelegt, die in der Altonaer Noleiko-Fabrik als Zwangsarbeiterinnen eingesetzt waren. Sie wurden erschossen, weil sie es gewagt hatten zu streiken. Keine Frage ist, dass „BB" die Hinrichtungen befürwortete. Doch in beiden Fällen fehlt der klare Beweis, dass er sie tatsächlich selbst angeordnet hat. Was den Mord an den 71 angeblich „gefährlichen" Gefangenen im KZ Neuengamme angeht, so wird Bassewitz-Behr zwar durch den ehemaligen Lagerkommandanten Max Pauly schwer belastet: Der sagt aus, der Graf habe ausdrücklich die Exekution befohlen. Aber ein Schriftstück, das das belegt, fehlt auch in diesem Fall.

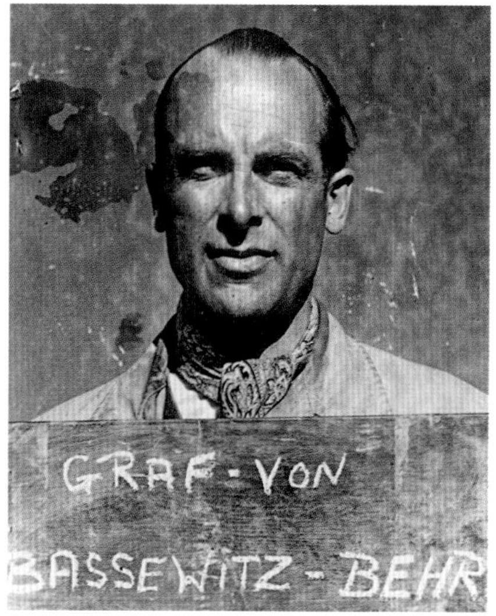

Viel Anlass, sich über seinen Freispruch zu freuen, hat der Graf allerdings nicht. Als die Briten ihn wissen lassen, dass man ihn an die sowjetische Justiz ausliefern werde, schluckt er in seiner Zelle Gift. Ärzte retten sein Leben – und so wird Bassewitz-Behrs Albtraum, in die Hände von Kommunisten zu fallen, wahr: Ein sowjetisches Gericht verurteilt ihn wegen tausendfachen Mordes im Raum Dnjepropetrowsk zu 25 Jahren Zwangsarbeit. Graf Bassewitz-Behr, SS-Obergruppenführer, Generalleutnant der Polizei und einer der größten Verbrecher Hamburgs, stirbt am 31. Januar 1949 in einem Arbeitslager in Ostsibirien.

LINKE SEITE
Auf Befehl von Bassewitz-Behr wurden KZ-Häftlinge nach den Bombenangriffen für Aufräumarbeiten eingesetzt.

OBEN
„Verbrecherfoto" von Graf Bassewitz-Behr aus dem Jahr 1945

Am 23. Mai 1949 trat das Grundgesetz in Kraft, das die Todesstrafe abschaffte – zwei Wochen zu spät für Robert Amelung und Peter Steinhauer.

Die letzten Hamburger, die auf der Guillotine endeten

Das Untersuchungsgefängnis Holstenglacis ist einer der schaurigsten Orte in Hamburg. Nicht nur weil es 140 Jahre alt ist und sich seit der Kaiserzeit kaum verändert hat. Was einen frösteln lässt, ist vielmehr das Wissen darum, wie viele Menschen hier unterm Fallbeil ihr Leben ließen. Hunderte! Und diese beiden waren die letzten: der Schmied Robert Amelung und der Kaufmann Peter Steinhauer. Das Grundgesetz, das am 23. Mai 1949 in Kraft trat und die Todesstrafe abschaffte, kam für sie genau zwei Wochen zu spät.

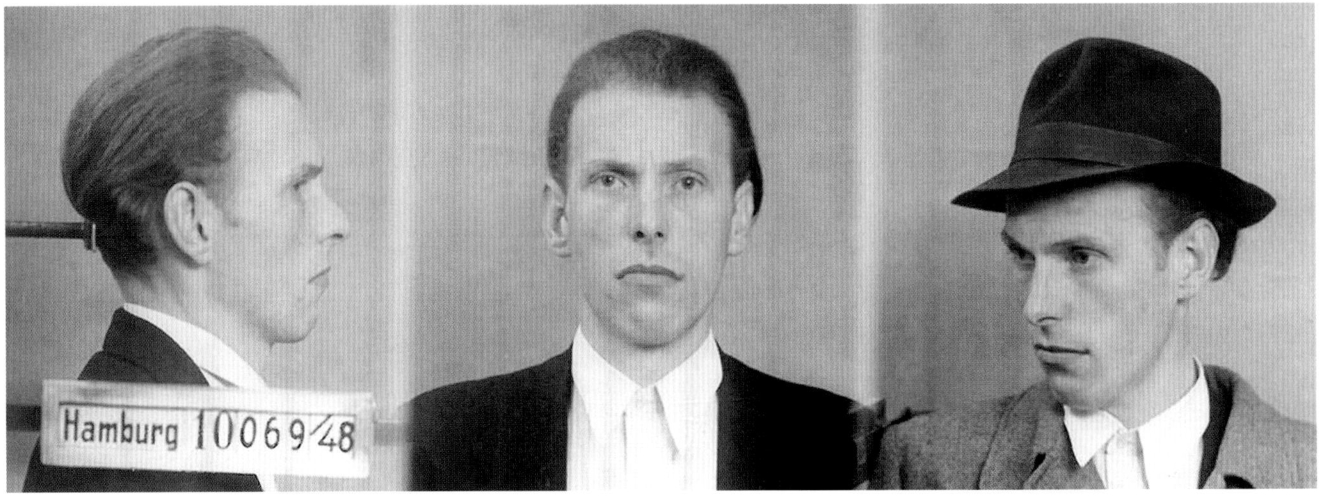

Der Tag der Hinrichtung ist der 9. Mai 1949. Mittags nehmen die beiden Männer noch ihre Henkersmahlzeit zu sich. Dann werden sie zur Guillotine im Hinrichtungsraum geführt. Während Steinhauer sich wortlos seinem Schicksal ergibt, fleht Amelung um Gnade. Hamburgs Henker Friedrich Hehr drückt auf den Knopf, dann schnellt das Fallbeil in die Tiefe und beendet um genau 14.30 Uhr Steinhauers Leben. Und um 14.35 Uhr wird auch Amelungs Kopf vom Rumpf getrennt.

Die Akten zu diesem Mordfall lagern im Hamburger Staatsarchiv. Siebzig Jahre lang hat sich niemand dafür interessiert – bis die MOPO-

Reporter kamen und den Staub von den Ordnern wischten. Die Geschichte beginnt 1947, spielt also zu einer Zeit, als Hamburg noch in Trümmern liegt, die Menschen in Ruinen hausen und als jeder, wenn er nicht hungern will, auf dem Schwarzmarkt seine letzten Habseligkeiten gegen ein bisschen Essen eintauscht.

Während die meisten Menschen Not leiden, geht es Peter Steinhauer gut. Sehr gut sogar. In dem kleinen Ort Timmerhorn bei Ahrensburg besitzt er ein Eigenheim, „Unser Paradies" nennt er es. Er hat eine junge schöne Frau und genügend Geld, sodass er sich seine Hochzeit auf einem Hamburger Hotelschiff 35 000 Reichsmark kosten lässt. Er, der im Krieg Direktor der Phrix AG in Hamburg war, einer chemischen Fabrik, verdingt sich jetzt als Schieber, handelt auf dem Schwarzmarkt mit allem, was rar und begehrt ist.

Eine wichtige Rolle in dieser Geschichte spielt die 42-jährige Marie Mohr, wohnhaft Isestraße 5. Mohr hat einen Geliebten: den serbischen Journalisten Peter Nikolitsch, der über beste Drähte zu den Besatzungsmächten verfügt, mit einem Dienstwagen der US-Armee problemlos zwischen den Besatzungszonen hin- und herfährt und Ware organisiert: Zigaretten und Schnaps, heiße Ware für den Schwarzmarkt.

Wenn Nikolitsch zu tief ins Glas geschaut hat – und das tut er so ziemlich jeden Abend –, ist er unberechenbar. Seine Geliebte verprügelt er regelmäßig, oft erpresst er sie um Geld. Mit Peter Steinhauer ist Nikolitsch zwar befreundet, dennoch geraten beide ebenfalls häufig aneinander. Nikolitsch droht ihm im Suff regelmäßig, er werde zur britischen Militärregierung gehen und Steinhauers Schwarzmarktgeschäfte auffliegen lassen. Als sich Nikolitsch dann auch noch an Steinhauers junge Frau heranmacht, platzt dem der Kragen. „Der Kerl muss weg", denkt Steinhauer und überlegt sich, wer ihm helfen könnte. Da fällt ihm Robert Amelung ein, ein kleiner Schwarzmarktgauner, der ihm noch 10 000 Reichsmark schuldig ist. „Pass mal auf", so Steinhauers Angebot, „wenn du mir bei Nikolitsch hilfst, bist du die Schulden los und ich lege sogar noch was drauf."

Am 30. Oktober 1947 verabreden sich Steinhauer und Nikolitsch zum Saufen. Amelung ist auch mit von der Partie. Obwohl sie alle sturzbetrunken sind, steigen sie mitten in der Nacht noch ins Auto. Nikolitsch setzt sich ans Steuer. An der Bebelallee fordert Steinhauer ihn auf, doch mal kurz anzuhalten. Diese Gelegenheit nutzt Amelung und schlägt Nikolitsch von hinten mit einem Hammer den Schädel ein. Anschließend wird die Leiche mit Steinen beschwert in der Alster versenkt. Steinhauer und Amelung schwören einander, für immer über die Sache zu schweigen. Doch Amelung hält sich nicht dran, beichtet alles seiner Freundin – die daraufhin sofort zur Polizei geht.

Im Dezember 1948 beginnt der Prozess vor einem britischen Militärgericht. Angeklagt ist neben Steinhauer und Amelung auch Marie Mohr, denn Steinhauer behauptet steif und fest, von ihr zur Tat angestiftet worden zu sein. Am 5. Februar 1949 wird das Urteil verkündet: Amelung und Steinhauer enden auf der Guillotine. Marie Mohr wird auch für schuldig befunden, entgeht aber dem Scharfrichter, denn im Berufungsverfahren wird sie freigesprochen.

Mehr als siebzig Jahre sind vergangen, aber trotz dieser langen Zeit hat der Münchner Psychologie-Professor Ernst Pöppel diese Geschichte nie vergessen können und sie sogar in einem seiner Bücher erwähnt: Als neunjähriger Sohn einer Flüchtlingsfamilie aus Pommern lebt er 1949 auf einem Bauernhof in Timmerhorn, also genau in dem Ort, in dem auch Steinhauer zu Hause war. „Ich erinnere mich gut an ihn", erzählt Pöppel. „Er war sehr freundlich. Er kam oft mit seinem Hund Seppel zu unserem Bauernhof und kaufte Milch. Dann kam er eines Tages nicht mehr, da war er verhaftet worden."

Nach der Hinrichtung verließ Steinhauers Frau Deutschland, ging als Krankenschwester nach Island. „Sie hat meinen Eltern angeboten, in ihr Haus zu ziehen", erinnert sich Pöppel. „Ich bin also groß geworden in Steinhausers ‚Paradies'. Mit der Urne des Hingerichteten im Garten und mit der Bibel, die er in der Zelle gelesen hatte, im Regal. Einmal habe ich eine Seite aufgeschlagen, wo von ewiger Verdammnis die Rede war. Am Rande fand ich eine Anmerkung: ‚Wie ich', hatte Steinhauer dort mit Bleistift notiert."

LINKE SEITE OBEN
Der Schmied Robert Amelung starb mit 29.

LINKE SEITE UNTEN
Peter Steinhauer behauptete bis zuletzt, er sei von Nikolitsch' Geliebter angestiftet worden.

RECHTS
Die Guillotine im Untersuchungsgefängnis Holstenglacis

Für Homosexuelle war die NS-Zeit 1945 nicht zu Ende. „Unzucht zwischen Männern" blieb weiter eine Straftat. Erst 1994 verschwand der Paragraf 175.

Richter Valentin und das Drei-Mark-Urteil

Als sich am 8. Mai 1945 das NS-Regime dort wiederfand, wo es hingehörte, nämlich auf dem Müllhaufen der Geschichte, da bedeutete das: Freiheit. Freiheit für Juden, für Kommunisten, für Sozialdemokraten. Freiheit für alle, die bis dahin von Gestapo, SA und SS gejagt worden waren. Nur für Schwule war das „Dritte Reich" noch nicht zu Ende.

22. JUNI 1951

Denn der bereits seit 1872 gültige Paragraf 175 behielt in der jungen Bundesrepublik weiter Gültigkeit, und zwar in der von den Nazis verschärften Version. Zwei Hamburger Homosexuelle, der Kaufmann Oskar Kertscher und der Koch Günther Roebe, gingen dagegen an, versuchten der Homosexuellen-Verfolgung ein Ende zu setzen. Sie zogen 1951 bzw. 1952 vors Bundesverfassungsgericht – und scheiterten. Die höchsten deutschen Richter urteilten 1957, dass der Paragraf 175, der „Unzucht zwischen Männern" unter Strafe stellte, mit dem Grundgesetz sehr wohl vereinbar sei.

Danach handelten Polizei und Justiz dann auch, machten vor allem in den 1950er Jahren regelrecht Jagd auf sogenannte „175er", wie Homosexuelle abfällig genannt wurden. Allein zwischen 1950 und 1969 eröffneten bundesdeutsche Staatsanwaltschaften mehr als 100 000 Ermittlungsverfahren gegen Schwule. 50 000 von ihnen wurden vor Gericht rechtskräftig verurteilt. Sechs Monate, acht Monate, zwölf Monate, 15 Monate: Für so lange Zeit gingen Männer ins Gefängnis – wegen ihrer sexuellen Orientierung. Viele verloren ihren Job, mussten ihre Karriere an den Nagel hängen. Nicht wenige nahmen sich das Leben, weil sie es nicht mehr aushielten.

Umso bemerkenswerter ist das, was am 22. Juni 1951 der Hamburger Richter Fritz Valentin tat. Sein sogenanntes Drei-Mark-Urteil schrieb Rechtsgeschichte. Valentin, der sich zu Beginn des Ersten Weltkriegs als 16-Jähriger freiwillig an die Front gemeldet und als Jude die Nazi-Zeit in der Emigration in Großbritannien überstanden hatte, kehrte 1946 in seine Heimatstadt zurück, wurde erneut Richter – und dürfte in der Nachkriegszeit einer der ganz wenigen Juristen in Hamburg gewesen sein, die nicht mit den Nazis gemeinsame Sache gemacht hatten oder selbst Nazis waren. Sein Humanismus, seine geistige Unabhängigkeit spiegelte sich auch in dem Urteil wider, um das es hier geht.

LINKS
Landesgerichtsdirektor Fritz Valentin (1897–1984) schrieb 1951 mit dem Drei-Mark-Urteil Rechtsgeschichte.

Landgerichtsdirektor Valentin hatte im Juni 1951 zusammen mit seinen Richterkollegen Wartemann und Schleusener über zwei Männer zu entscheiden, die vom Amtsgericht Blankenese wegen Verstoßes gegen Paragraf 175 zu acht Monaten Gefängnis verurteilt worden und wegen der Höhe der Strafe in Berufung gegangen waren. In zweiter Instanz musste nun Valentin Recht sprechen. Was tat er? Ganz gegen die Gepflogenheiten deutscher Gerichte reduzierte er die Strafe auf das niedrigste Strafmaß, das das Gesetz überhaupt vorsah, nämlich auf einen Tag Gefängnis – umgerechnet ein Tagessatz von drei D-Mark. Das kam einem Freispruch gleich, was damals für gewaltiges Aufsehen sorgte. Richter Valentin riskierte seine Karriere.

In der Urteilsbegründung schrieb er, dass die beiden Angeklagten zwar nach dem Gesetz bestraft werden müssten, der Unrechtsgehalt ihrer Tat aber als gering anzusetzen sei. Das Gesetz, so Valentin, erwarte von einem Homosexuellen, „seinen Trieb zu unterdrücken". Damit verlange es von dieser Person etwas, was weit über die Anforderungen „hinausgeht, die das Gesetz sonst in seinen Geboten und Verboten an den Menschen richtet". Weiter schrieb Valentin, strafmildernd sei zu berücksichtigen, dass die Angeklagten erwachsene Männer seien, außerdem habe die „Tat“ in privaten Räumen stattgefunden. Es sei weder „Verführung“ im Spiel gewesen, noch habe es sich um Prostitution gehandelt, und ein Abhängigkeitsverhältnis liege auch nicht vor.

Anders als die Staatsanwaltschaft sah Valentin in dem Umstand, dass die Handlungen „nicht auf einen Partner beschränkt“ gewesen und dass sie in „besonderen Formen“ vollzogen worden seien, keine Merkmale für eine Strafverschärfung. Auch hinsichtlich des Zwecks einer Bestrafung – nämlich Erziehung, Besserung, Abschreckung, Prävention und Sühne – könne das Gericht nur zu einer milden Beurteilung kommen, so Valentin. Denn im Gefängnis hätten die Angeklagten in einem „noch reichlicheren Maße“ Gelegenheit zu „gleichgeschlechtlicher Betätigung“.

„Um einer falschen Auslegung“ seines Urteils vorzubeugen, betonte Valentin ausdrücklich, dass die „besonders milde Beurteilung“ in diesem Fall nicht verallgemeinert werden dürfe. Valentin vermied es im Interesse der Angeklagten gewiss ganz bewusst, in der Urteilsbegründung den Paragrafen 175 offen infrage zu stellen – andernfalls wäre sein Urteil möglicherweise wieder kassiert worden.

Wurde es nicht. Die Staatsanwaltschaft legte keine Revision ein.

Als Valentin am Tag nach dem Urteil ins Gericht kam, war sein Arbeitszimmer voll mit Blumen. Homosexuelle Männer hatten zum Dank unzählige Sträuße für ihn abgegeben. Valentin ließ sie sofort in ein Altersheim bringen, um jeden Verdacht der Bestechlichkeit zu vermeiden.

Bundesweit bekannt wurde das Urteil, weil die Hamburger Schwulenzeitschrift „Die Freunde“ sofort einen Sonderdruck veröffentlichte und diesen bundesweit an Richter, Staatsanwälte und Medien verschickte. Titel: „Bisherige Rechtsprechung durchbrochen!“ In der Einleitung ist von einer „Bresche“ die Rede, „die durch ein

OBEN
Werner Landers (1930–2001), Kneipenwirt der Gay-Bar „Neu-Stadtcasino“. Während des Tanzverbots organisierte er Busfahrten nach Hannover.

UNTEN LINKS
Zwei Männer in der Schwulenkneipe „Roxi-Bar“ 1952. Ab 1961 war Schwulen in Hamburg das Tanzen verboten.

UNTEN RECHTS
Cover der Schwulen-Zeitschrift „Die Freunde“. Die Ausgabe wurde wegen des Titelbilds als unzüchtig eingestuft und verboten.

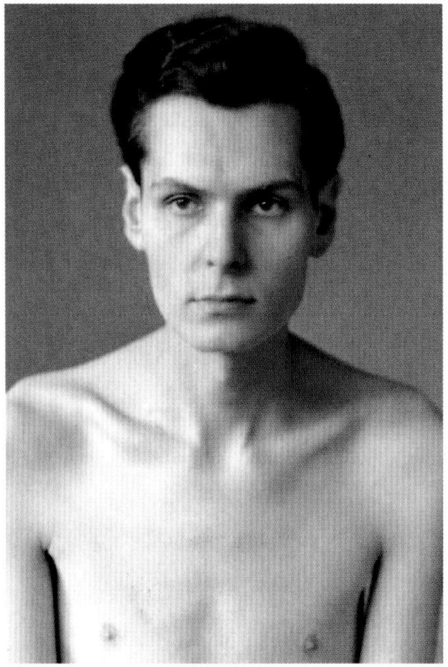

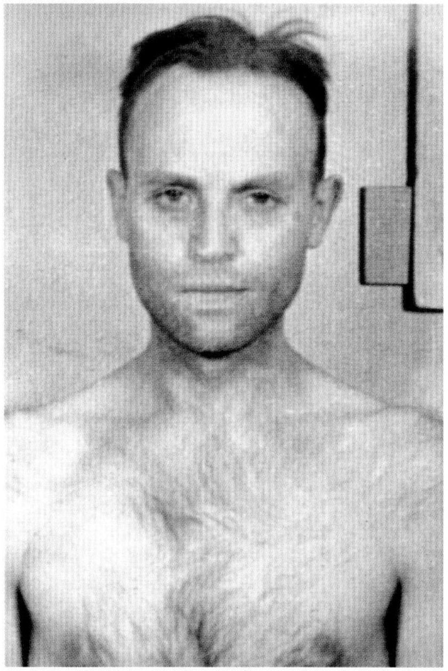

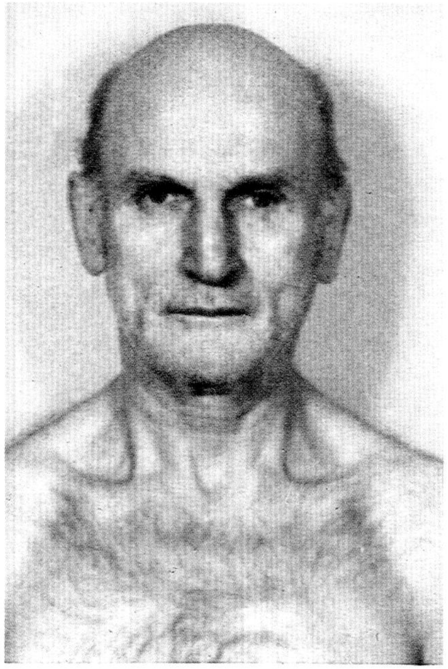

Drei Schwule, gejagt von den Nazis: Paul Reimer Freytag (1917–1971), Buchhändler (rechts), Gustav Pannier (1908–1982), Büroangestellter (Mitte), Emil Martens (1886–1969), von 1928 bis 1934 HSV-Präsident. Alle drei wurden gezwungen, sich kastrieren zu lassen, andernfalls wären sie ins KZ gesperrt worden. Nach 1945 blieb ihnen eine Wiedergutmachung verwehrt.

mutiges Gericht in die bisherige Rechtsprechung geschlagen wurde".

Das Urteil machte vielen Schwulen Mut. Aber die Hoffnung, es werde sich jetzt endlich etwas ändern, platzte sehr schnell. Mit seiner liberalen und humanen Sichtweise blieb Valentin in Juristenkreisen noch lange allein, und die Jagd auf Schwule ging unvermindert weiter. Sie verschärfte sich sogar noch. Eine Fahndungskommission mit dem Namen „Homo" wurde gegründet. Fahnder in Zivil beobachteten das Treiben in den Schwulenkneipen, die sich vor allem in der Neustadt und rund um den Großneumarkt befanden. Auf diese Weise hofften die Strafverfolger, immer genau informiert zu sein über Veränderungen in „homosexuellen Verkehrskreisen", beim „Strichjungen-Unwesen" und beim „Transvestiten-Unwesen".

1961 stellten Polizeibeamte der KK II D 4 bei einer routinemäßigen Überprüfung von 34 Schwulenlokalen fest, dass dort Männer „in geradezu widerwärtiger Weise miteinander tanzen". Aufgrund dieses Berichts erteilte das Wirtschafts- und Ordnungsamt dem Inhaber des Lokals „Bohème" am Valentinskamp die Auflage, das Tanzen zu unterbinden. „Durch das Tanzverbot sollten homosexuelle Cafés unwirtschaftlich gemacht werden", sagt Ulf Bollmann, Archivar des Hamburger Staatsarchivs, der 2013 gemeinsam mit dem Historiker Gottfried Lorenz die Ausstellung „Liberales Hamburg? Homosexuellen-Verfolgung durch Polizei und Justiz nach 1945" konzipierte.

Gegen das Tanzverbot reichten die Wirte des „Bohème", der „Capri-Bar", der „Roxi-Bar" sowie des „Stadtcasinos" eine Sammelklage ein, die das Hamburger Verwaltungsgericht am 26. Oktober 1961 mit der Begründung zurückwies, „dass der Tanz unter Männern, wie er in den Homo-Lokalen zelebriert wurde, gegen die guten Sitten verstößt". Daraufhin blieben die Gäste weg, viele Bars kamen in finanzielle Schwierigkeiten und mussten schließen.

Der Chef des „Neu-Stadtcasinos" am Alten Steinweg – Werner Landers, genannt „Therese" – hatte 1963 eine Idee, wie er den Hamburger Behörden ein Schnippchen schlagen konnte. Nachdem auch er wegen Verstoßes gegen das Tanzverbot eine Strafe von 1800 Mark hatte zahlen müssen, begann er, einmal monatlich für seine Gäste Busfahrten ins tolerantere Hannover zu organisieren. Dort, im „Wielandseck", konnten Schwule dann nach Lust und Laune tanzen.

Es waren nicht allein Polizei, Justiz und Behörden, die Homosexuellen das Leben schwermachten. In den 1950er und 1960er Jahren war Homophobie in der Gesellschaft sehr verbreitet. Für manche jungen Hetero-Männer stellte das sogenannte „Schwulenklatschen" einen großen „Spaß" dar. Sie lauerten an typischen Gay-Treffpunkten wie beispielsweise am Dammtorbahnhof Homosexuellen auf, gaben vor, sexuellen Kontakt zu suchen – und wer darauf einging, wurde nicht nur zusammengeschlagen, sondern anschließend zur Polizei gebracht und angezeigt.

Die Polizei tolerierte diese Praxis ganz offensichtlich, ja, befürwortete sie sogar. Zumindest unternahm sie nichts dagegen. Es ist überliefert, dass ein Polizist der Revierwache an der Feldbrunnenstraße 1947 zu jugendlichen Homosexuellen-Jägern sagte: „Für heute ist Schluss, Jungs, bringt morgen mehr."

Für Homosexuelle, die während des Nazi-Regimes inhaftiert worden waren, bedeutete der Fortbestand des Paragrafen 175, dass ihnen eine Anerkennung als NS-Opfer versagt blieb. Wer nach 1945 einen Antrag auf Wiedergutmachung stellte, was ohnehin nur wenige wagten, wurde bitter enttäuscht. Nach dem Bundesent-

Staatsanwalt Nicolaus Siemssen (oben), Mediziner Hans Koopmann (unten)

schädigungsgesetz hatten nur politisch und rassisch Verfolgte Anspruch auf eine Entschädigung. Nach Ansicht der Bundesregierung waren Homosexuelle keine „echten Gegner" des NS-Regimes gewesen. Nicht einmal diejenigen wurden als NS-Opfer anerkannt, die von Nazi-Ärzten kastriert worden waren. Den Betroffenen wurde vorgehalten, sie hätten dem ja zugestimmt.

Wie eine solche „Zustimmung" zustande kam, zeigt der Fall des 1908 in Hamburg geborenen Büroangestellten Gustav Pannier, der zuerst 1937 und dann erneut 1941 wegen Verstoßes gegen Paragraf 175 verhaftet wurde. Er wurde vor die Wahl gestellt, entweder nach Verbüßung seiner Haftstrafe ins KZ eingeliefert zu werden – oder sich kastrieren zu lassen. Daraufhin beantragte er 1941 die Entmannung, die dann 1942 im Zentrallazarett des Untersuchungsgefängnisses Holstenglacis vorgenommen wurde.

Anträge auf Wiedergutmachung seiner Leiden wurden nach dem Krieg mehrfach abgelehnt. Offenbar hatte Gustav Pannier 1946 die Hoffnung, bei Gesundheitssenator Friedrich Dettmann auf Verständnis zu stoßen – der war bis 1933 KPD-Bürgerschaftsabgeordneter gewesen und selbst NS-Verfolgter. Ihn bat Pannier um eine Anstellung als Bürokraft in der Behörde. Die Antwort des Senators kam einer Ohrfeige gleich: Wie er es wagen könne, so der Senator in einem Brief an Pannier, den Versuch zu unternehmen, durch seine Fürsprache einen besseren Posten zu ergattern. „Vergessen Sie doch nicht, dass Sie nach dem gesunden Volksurteil mit Recht bestraft sind, ganz gleich unter welchem Regime. Sie scheinen der irrigen Auffassung zu sein, dass Kommunisten irgendwie doch den homosexuellen Standpunkt teilen." Dettmann schloss mit den Worten, dass für ihn Homosexuelle „die abscheulichsten Kreaturen der Menschheit" seien.

Ab Mitte der 1960er Jahre zeichnete sich endlich so etwas wie ein Wertewandel in der Gesellschaft ab. Das führte zu mehr Toleranz Homosexuellen gegenüber. Die Zahl der Verurteilungen von sogenannten 175ern nahm deutlich ab. 1969 war es dann endlich so weit: Fast hundert Jahre nach Einführung des Paragrafen 175, 34 Jahre nach dessen Verschärfung durch die Nazis und zwanzig Jahre nach Gründung der Bundesrepublik verabschiedete der Bundestag eine Reform des Sexualstrafrechts.

Zwar blieb der Paragraf 175 noch bestehen, aber die Bestimmungen wurden deutlich geändert: Von nun an war einvernehmlicher Sex zwischen volljährigen Männern erlaubt. Zufall oder nicht – die neuen Regelungen entsprachen ziemlich genau dem Geist der Urteilsbegründung von Richter Valentin aus dem Jahr 1951. Unter der von Willy Brandt (SPD) geführten sozialliberalen Koalition erfolgte 1973 eine weitere Liberalisierung des Paragrafen 175. Strafbar war nur noch Sex mit Minderjährigen, wobei das sogenannte Schutzalter von 21 auf 18 Jahre gesenkt wurde. Danach dauert es noch einmal zwei Jahrzehnte, bis der Paragraf 175 am 11. Juni 1994 ersatzlos aus dem Strafgesetzbuch gestrichen wurde.

2002 ging der Bundestag daran, zunächst die Unrechtsurteile aufzuheben, die auf Grundlage des Paragrafen 175 während der Nazi-Zeit gefällt worden waren. 2017 hoben die Volksvertreter auch die Urteile auf, die nach dem 8. Mai 1945 wegen einvernehmlicher homosexueller Handlungen ergangen waren. Den Betroffenen wurde eine Entschädigung zugesprochen: 3000 Euro pro Urteil und 1500 Euro pro angefangenem Jahr des Freiheitsentzugs. Nicht viel. Aber immerhin eine Geste.

SPIEGEL-Ausgabe aus dem Jahr 1969. Der Paragraf 175 blieb im Gesetzbuch, wurde aber entschärft.

Er war 15 Jahre alt, als er sich 1950 das erste Mal an der Jagd auf Meeresgiganten beteiligte. Heute appelliert er an Norwegen, Japan und Island, endlich mit dem Gemetzel aufzuhören.

Hajo Breckwoldt, Hamburgs letzter Walfänger

Einer aus der Crew saß immer oben im Ausguck und scannte mit den Augen die endlosen Weiten des Meeres. Hatte er einen der Giganten des Meeres ausgemacht – gut erkennbar an dem Blas, der Wasserfontäne, die beim Ausatmen aufsteigt –, brüllte er: „Wal in Sicht!" Das war der Moment, in dem unten an Deck der Schütze alles stehen und liegen ließ und nach vorne zur Kanone rannte, die mit einer dreißig Kilo schweren Harpune geladen war. Dann hieß es: warten. So lange, bis das Tier in Schussweite war.

Wenn Hajo Breckwoldt davon erzählt, dann funkelt es in seinen Augen. Mehr als siebzig Jahre ist das alles her, aber mit einem Mal ist es wieder da: das Jagdfieber. „Traf der Schütze, kämpfte der Wal um sein Leben", erzählt er. „An der Harpune war eine 700 Meter lange Leine befestigt, und ein verletzter Blauwal war in der Lage, unser Boot mit gut und gern sieben Knoten hinter sich herzuziehen – so lange, bis das Tier die Kräfte verließen. Nach ein, zwei Stunden wurde der Wal schwächer, dann kamen wir nahe genug ran, um ihm den Todesschuss zu geben."

Hajo Breckwoldt ist der wahrscheinlich letzte überlebende Walfänger Deutschlands: Zwischen 1950 und 1956 gehörte er zu den rund 600 Seeleuten, die für die Walfangflotte des griechischen Reeders Aristoteles Onassis arbeiteten – die meisten davon Hamburger. Etwa 22 000 Meeresgiganten haben Aristoteles' Walfänger in diesen sechs Jahren getötet. Danach gefragt, ob er nie Gewissensbisse gehabt habe, denkt der 88-jährige Blankeneser kurz nach und antwortet dann: „Ehrlich gesagt nein. Damals jedenfalls nicht. Nach dem Krieg hungerte ganz Europa. Die Margarine, die aus dem Walöl hergestellt wurde, ernährte die Menschen. Dass Wale Lebewesen sind mit Gefühlen und Schmerzen, das ist mir erst später aufgegangen. Ich glaube, es ging meinen Kameraden genauso." Heute tritt Breckwoldt dafür ein, dass das Gemetzel endlich aufhört. „Auch Japan, Island und Norwegen sollten einsehen, dass die Zeit gekommen ist, denn sonst sterben die Giganten des Meeres eines Tages aus."

Dass Hajo Breckwoldt zur See fahren würde, das war für ihn von klein auf eine Selbstverständlichkeit. „Alle in meiner Familie waren Kapitäne: mein

LINKS
Hajo Breckwoldt (rechts) als Kochsjunge an Bord eines Walfangschiffs. Links der Koch – er hieß Quadflieg.

OBEN
Das Walfangboot verfolgt einen Wal. Der Schütze an der Kanone gibt das Zeichen „mehr Backbord" (1). Die Kanone wird mit einer dreißig Kilo schweren Harpune geladen (2). Die Harpune ist abgeschossen (3). Sie hat sich ins Fleisch des Wals gebohrt (4). Der erlegte Wal wird mit einer Fahne markiert und mit Luft aufgepumpt (5).

Vater, mein Großvater, mein Urgroßvater." Als 15-Jähriger heuerte er 1950 als Schiffsjunge auf einem Küstenmotorschiff an – eine Zeit, an die er nicht gerne denkt: „Es war furchtbar! Wenn ich irgendwas falsch machte oder jemand meinte, ich hätte was falsch gemacht, kriegte ich eine Ohrfeige. Und dann der Lohn! Lächerlich! 40 Mark im Monat."

Nach einem Vierteljahr schmiss Breckwoldt den Job hin. „Ich hatte die Nase gestrichen voll von der Seefahrt. Aber was sollte ich jetzt tun?" Eines Tages sah er die „Olympic Fighter", die gerade vor Blankenese vor Anker lag, eins von Onassis' Walfangbooten. „Da hatte ich die Idee: Walfang, das ist doch vielleicht was für dich." Breckwoldt wurde das jüngste Crewmitglied auf Onassis' Walfangschiffen. „Eigentlich nahmen die nur Leute, die schon älter waren und aus den 1930er Jahren Erfahrung im Walfang hatten", erzählt er. Sein Glück war, dass seine Mutter den Kapitän der „Olympic Fighter" aus Jugendtagen kannte und dieser sich deshalb breitschlagen ließ, den Jungen mitzunehmen.

Die Nachfrage nach Walöl, dem Grundstoff für die Herstellung von Margarine und Seife, war ab Ende der 1940er Jahre so gigantisch, dass sich der Preis – verglichen mit der Vorkriegszeit – vervierfachte. Der Preis für das besonders wertvolle Öl der Pottwale, das für die Luftfahrt- und später auch für die Raumfahrtindustrie benötigt wurde, stieg nach Ausbruch des Koreakriegs sogar um das Zwanzigfache.

Der griechische Reeder Aristoteles Onassis, ein kühl kalkulierender, um nicht zu sagen skrupelloser Geschäftsmann, witterte das große Geld: Er beauftragte die Kieler Howaldtswerke damit, einen alten amerikanischen T2-Tanker in ein Walfang-Mutterschiff umzubauen, das den Namen „Olympic Challenger" erhielt. Parallel dazu wurden 16 alte Korvetten der US-Navy als Fangboote hergerichtet. Sie hießen unter anderem „Olympic Promoter", „Olympic Runner", „Olympic Hunter", „Olympic Rider" und „Olympic Fighter". Auf dem letztgenannten Kahn fuhr Breckwoldt in seinem ersten Walfangjahr.

„Es war ein ziemlich robustes Schiff, dem Stürme und schwere See nichts anhaben konnten", erzählt Breckwoldt. „Immer Anfang September zogen wir los, dann war das Boot für sieben bis neun Monate unser Zuhause. Durch den Panamakanal sind wir zur Küste von Peru gefahren. Dort haben wir Pottwale gejagt. Anschließend nahmen wir südlichen Kurs und steuerten das eigentliche Ziel an: das Südpolarmeer. Dort haben wir im arktischen Sommer von Januar bis März vor allem Blauwale, Finnwale und Buckelwale erlegt."

Seit 1946 gab es eine Internationale Walfangkommission, die die Dauer der Fangsaison, die Mindestgröße und die Anzahl der zu jagenden Tiere festlegte. Walkälber und Walkühe durften nicht getötet werden, und für Buckelwale gab es besonders strenge Beschränkungen. Aristoteles Onassis' Walfangflotte jedoch stand im Verdacht, sich nicht an diese Spielregeln zu halten. Onassis wurden Piraterie und Wilderei vorgeworfen.

„Wale zu erlegen, so viele wie möglich und so schnell wie möglich, das war unser Ziel", so Breckwoldt. „Denn davon hing der Verdienst ab. Die Besatzung war schließlich am Verkauf des wertvollen Walöls beteiligt. Bei meiner ersten Reise habe ich als Kochsjunge 2000 Mark ausgezahlt bekommen", erzählt er. „Das war ein Vermö-

LINKS
Ein schwimmendes Schlachthaus: das Walfang-Mutterschiff „Olympic Challenger“. Die Flecken an der Bordwand stammen vom Blut und Fett der zerlegten Tiere.

RECHTS
Das Heck der „Olympic Challenger“. Über eine Rampe werden die zerlegten Wale an Bord gezogen.

gen.“ Für die Fangsaison 1955/56 weist eine vergilbte Verdienstbescheinigung in Breckwoldts Unterlagen sogar ein Bruttogehalt von 9100 Mark aus.

Der wichtigste Mensch an Bord eines Walfangbootes war der Schütze, der während der Jagdsaison auch als Kapitän fungierte. Von seiner Treffsicherheit hing alles ab. „Auf unseren Walfangbooten machten immer Norweger diesen Job“, erzählt Breckwoldt. „So virtuos wie die Brasilianer Fußball spielen, so geschickt sind Norweger beim Walfang. Die ahnten, ja, die spürten, wo der Wal auftauchen würde.“ War ein Wal erlegt, wurde er längsseits geholt und mithilfe eines Luftspießes aufgepumpt, sodass der Kadaver an der Wasseroberfläche schwamm. Auf diese Weise konnte das Walfangboot sofort den nächsten Wal aufs Korn nehmen. Später sammelte dann ein sogenanntes Bojenboot die im Wasser treibende Beute sämtlicher Walfangboote ein und brachte sie zur „Olympic Challenger“, dem Mutterschiff, wo die Wale verarbeitet wurden.

Die „Olympic Challenger“ war im Grunde ein schwimmendes Schlachthaus. Es herrschte ein unfassbarer Gestank: nach Fisch und Kot und Blut und Fett. An Deck machten sich die sogenannten Flenser daran, mit langen Messern die Speckschicht vom Körper des Wals zu trennen und in Stücke zu schneiden. Es kam vor, dass die Männer beim Zerlegen auf ungeborene Babys im Bauch eines Muttertieres stießen. Die Männer trugen Schuhe mit Nagelspikes, um auf dem Fett, dem Blut und den

Kadavern nicht auszurutschen. Das Fleisch der Wale wurde einfach über Bord geworfen. Verwertet wurden bloß Speck und Knochen: Daraus machte eine riesige Kocherei, die sich unter Deck befand, Öl – bis zu 500 Tonnen täglich.

Aristoteles Onassis' Walfangflotte, die teils unter panamaischer, teils unter honduranischer Flagge fuhr und von der Hamburger Firma „Olympic Maritime Agency“ mit Sitz am Alsterufer gemanagt wurde, war ziemlich profitabel. Das ärgerte die norwegische Regierung, denn durch den Erfolg des Griechen gingen den norwegischen Walfängern große Erträge verloren. Nicht gut auf Onassis zu sprechen war auch die peruanische Regierung. 1954 erklärten Peru, Chile und Ecuador einen Streifen von 200 Meilen vor der Küste des Landes zum Hoheitsgewässer, das alleine von den Anrainerstaaten genutzt werden durfte – und sie erwarteten, dass jedermann das respektierte.

Aber Onassis dachte gar nicht daran. So kam es am 15./16. November 1954 zum sogenannten peruanischen Walkrieg, den Hajo Breckwoldt hautnah miterlebte: „Plötzlich näherte sich ein Kriegsschiff“, erzählt er. „Wir haben alle Lichter gelöscht, haben schnell den Kurs geändert und dachten schon, wir sind in Sicherheit, als plötzlich ein Flugzeug kam. Das hat mit Maschinengewehren über unseren Schornstein hinweggefeuert. Da wurde mir schon ein bisschen mulmig. Dann kam das Flugzeug noch mal und warf eine Bombe ins Wasser direkt vor uns. Da haben wir aufgegeben.“

Um Onassis in die Knie zu zwingen, veröffentlichten die Norweger schließlich Dokumente, die beweisen sollten, wie dreist der Grieche gegen alle Regeln der Walrechtskonvention verstieß. Norwegische Walfangreeder besorgten sich Gerichtsbeschlüsse und ließen in Hamburg Walölladungen der „Olympic Challenger“ beschlagnahmen. Onassis' Antwort erfolgte prompt: Er ließ ein norwegisches Walfangmutterschiff an die Kette legen. Als der Streit mit einem Vergleich endete, hatte Onassis seine Walfangflotte längst nach Japan verkauft. Das war Anfang 1956. Der deutsche Walfang war damit endgültig Geschichte.

Und Breckwoldt? Was hat der gemacht, als er so plötzlich arbeitslos wurde? „Gleich vom nächsten Tag an besuchte ich in Hamburg die Seefahrtsschule, wurde zunächst Steuermann und mit 28 Jahren Kapitän.“ Als Kommandant eines Bergungsschleppers erlebte er ähnlich spannende Abenteuer wie auf dem Walfangboot. Später wurde er Hafen- und Überseelotse.

Wie er heute über seine Zeit als Walfänger denkt? „Einerseits war es eine sehr spannende Phase meines Lebens. Aber wäre ich noch mal jung, ich würde es nicht wieder tun – ich würde kein Tier mehr töten.“

OBEN
Die sogenannten Flenser sind dabei, die Speckschicht vom toten Wal zu lösen. Dazu verwenden sie Flensmesser.

28 Tote – Als ein Fahrdienstleiter vergaß, dass ein Bauzug auf der Strecke steht.

Der schlimmste Fehler im Leben von Alfred M.

Alfred M. hat sich zuvor nie etwas zuschulden kommen lassen. Er ist ein pflichtbewusster Bahnbeamter. Aber dann ist er ein Mal unaufmerksam, für einen kurzen Moment nur. Es sind wohl Schreibarbeiten, die ihn ablenken und die ihn vergessen lassen, dass da ein Hindernis auf den Schienen steht. Ein Fehler, der nicht mehr gutzumachen ist und der 28 Menschen das Leben kostet. Alfred M. verzeiht sich das nie, ist für den Rest seines Lebens in psychologischer Behandlung. Was für eine Tragödie!

Es ist der 5. Oktober 1961. An einem Donnerstag ereignet sich Hamburgs schlimmstes S-Bahn-Unglück. Gegen 22.30 Uhr verlässt die S-Bahn PS 1819 den Hauptbahnhof. Das Ziel: Bergedorf. Kino- und Theatervorstellungen sind gerade vorbei. Andere Passagiere sind beim Kegelabend gewesen und wollen nach Hause. Alle Wagen sind also voll besetzt. Noch wenige Minuten bis zur Katastrophe.

Die erste Haltestelle: Berliner Tor. Ein paar Fahrgäste steigen aus. Etwa um 22.37 Uhr stellt Fahrdienstleiter Alfred M. (57) im Stellwerk an der Ostseite des Bahnhofs das Ausfahrtsignal auf Grün. Eine Entscheidung, die er gleich darauf bedauert. Denn dann fällt ihm ein, dass doch eben erst ein Bauzug an ihm vorbeigerollt ist. Und dass der noch auf dem Gleis sein muss!

Inzwischen hat der Aufsichtsbeamte am Bahnsteig aber bereits das Zeichen zur Abfahrt gegeben. Die S-Bahn braust nun mit Tempo siebzig ihrem nächsten Ziel entgegen: der Station Rothenburgsort. Aber da wird sie nie ankommen. Vermutlich sieht der Fahrer das Hindernis im allerletzten Moment. Es gelingt ihm noch, die Geschwindigkeit auf fünfzig Kilometer pro Stunde zu drosseln.

22.38 Uhr. Der Aufprall. Es hört sich an wie ein Bombeneinschlag, als die S-Bahn auf den Bauzug knallt, dessen Fahrer noch gerade rechtzeitig abspringen kann. Es schließen sich Geräusche an, die noch viel grauenhafter sind: Stundenlang gellen die Schreie der Eingeklemmten durch die Nacht.

Der Zugführer der S-Bahn ist sofort tot. Viele Passagiere auch, denn der Bauzug, bestehend aus einem Kran- und einem sogenannten Niederbordwagen, ist beladen mit zwei riesigen Doppel-T-Trägern aus Stahl, die für eine Brücke gedacht sind. Wie Rammböcke bohren sie sich nun in den ersten Waggon – 13 Meter tief. Sie reißen alles mit nach hinten: die Sitze, den Fußboden, die Wände, die Menschen. Die Passagiere werden eingeklemmt, durch die Luft geschleudert, furchtbar verstümmelt.

Der Unglücksort: ganz in der Nähe einer Brücke über der Wendenstraße (Hammerbrook). Nur wenige Minuten nach der Katastrophe sind die ersten Helfer da. Allerdings ist die verunglückte Bahn nur schwer zu erreichen: Sie steht oben auf einem zwölf Meter hohen Bahndamm. Passanten klettern hoch. Dort bietet sich ihnen ein grauenvoller Anblick: Aus den Fenstern hängen verstümmelte Menschen. An vielen Stellen tropft Blut auf den Schotter. Dazu die Schreie der Schwerverletzten, die hinter den Trägern eingeklemmt sind. Rund hundert Menschen sind verletzt.

Was folgt, ist einer der größten Hilfseinsätze in der Hamburger Geschichte: Rund dreißig Minuten nach der Katastrophe sind etliche Streifenwagen, fünf Züge der Feuerwehr, 46 Rettungswagen, zwei Großraum-Krankenbusse und zwei Leichenwagen an der Unglücksstelle. Hunderte von Zivilisten stellen sich als freiwillige Helfer zur Verfügung. Während Feuerwehrleute und Polizisten verzweifelt versuchen, die Eingeschlossenen zu befreien, irren Verletzte verstört über die Gleise,

LINKS
Ein unglaublicher Anblick: 13 Meter tief haben sich die stählernen T-Träger in den ersten S-Bahn-Wagen gebohrt.

OBEN
Helfer versuchen, in den Trümmern der S-Bahn Überlebende zu finden.

UNTEN
Zwölf Meter hoch ist der Bahndamm – Verletzte müssen abgeseilt werden.

Menschen rufen weinend nach Angehörigen. Die Helfer können keine Schweißbrenner einsetzen, weil das die Überlebenden im Zug gefährden würde. Also versuchen sie, die S-Bahn-Wände mit Brecheisen, Hacken und Beilen zu zerschlagen.

Immer mehr Verletzte werden geborgen und anschließend an Seilen von der Eisenbahnbrücke bis auf die Straße runtergelassen. Manchmal ist die Lage so kritisch, dass die Ärzte noch vor Ort Arme und Beine amputieren. Der Bahndamm wird zum Operationstisch. Bis gegen drei Uhr sind die Rufe der Eingeklemmten zu hören. Dann wird aus dem Schreien ein Wimmern. Irgendwann ist Ruhe. Totenruhe. Bis fünf Uhr dauert der Einsatz der Hilfskräfte. Der letzte Überlebende wird um 4.45 Uhr geborgen – sechs Stunden nach dem Unglück.

Heike Razka (83) hat unglaubliches Glück gehabt an diesem Tag: Die damals 23-jährige Frau will eigentlich an jenem 5. Oktober 1961 vorne einsteigen – aber da ist alles voll. Deshalb geht sie in die Mitte des Zuges – und überlebt. Lediglich ein Schuh und ihr Hut fliegen durch die Gegend. Ein 45-jähriger Kaufmann, der in einem hinteren Wagen gesessen hat, erzählt einem Reporter, dass er beim Kegelabend gewesen sei und nach Hause wollte. „Plötzlich gab es einen gewaltigen Stoß. Ich sprang sofort ins Freie. Dann stand ich vor dem schrecklich zugerichteten ersten Wagen, in den sich die Eisenträger wie ein Schwert gebohrt hatten."

Alfred M., der Fahrdienstleiter, wird noch in derselben Nacht festgenommen. Der Prozess gegen ihn beginnt im Februar 1963: Richter, Staatsanwalt und Verteidiger schonen den Angeklagten, so gut es geht. Er ist ein unbescholtener Beamter. Das Urteil: ein Jahr Gefängnis auf Bewährung. Der Vater einer Tochter und eines Sohnes wird nie wieder glücklich in seinem Leben. Frühere Kollegen erzählen, dass er stundenlang geistesabwesend vor sich hingestarrt habe. M. lebt fortan zurückgezogen in Altona, kapselt sich ab und stirbt 1985 im Alter von 82 Jahren.

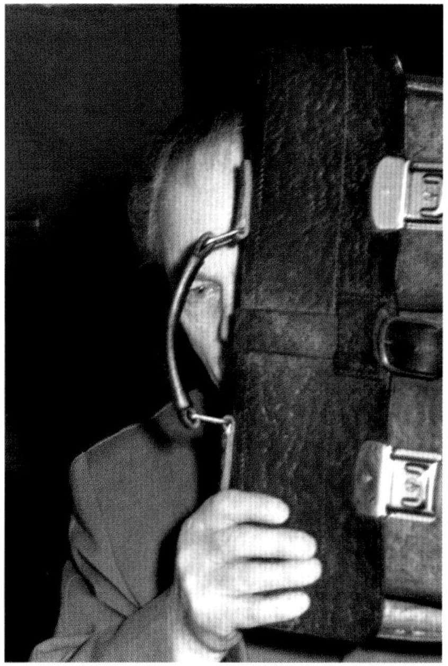

OBEN
Fahrdienstleiter Alfred M. wird noch in der Nacht des Unglücks festgenommen. Im Februar 1963 beginnt der Prozess. Durch kurze Unaufmerksamkeit hat M. die Katastrophe ausgelöst. Er leidet unter der Schuld für den Rest seines Lebens. Er stirbt 1985.

Am Abend des 29. Mai 1964 ist der „Star-Club“ auf St. Pauli zum Bersten gefüllt. Viele Gäste sind gekommen, um sich mit eigenen Augen von dieser Sensation zu überzeugen.

Die Liverbirds: Die unglaubliche Geschichte der weiblichen Beatles

Schon seit Wochen ist der Auftritt der „Liverbirds“ angekündigt – der „weiblichen Beatles“. Wie bitte, Mädchen, die Musik machen? Ja, gibt's so was wirklich? Das fragt sich naserümpfend vor allem das männliche Publikum und ist äußerst skeptisch. Als die jungen Frauen dann die Bühne betreten und mit ihrem roughen Sound dafür sorgen, dass den Zuhörern die Ohren wegfliegen, sind ganz schnell auch die letzten Zweifler überzeugt.

Bei den „Liverbirds“ handelt es sich um die erste Frauen-Rockband der Musikgeschichte. Zwei von den vier Musikerinnen leben noch: die Bassistin und Sängerin Mary Dostal, geb. McGlory (78), die auch heute noch in Hamburg wohnt, und Schlagzeugerin Sylvia Wiggins, geb. Saunders (77), die inzwischen in Yorkshire zu Hause ist. Pamela Birch, einst Frontfrau der „Liverbirds“, starb 2009 im Alter von 65 Jahren. Sängerin und Gitarristin Valerie Gell wurde 71 Jahre alt und verschied 2016. Beide lebten bis zu ihrem Tod in Hamburg.

Wir schreiben das Jahr 1962. Mary Dostal ist 16 Jahre alt, heißt damals noch McGlory, stammt aus einer armen, erzkatholischen Familie und will eigentlich Nonne werden. Eines Abends

besucht sie mit ihren drei Cousinen „The Cavern", eine Liverpooler Kellerkneipe, die genauso abgefuckt wie legendär ist. Ein Abend, der ihr Leben verändert, denn auf der Bühne stehen die Beatles. „Wir waren ganz beseelt, als wir tief in der Nacht den Schuppen wieder verließen", erzählt Mary Dostal.

LINKE SEITE
Die „Liverbirds" 1964 vor dem „Star-Club": Mary McGlory (v. l.), Pamela Birch, Sylvia Saunders und Valerie Gell

OBEN LINKS
1966 treten die „Liverbirds" in der ZDF-Musiksendung „Hör hin, schau zu!" auf.

OBEN RECHTS
Hier werden die „Liverbirds" nach einem Konzert mit Blumen überhäuft.

„Auf dem Heimweg sind wir auf die Idee gekommen: ‚Mensch, wir gründen selbst eine Band!'"

Andere würden spätestens am nächsten Morgen erkennen, wie verrückt dieser Gedanke ist. Doch Mary McGlory und ihre Cousinen ziehen es durch: Schnell ist ein geeigneter Name gefunden: „The Squaws" nennen sie sich zunächst. In einer Musikalienhandlung kaufen sie auf Pump Gitarre, Bass, Schlagzeug und alles, was eine Band sonst noch so braucht. Schließlich macht ein Freund ein paar Fotos, und die erscheinen kurz darauf in der örtlichen Szene-Zeitung „Mersey Beat".

Das Interesse an der ersten weiblichen Band könnte kaum größer sein. Der Haken ist (doch dieses Geheimnis behalten die Mädchen lieber für sich): Keine von ihnen beherrscht ein Instrument. „Wir konnten nicht spielen", gibt Mary Dostal heute zu, „überhaupt nicht!"

Das hindert sie aber nicht daran, sich fast jeden Abend, bewaffnet mit den Instrumentenkoffern, auf den Weg zum „Cavern Club" zu machen. Schlange stehen müssen sie nicht mehr. Als vermeintliche „Musikerinnen" dürfen sie an den Wartenden vorbei einfach reingehen, sogar in die Garderobe.

Einmal werden sie auch den Beatles vorgestellt – mit den Worten: „Das ist die neue Mädchen-Band." Mary Dostal weiß noch, wie John Lennon reagierte. „Wir standen da wie aufgeregte kleine Schulmädchen, und er sagte desinteressiert: ‚Girls don't play guitars!'" Mädchen können gar nicht Gitarre spielen …

Das war möglicherweise der entscheidende Satz – der Funke, der das Feuer des Ehrgeizes in Brand setzte. „Das hat uns angestachelt. Wir wollten ihnen jetzt um jeden Preis das Gegenteil beweisen", sagt Mary Dostal. „Am darauffolgenden Tag haben wir angefangen, wie die Wahnsinnigen zu üben."

Marys Cousinen scheiden aus der Band aus – ihre musikalischen Fähigkeiten erweisen sich als sehr begrenzt. Dafür stoßen drei andere junge Frauen dazu: Sylvia Saunders, Valerie Gell und Pamela Birch. Tagsüber gehen die vier ihren Jobs als Verkäuferin, Buchhalterin, kaufmännische Angestellte und Sekretärin nach, aber abends, da wird geprobt. Nach vier Monaten ist die Band so gut, dass sie im „Cavern Club" bestehen kann. Sie trägt nun

angesagtesten Musikschuppen der Welt auftreten. Wahnsinn! Man muss sich das klarmachen: Unter Musikern galt das als Ritterschlag. Wer aus Deutschland mit dem ‚Star-Club'-Sticker auf dem Gitarrenkasten nach Hause kam, ja, der war Gott."

Mitarbeiter von „Star-Club"-Boss Manfred Weissleder holen die vier vom Bahnhof ab, als sie am 29. Mai 1964 in Hamburg eintreffen. Zunächst geht es zum „Hotel Pacific", wo Weissleder seine Musiker stets unterbringt. „Wir hatten eine halbe Stunde Zeit, um uns frisch zu machen, dann kam das Taxi und schon eine Stunde später standen wir zum ersten Mal auf der Bühne. Der Beifall war frenetisch."

Bei den „Liverbirds" handelt es sich um Rohdiamanten, die in Hamburg ihren letzten Schliff bekommen: Dabei spielt Fotografin Astrid Kirchherr, Geliebte von Ex-Beatle Stuart Sutcliffe, eine besondere Rolle. Sie, die schon McCartney, Lennon & Co. die Pilzkopf-Frisur verpasst hat, kümmert sich im Auftrag von „Star-Club"-Chef Weissleder um den richtigen Style der Mädchen. Kirchherr zieht den „Liverbirds" die braven Röcke und Blusen aus und verpasst ihnen ein ganz neues Outfit: schwarze Männerhosen und weiße Rüschenhemden. Oder Herren-Oberhemden mit Schlips und Weste. Fertig.

Die „Liverbirds" werden zum Zugpferd des „Star-Clubs", bringen Manfred Weissleder noch mehr Geld ein, als es die Beatles je taten. Wann immer die Mädchen auftreten, ist das Haus voll. Klar, dass Weissleder sie nach Ablauf des sechswöchigen Vertrags nicht gehen lassen will.

einen neuen Namen: „Liverbirds", was sich übrigens anders ausspricht, als die meisten glauben: nicht „Liverbirds" wie Liverpool, sondern „Leiwerbörds".

Wie die Mädchen auf diesen Namen gekommen sind? „Er ist dem Wahrzeichen der Stadt Liverpool entliehen", erzählt Mary Dostal und meint damit das „Royal Liver (gesprochen: Leiwer) Building". „Jeder in Liverpool kennt die kupfernen Vögel, die oben auf den Turmspitzen des Gebäudes thronen", so Mary Dostal. „Nach ihnen haben wir uns benannt. Liverbirds eben."

Die vier Newcomerinnen sorgen für mächtig Aufsehen. Mit den noch jungen Rolling Stones und den schon ziemlich berühmten Kinks touren sie durchs Land. Sogar der legendäre Beatles-Manager Brian Epstein will sie unter Vertrag nehmen. Aber dann spricht sich herum, dass der Talent-Scout Henry Henroid im Auftrag des Hamburger „Star-Clubs" auf der Suche nach Talenten ist. Die „Liverbirds" spielen vor und werden vom Fleck weg engagiert.

Mary Dostal ist noch heute ganz aus dem Häuschen, wenn sie daran denkt: „Wir konnten unser Glück kaum fassen. Wir hatten es geschafft: Wir würden im

OBEN
Der berühmte Hamburger Fotograf Günter Zint hat diese beiden Werbeaufnahmen mit den „Liverbirds" geschossen. Hier in einem Oldtimer.

UNTEN
Hier lässt Zint die vier jungen Liverpoolerinnen vor einem Bagger posieren.

Er wird ihr Manager und sorgt dafür, dass ihre Karriere jetzt so richtig Fahrt aufnimmt: Unter dem Label „Star-Club Records“ veröffentlichen sie ihre erste Platte. Es folgen noch zwei weitere Alben und fünf Singles. Mit ihrer Cover-Version von Bo Diddleys „Diddley Daddy“ schaffen sie es 1965 sogar auf Platz 5 der Deutschen Single-Charts.

Erfolgreich touren die vier „weiblichen Beatles“ durch halb Europa. Schweden, Dänemark, Frankreich, Niederlande, Österreich. Als Chuck Berrys Manager ihnen anbietet, sie auch in den USA groß rauszubringen, sind die vier Frauen Feuer und Flamme.

Doch Manfred Weissleder, der „seine Mädchen“ nicht ziehen lassen will, vereitelt die Amerika-Tour durch einen Trick: „Er meinte zu uns, das sei unsere Entscheidung, er mische sich da nicht ein“, so Mary Dostal. „Dann sagte er wie beiläufig, wir sollten uns darauf einstellen, dass wir auch in Las Vegas auftreten würden, und dann natürlich oben ohne. Der Schreck fuhr uns in die Glieder, und wir haben sofort gesagt: Nein, das machen wir auf gar keinen Fall! Wir bleiben hier.“

Als Sylvia Saunders 1968 schwanger wird, ist das der Anfang vom Ende der ersten Mädchen-Rockband der Welt. Sylvia verlässt als Erste die „Liverbirds“. Als Nächste scheidet Valerie Gell aus – sie hat sich in einen schwerreichen jungen Mann aus München verliebt, der ihr zu jedem Auftritt hinterherreist. Als der Mann auf dem Weg nach Hamburg einen Autounfall hat und eine Querschnittslähmung erleidet, fühlt sich Valerie Gell verpflichtet, seine Pflege zu übernehmen, und heiratet ihn.

Zwei von vier Mädchen sind also nicht mehr dabei, als die „Liverbirds“ 1968 eine Konzertreise nach Japan antreten. Mary McGlory und Pamela Birch fliegen mit zwei Ersatz-Musikerinnen ins Land der aufgehenden Sonne. Die Auftritte sind zwar ein großer Erfolg, aber der Spaß ist verflogen. „Es fühlte sich irgendwie falsch an“, so Mary Dostal. „Uns wurde klar, dass dies der richtige Zeitpunkt war aufzuhören.“ Und so kommt es.

Mary McGlory wird Ehefrau und Mutter. Sie heiratet Frank Dostal, der als Musiker der Rattles nicht nur selbst erfolgreich im „Star-Club“ aufgetreten ist, sondern 1969 gemeinsam mit Achim Reichel auch für kurze Zeit Geschäftsführer des Schuppens war. Dostal gründet mit seiner Frau den JA/NEIN-Musikverlag, ist außerdem sehr erfolgreich als Songtexter. Bevor er 2017 stirbt, schreibt er Hits wie „Yes Sir, I Can Boogie“ oder „Sorry, I'm A Lady“.

RECHTS
Mary Dostal (geborene McGlory) spielte bei den „Liverbirds“ die Bassgitarre – sie lebt immer noch in Hamburg.

In Rothenburgsort verbrachte die deutsche Juliette Gréco ihre Jugend. Mit 27 kam sie bei einem Unfall ums Leben.

Alexandras mysteriöser Tod

Auch heute noch, mehr als ein halbes Jahrhundert danach, wird wild darüber spekuliert, was hinter ihrem frühen Tod stecken könnte. Das zeigt, wie groß das Interesse an ihr nach wie vor ist: an Alexandra, der Sängerin mit der rauchigen Stimme, den schwarz geschminkten Augen und dem dunklen Pagenkopf, deren Musik erfüllt ist von Wehmut, Sehnsucht und Melancholie. Das Lied „Mein Freund der Baum ist tot" – der erste Ökoschlager der Musikgeschichte – hat sie unsterblich gemacht.

Alexandra, die acht Jahre im Hamburger Stadtteil Rothenburgsort lebte, war Ende der 1960er Jahre ein umjubelter Star. Genauso intensiv wie kurz war ihre Karriere. Ihre erste LP kam im Juni 1967 in die Plattenläden. Schon zwei Jahre später, am 31. Juli 1969, starb sie im Wrack ihres Autos. Die einen sagen: Sie war Opfer eines selbst verschuldeten Unfalls. Andere glauben, dass dunkle Mächte ihr nach dem Leben trachteten. Tatsache ist, dass Alexandra zu den Ersten im sogenannten „Klub 27" gehört: jener Gruppe von Stars der Musikszene, die alle auf mehr oder weniger mysteriöse Weise früh, nämlich mit 27 Jahren, ihr Leben ließen. Wahrlich ein erlauchter Kreis: Brian Jones, Jimi Hendrix, Janis Joplin, Jim Morrison, Kurt Cobain und Amy Winehouse gehören auch dazu.

Als Doris Treitz kommt die Sängerin am 19. Mai 1942 im damals deutschen Heydekrug (heute Silute in Litauen) auf die Welt. Es ist Krieg und sie noch nicht einmal ein Jahr alt, als die Familie nach Kiel flüchtet, wo die spätere Sängerin ihre Kindheit verbringt. Nach der Scheidung der Eltern zieht die Mutter 1960 mit den Kindern nach Hamburg. Alexandras neues Zuhause ist eine Drei-Zimmer-Wohnung im vierten Stock eines Neubaus in Rothenburgsort. Sie besucht die Meisterschule für Mode in Hamburg, wird 1962 bei der Miss-Germany-Wahl Neunte, jobbt in einem Hotel als Zimmermädchen und tingelt abends mit ihrer Gitarre durch die Kneipen auf dem Kiez, singt selbst geschriebene Lieder.

Alexandra verliebt sich in den dreißig Jahre älteren Exilrussen Nikolai Nefedov, der Untermieter ihrer Mutter ist. Das ungleiche Paar heiratet und fasst den Entschluss, in die USA auszuwandern. Doch kaum ist der gemeinsame Sohn auf der Welt, lässt sich Alexandra auch schon wieder scheiden. Sie arbeitet jetzt hart an ihrem Erfolg, besucht eine Schauspielschule, nimmt Gesangsunterricht, verdient ihren Lebensunterhalt als Angestellte in einer Autovermietung. Dann wird der Plattenproduzent und Textdichter Fred Weyrich auf sie aufmerksam.

Das erste Treffen findet im „Café Funk-Eck" an der Rothenbaumchaussee statt. Weyrich ist angetan von der attraktiven Sängerin und lädt sie zu sich nach Hause ein, wo sie ihm und seiner Frau stundenlang Lieder vorsingt und dazu selbst Gitarre spielt. Der Produzent ist so begeistert, dass er ihr auf der Stelle einen Vertrag anbietet. Eine Art weiblichen Ivan Rebroff will er aus Alexandra machen. Mit ihren melancholischen Liedern und ihrem Aussehen passt sie gut in ein Format, das bisher noch nicht von der deutschen Schlagerbranche vermarktet wird: Russland. Ihr wird angedichtet, dass slawisches Blut in ihren Adern fließe, dass sie eine „Zigeunerin" sei und

LINKS
Mit bürgerlichem Namen hieß sie Doris Nefedov, aber alle Welt kannte sie als Alexandra.

RECHTE SEITE
Alexandra missachtete ein Stoppschild und raste auf die Kreuzung. Ihr weißer Mercedes wurde regelrecht zermalmt.

nirgends so richtig zu Hause. Dazu passend singt sie: „Sehnsucht – das Lied der Taiga“, „Schwarze Balalaika“ und „Zigeunerjunge“.

Das Schwermütige, Stille, fast Verzweifelte ist musikalisch voll im Trend damals. Und so ist Alexandras erste LP gleich ein Riesenerfolg. Sie hetzt von Auftritt zu Auftritt, tourt durch Russland und die Bundesrepublik, verliebt und entliebt sich in rasanter Folge – und fühlt sich bald physisch und psychisch ausgelaugt. Vor allem aber ist sie unzufrieden mit der Musik, die sie macht. Diese ganze Russland-Masche ist ihr zuwider. Sie will eigene Lieder singen. Sie sieht sich als Chansonsängerin, will eine deutsche Juliette Gréco sein, eine, die in einer Reihe steht mit Charles Aznavour, Gilbert Bécaud und Hildegard Knef. Mit Udo Jürgens nimmt sie den gemeinsamen Titel „Illusionen“ auf. Das ist endlich ein Song, hinter dem sie steht. Allerdings findet er beim Publikum wenig Gefallen. Selbst das Lied „Mein Freund der Baum“, das aus ihrer Feder stammt und heute als ihre Erkennungsmelodie gilt, floppt zunächst. Es wird erst zum Hit, als sie bereits tot ist.

Das Jahr 1969 hält viele Schicksalsschläge für Alexandra bereit. Eine Beziehung zu ihrem Manager Hans Beierlein geht in die Brüche, ihr Vater stirbt, und ihre neue Liebe zu dem Franko-Amerikaner Pierre Lafaire endet dramatisch: Der Mann hat ihr verschwiegen, dass er in Dänemark bereits verheiratet ist. Ein Heiratsschwindler. Als sie Verdacht schöpft, engagiert die Familie einen Privatdetektiv, schließlich trennt sie sich von ihm.

Alexandra bekommt die „Goldene Europa“, den Preis für die beste Nachwuchssängerin. Gleich darauf erleidet sie einen Zusammenbruch. Im schweizerischen Davos erholt sie sich von den körperlichen und seelischen Strapazen und von einer verschleppten Bronchitis. Im Sommer darauf nimmt sie sich erneut eine Auszeit: Sie will mit ihrer Mutter Wally und ihrem Sohn Alexander Urlaub machen. Den ersten seit Beginn ihrer Karriere. Das Ziel: Sylt. Am 30. Juli 1969 machen sich Alexandra, ihr Sohn und ihre Mutter in München, wo sie seit Kurzem wohnen, auf den Weg in die Ferien. Bis Hamburg nehmen sie den Autozug. Alexandra bekommt kein Auge zu. Sie ist nervös und völlig übermüdet, als sie tags darauf die Reise im weißen Mercedes 220 S Coupé fortsetzt.

Donnerstag, 31. Juli 1969: Unterwegs gibt es mit dem Wagen Schwierigkeiten. In einer Werkstatt in Itzehoe muss eine Zündspule ausgetauscht werden. Gegen 15 Uhr fährt das Auto auf die Kreuzung bei Tellingstedt zu, wo die Landstraße 149 auf die Bundesstraße 203 trifft. Ist Alexandra abgelenkt? Gibt es – was schon häufiger vorgekommen ist – Streit mit der Mutter? Oder quengelt der Sohn auf der Rückbank? Was sonst ist der Grund, dass sie gleich zwei Stoppschilder missachtet?

Dann passiert es: Mitten auf der Kreuzung rammt ein Lkw den Mercedes und schiebt ihn noch zwanzig Meter weit vor sich her. Alexandra ist

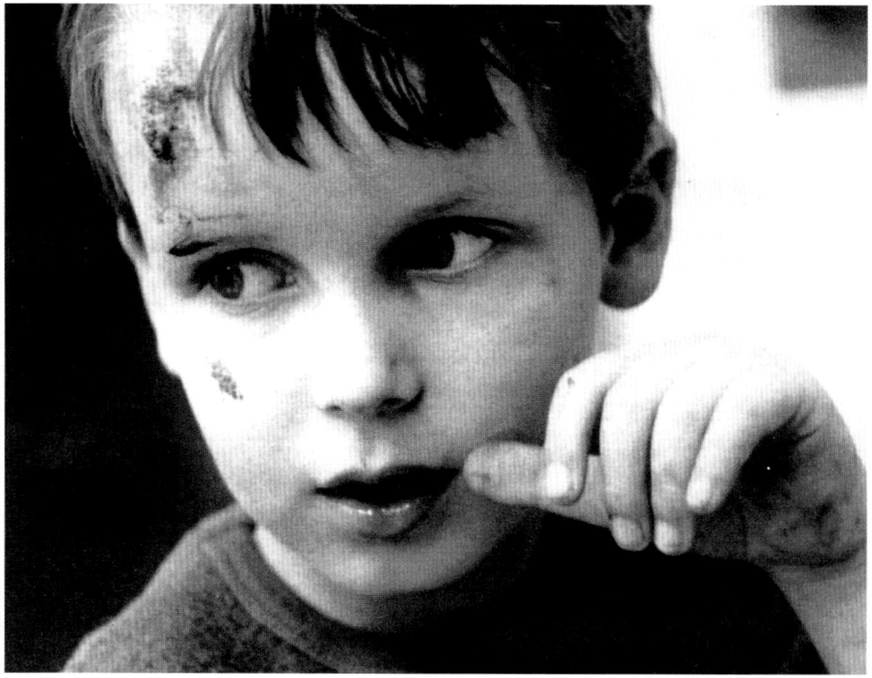

sofort tot, ihre Mutter stirbt wenige Stunden später im Krankenhaus. Nur der Sohn überlebt leicht verletzt. Handelt es sich wirklich um einen gewöhnlichen Unfall? Alexandra-Biograf Marc Boettcher hat daran Zweifel. Er berichtet, dass er, als er in den 1990er Jahren begann, Leben und Tod der Sängerin zu recherchieren, Drohanrufe erhalten habe. „Ich lasse dich ermorden, du alte Drecksau", so habe ihn jemand angebrüllt und ihn aufgefordert, seine Nachforschungen einzustellen.

Boettcher schließt nicht aus, dass Alexandra ermordet wurde. Es war Kalter Krieg, und vielleicht geriet die Sängerin zwischen die Fronten. Alexandras Ex-Mann Nikolai Nefedov war Russe, ihr letzter Geliebter Pierre Lafaire arbeitete, wie Boettcher ermittelt, für den US-Geheimdienst und soll ein Agentennetz mit über hundert Mitarbeitern in Dänemark aufgebaut haben. Merkwürdig auch das: Nach Alexandras Tod verschwindet Lafaire auf Nimmerwiedersehen von der Bildfläche.

Boettcher stößt auf weitere Ungereimtheiten: Warum hat Alexandra wenige Tage vor ihrem Tod ihr Testament gemacht, ein Grab erworben und eine zweite hohe Lebensversicherung abgeschlossen? Warum hat sie das Internatsgeld für ihren Sohn Alexander zwei Jahre im Voraus bezahlt und gegenüber einer engen Vertrauten die Bemerkung fallen lassen, dass sie wohl kein langes Leben mehr vor sich habe? Je mehr Details Boettcher zusammenträgt, desto wilder wird die Geschichte. Da ist der Unfallwagen, der spurlos verschwindet. Ein nächtlicher Einbruch in die Leichenhalle, in der Alexandra aufgebahrt ist. Unfallberichte, die angeblich manipuliert sind. Der Bestattungsunternehmer, der schwört, dass Alexandras Körper kaum Verletzungen aufgewiesen habe, obwohl im Protokoll der Polizei von schweren Schädelverletzungen die Rede ist.

Handfeste Beweise für die Mordtheorie fehlen allerdings. Und manches, was auf den ersten Blick verdächtig erscheint, lässt sich leicht erklären. Etwa die Sache mit dem Grab: Es handelte sich um ein Familiengrab, und Alexandra kaufte es, weil kurz zuvor ihr Vater gestorben war. Oder der Einbruch in die Leichenhalle: Die Täter waren zwei neugierige Jugendliche, die Alexandras Leiche begaffen wollten, keine Geheimagenten. Also doch nur ein gewöhnlicher Unfall? Davon ist Alexandras damaliger Manager und zeitweiliger Lebensgefährte Hans Beierlein (92) überzeugt. Er sagt, dass Alexandra eine schlechte Autofahrerin gewesen sei. „Einen Tag vor dem Unfall saß ich noch bei ihr im Wagen.

OBEN
Alexandra mit ihrer Mutter Wally Treitz (links) und ihrem Sohn Alexander

RECHTS
Mit einer Schramme am Kopf überstand Alexandras Sohn Alexander das Unglück.

Ihr Fahrstil war so gefährlich, dass ich ausstieg, weil ich Angst bekam.“

Marleen Zaus, Cousine und enge Freundin von Alexandra, verweist alle Spekulationen über ein Mordkomplott ins Reich der Fantasie: „Alexandra war einfach übermüdet. Außerdem hatte sie es eilig, weil sie unbedingt den Autozug nach Sylt erreichen wollte. Da war nichts manipuliert.“ Auch Alexandras Sohn Alexander (58), der heute in Boston lebt und sein Geld mit dem Design von Küchen verdient, glaubt nicht an eine Verschwörung. Er findet, die Leute sollten sich lieber daran erinnern, was für eine Ausnahmesängerin seine Mutter gewesen sei.

Es gibt immer noch viele, die Alexandra verehren. Menschen, die am Jahrestag des Unglücks nach Tellingstedt fahren, um an der Unfallstelle Blumen niederzulegen. Als vor ein paar Jahren am Haus Rothenburgsorter Marktplatz 5, wo Alexandra gelebt hat, eine Gedenktafel eingeweiht wurde, waren Dutzende Fans zugegen. „Alexandra-Freunde“, so heißt der Fanclub, der die Erinnerung an die Sängerin, Texterin und Komponistin wachhält. Barbara Beu vom Vorstand sagt: „Alexandras Lieder sind unsterblich und zeitlos. Ihr Erkennungslied wurde tragischerweise zum Symbol ihres eigenen, viel zu kurzen Lebens.“ Den Refrain kennt jeder: „Mein Freund der Baum ist tot, er fiel im frühen Morgenrot.“

LINKS
Gedenkstein für Alexandra an der Bundesstraße 203

RECHTS
Gedenkplatte an der Fassade des Hauses Rothenburgsorter Marktplatz 5

Misslungene Notlandung auf der Autobahn

Kurz nach dem Start in Fuhlsbüttel brannten beide Triebwerke. Die A7 war die einzige Rettung – aber dann war da plötzlich diese Brücke.

Diesen Schuh, nein, den wird er nie vergessen. „Ich sah ihn da liegen auf der Autobahn. Ich bin einen Schritt näher ran. Als ich erkannte, dass das gar nicht nur ein Schuh war, sondern dass auch noch ein Fuß drinsteckte, bekam ich das Würgen. Inzwischen war die ganze Autobahn voll mit Polizei und Feuerwehr. Die Teile des Flugzeugwracks lagen da verstreut. Ich sah Tote und Schwerverletzte, blutende Menschen und andere, die hilflos umherirrten.“ Für Robert Günther, damals ein junger Fotograf, war das Flugzeugunglück auf der A 7 bei Hasloh der schlimmste Moment seines Lebens. Mehr als fünfzig Jahre sind seither vergangen.

Eigentlich waren Katastrophen und Unglücke gar nicht Robert Günthers Metier. „Ich fotografierte Fußballer, porträtierte Musiker. Dass ich an diesem Tag als einer der Ersten an der Unglücksstelle eintraf, das war purer Zufall. Ich hatte im Vereinsheim von Tura Harksheide in Norderstedt was gegessen. Plötzlich hörte ich das Sirenengeheul. Leute erzählten, da habe ein Flugzeug eine Notlandung auf der Autobahn gemacht. Als Reporter denkst du dann ja nicht lange nach. Da musst du einfach hin.“ Robert Günther raste los zur Unglücksstelle. „Was ich da gesehen habe, war wirklich alles andere als schön“, sagt er. Weil er so geschockt war von dem Ereignis, hat er seine Fotos auch nie veröffentlicht. Bis jetzt.

Es ist Montag, der 6. September 1971. Die Hamburgerin Marlis Felka, eine 20-jährige Industriekauffrau, und ihre Freundin Margrit Sadlowski wollen gemeinsam Urlaub machen in Spanien. Marlis Felka erzählt, dass eine innere Stimme ihr beim Einsteigen in die Maschine gesagt habe: Lass uns ganz nach hinten gehen – da ist es am sichersten! „Aber leider waren da keine zwei Plätze nebeneinander frei, also sind wir weiter nach vorne." Bis heute grübelt sie, ob ihre Freundin vielleicht noch am Leben wäre, wenn sie beide hinten Platz genommen hätten …

Um 18.19 Uhr hebt die vollbesetzte Chartermaschine der Fluggesellschaft Paninternational in Fuhlsbüttel von der Startbahn 33 in Richtung Norden ab. Ziel des Fluges mit der Nummer 112 ist Malaga. Im Cockpit sitzen Flugkapitän Reinhold Hüls und die beiden Copiloten Elisabeth Friske und Manfred Rohde. Nur sechzig Sekunden nach dem Start macht es plötzlich zweimal wahnsinnig laut „Bäng". In 250 Metern Höhe hat erst das linke Triebwerk Feuer gefangen, dann auch das rechte. Hüls ist klar, dass ihm und den Menschen, die ihm anvertraut sind, jetzt nicht mehr viel Zeit bleibt. Die Instrumente zeigen an: noch genau 42 Sekunden bis zum Aufprall.

Zu den 155 Fluggästen an Bord zählen neben Marlis Felka und Margrit Sadlowski auch der damals 39-jährige Hamburger Maschinenschlosser und ehrenamtliche Oberbrandmeister Otto Gehrlich und seine Frau. Gehrlich erzählt: „Es gab keine Durchsage. Die Baumwipfel kamen immer näher. Wir wussten überhaupt nicht, was los ist. Ich fasste meine Frau und betete. Ich dachte nur, dass der Pilot ja auch leben will und den Vogel schon irgendwie runterbringt."

Kai Stier (61), langjähriger Mitarbeiter der MOPO-Redaktion, ist Augenzeuge des Unglücks. Und er sagt: „Es war das Trauma meiner Kindheit." Er ist achteinhalb Jahre alt damals, besucht an diesem Tag den Jahrmarkt in Poppenbüttel und hat so lange gebettelt, bis ihm die Eltern eine Fahrt im Riesenrad erlauben. „Als meine Gondel an der höchsten Stelle war, hielt das Riesenrad an, weil unten noch jemand zustieg. Ich hatte für einige Sekunden einen Wahnsinns-Ausblick. Plötzlich sah ich dieses Flugzeug, das dunkelgrauen, ja, schwarzen Rauch hinter sich herzog. Die Triebwerke brannten. Ich habe nur dagesessen, hab' hingestarrt, nichts gesagt, aber so bei mir gedacht: Der stürzt bestimmt ab, der stürzt bestimmt ab, der stürzt bestimmt ab!" Stier erzählt, dass er sich noch lange furchtbare Vorwürfe gemacht hat: „Ich dachte so in meinem kindlichen Gemüt, dass ich mit meinen Gedanken den Absturz regelrecht heraufbeschworen hatte, dass ich also schuld bin. Ich habe oft Albträume davon gehabt."

Flugkapitän Hüls entscheidet sich, die Maschine auf der A 7 bei Hasloh notzulanden. Die Autobahn ist damals schon bis Kaltenkirchen fertiggestellt. Hüls sieht, dass die Fahrbahn Richtung Norden voll ist, dort herrscht reger Berufsverkehr. Also entscheidet er sich für die andere Richtungsspur, wo

LINKE SEITE
Nach der missglückten Notlandung: Teile der Maschine stehen in Flammen.

OBEN
Die zerschellte Maschine vom Typ „BAC 1-11" der Chartergesellschaft „Paninternational"

Sie überlebten das Unglück nicht: Erwin Helmstedt (27), Margit Sadlowski (20), Gerd Mackenthun (48), Barbara Flurschütz (29), Hans Laser (32), Ingeborg Mackenthun (47)

weniger los ist. Später werden Piloten am Simulator versuchen, das Flugmanöver, das nun folgt, zu wiederholen. Aber niemandem gelingt es.

Menschen, die in diesem Moment gerade im Auto auf der A 7 unterwegs sind, kriegen den Schreck ihres Lebens. Ein Junge, der im Rückspiegel beobachtet, wie der riesige Flieger auf der Fahrbahn landet, brüllt seine Mutter an, die am Steuer sitzt: „Fahr schneller, da hinten kommt ein Flugzeug!"

„Wir setzten sehr hart auf, sodass das linke Fahrwerk wegbrach", erinnert sich Flugkapitän Hüls. „Dadurch wurde die Maschine links herumgerissen." Das Flugzeug rast dann mit 200 Stundenkilometern in Schräglage über die Fahrbahndecke – direkt auf eine Brücke zu. Beide Tragflächen werden abgerissen, Seitenruder und Heck zerstört, der Rumpf zerbricht in drei Teile. Während das Cockpit seitlich weggeschleudert wird, dreht sich der Rest des Flugzeugs unter der Brücke durch und kommt erst hundert Meter weiter zum Stehen.

Nun wird Brandmeister Gehrlich unverhofft zum Lebensretter. „Weil es hinten brannte, stürmten die Leute durch den engen Gang nach vorne. Einige wurden niedergetrampelt." Er weiß: Jetzt hängen Leben und Tod von Sekunden und den richtigen Entscheidungen ab. Als Erstes bringt er seine Frau in Sicherheit, kehrt dann ins Inferno zurück und bewahrt drei weitere Mitreisende vor dem Schlimmsten.

Marlis Felka hat unterdessen das Bewusstsein verloren. Wie sie aus dem Flugzeug rausgeschleudert wird, weiß sie nicht. Jedenfalls liegt sie auf dem Acker, als sie wieder zu sich kommt. Um sie herum: Maschinenteile und große Steine. „Ich hatte unerträgliche Schmerzen und schrie sehr laut. Rettungskräfte kamen und brachten mich weg."

Wie durch ein Wunder bleiben der Pilot und seine beiden Copiloten im abgerissenen Cockpit am Leben. Elisabeth Friske hat ein gebrochenes Bein und steht unter Schock. Als Feuerwehrleute sie aus dem Cockpit befreien wollen, weigert sie sich rauszukommen, faselt was von den hübschen Sandalen, die sie aus Ägypten mitgebracht habe und ohne die sie das Flugzeug ganz bestimmt nicht verlassen werde. Ein Feuerwehrmann ohrfeigt sie links und rechts, dann gibt sie den Widerstand auf. Es sind Männer der Freiwilligen Feuerwehr Hasloh, die – alarmiert vom gewaltigen Knall auf der Autobahn – die ersten Helfer am Unglücksort sind. Als sie dort eintreffen, sieht es aus wie auf einem Schlachtfeld. „Zwischen unzähligen Wrackteilen lagen Schuhe und Taschen, aufgeplatzte Koffer und Berge von Gepäck." Und immer wieder finden sie Leichenteile: abgerissene Arme und Beine. Einer der Helfer greift nach etwas, das auf der Fahrbahn liegt und wie eine Perücke aussieht, stellt dann aber fest, dass es sich um einen Kopf handelt.

Die Bilanz des Unglücks: 21 Passagiere sind verbrannt oder auf andere Weise in der Maschine ums Leben gekommen. Ein Besatzungsmitglied ist beim Aufprall gestorben. 99 Insassen überleben, sind aber zum Teil schwer verletzt.

Marlis Felka findet sich am nächsten Tag auf der Intensivstation im UKE wieder, hat jetzt die Kraft, ihren Namen zu nennen, sodass endlich ihre Eltern informiert werden können, die viele Stunden in furchtbarer Ungewissheit ausgeharrt haben. „Ich habe die Schwestern gefragt, wo meine Freundin Margrit ist. Ich erhielt zur Antwort, der gehe es noch nicht so gut. Später wurde mir klar: Sie wollten mich schonen, weil mein gesundheitlicher Zustand noch nicht stabil genug war, um die Wahrheit zu ertragen."

Für Marlis Felka werden es schwere Jahre: Besonders stark in Mitleidenschaft gezogen ist ihr linkes Bein: Alle Bänder im Knie sind hoffnungslos überdehnt, der Unterschenkel ist beim Unglück seitlich regelrecht weggeknickt. Die Empfehlung der Ärzte, das Knie versteifen zu lassen, weist

sie empört zurück. Bis heute ist sie noch häufig in krankengymnastischer Behandlung, macht ständig Rehas. Richtig gerade machen kann sie ihr Bein immer noch nicht.

Gleich nach dem Unglück nimmt die Justiz Ermittlungen auf. Schon wenige Tage nach dem Unglück kommt heraus, was für eine unfassbare Schlamperei die Ursache gewesen ist: Ein Mitarbeiter von Paninternational hat ein paar Tage zuvor in Düsseldorf bei Wartungsarbeiten an einer anderen Maschine hundert Liter Kerosin in zwei 60-Liter-Wasserkanister abgefüllt. Und die hat ein Flugzeugelektriker mit ins Lager genommen, wo er sie in fahrlässiger Weise zu den Kanistern mit entmineralisiertem Wasser gestellt hat.

Als dann einige Tage später die Unglücksmaschine mit Kühlwasser beladen wurde, kam es zur Verwechslung. Insgesamt fünf Kanister wurden in die Maschine gebracht – darunter die zwei mit Kerosin. Weil die Maschine für den Flug nach Malaga bis auf den letzten Platz ausgebucht war, entschloss sich Flugkapitän Hüls zur Steigerung der Schubkraft zu einem sogenannten Nassstart. Dabei wird zur Kühlung entmineralisiertes Wasser in die Brennkammern der Triebwerke eingespritzt. Da es sich in diesem Fall um ein Gemisch aus Wasser und Kerosin handelte, standen die Rolls-Royce-Triebwerke sofort in Flammen und flogen mit einem riesigen Knall auseinander.

Die Fluggesellschaft Paninternational muss Konkurs anmelden. Das Landgericht Kiel verurteilt fünf Jahre nach dem Unglück einen Elektriker und einen Flugzeugmechaniker zu je 1500 Mark Geldstrafe. Wer die Kerosinbehälter zu den Wasserkanistern ins Lager gestellt hat, kann das Gericht nicht aufklären.

Niemand, der mit diesem Unglück zu tun hatte, wird es je vergessen. Flugkapitän Hüls lässt sich ein Jahr Zeit, bis er wieder in ein Cockpit steigt. „Wenn man 22 Tote auf dem Gewissen hat", sagt er, „ist das nicht so leicht wegzustecken." Der Norderstedter Robert Günther ist inzwischen 77 – und hat die Bilder vom Unglück immer noch im Kopf. Vor allem den Schuh mit dem Fuß drin kann er nicht vergessen. Marlis Felka zermartert sich weiter den Kopf, wieso sie überlebte, ihre Freundin Margrit Sadlowski aber nicht. Oft wird sie wütend. Dann nämlich, wenn sie sich daran erinnert, wie sie von der Versicherung über den Leisten gezogen worden ist. „Ich wurde mit 10 000 Mark abgespeist – für lebenslange Einschränkungen, für einen nicht enden wollenden Kampf. Ich fühle tiefe Traurigkeit, Wut und Ohnmacht."

OBEN
Vor dem Unglücksflug: Kapitän Reinhold Hüls (links), Kopilotin Elisabeth Friske und Manfred Rhode

UNTEN
Unzählige Krankenwagen am Unfallort: Sanitäter und Feuerwehrleute kümmern sich um die Schwerverletzten.

Polizisten schlugen auf Lesben und Schwule ein. Wolfgang Krömer gehörte 1980 zu den Organisatoren des ersten CSD. Er erinnert sich mit Schrecken an diese Zeit: „Homosexuelle waren nichts als Abschaum."

Der erste Christopher Street Day

Es sind brutale Szenen, die sich am frühen Nachmittag des 28. Juni 1980 im Sternschanzenpark abspielen: Polizeibeamte prügeln und treten auf Schwule und Lesben ein, obwohl die nichts weiter wollen, als am Ende ihrer Demo gemütlich zu picknicken. Die Polizei sprüht den Menschen Reizgas ins Gesicht. Schließlich müssen zwei ins Krankenhaus. So endet er: der erste Hamburger „Christopher Street Day".

Heute ist der CSD in Hamburg ein gesellschaftliches Ereignis, ein Spektakel, zu dem Menschen von weither anreisen. Ob hetero, schwul, bi oder sonst was – jeder hat seinen Spaß, jeder ist in Sektlaune. Das ist nicht zu vergleichen mit der Stimmung des Jahres 1980. Homosexualität ist damals immer noch eine Straftat. Der berüchtigte Paragraf 175 verbietet „Unzucht" unter Männern. Das ist der Alltag damals: Homosexuelle werden verspottet, verprügelt, gefeuert, sind verfemte Außenseiter.

Wolfgang Krömer ist damals jung, trägt das Haar lang und ist Mitglied der „Homosexuellen Aktion Hamburg". „Mit der Demo wollten wir zeigen, dass auch wir Rechte haben", sagt der inzwischen siebzigjährige Rentner. „Wir waren der Abschaum der Gesellschaft, wurden von der Polizei gejagt und von den Behörden unterdrückt. Wir wollten, dass das aufhört."

Wie war das Leben für einen Homosexuellen im Hamburg in den 1970er Jahren? „Für schwule Lehrer oder Beamte oder für Leute, die in der mittleren Führungsebene einer Firma arbeiteten, war es furchtbar", erzählt Krömer. „Die hatten eine Heidenangst, dass was rauskommt. Die hätten ihren Job verloren. Sofort." Die Polizei jagt Schwule regelrecht. Nicht einmal auf den öffentlichen Herrenklos in der City lassen sie sie gewähren. Was viele schon ahnen, aber niemand beweisen kann: In öffentlichen WCs in Hamburg gibt es halb durchsichtige Spiegel mit einem Raum dahinter, in dem ein Polizeibeamter sitzt und darüber wacht, dass nichts Sittenwidriges geschieht.

Wer bei „unzüchtigem Verhalten" erwischt wird, erhält Hausverbot und landet – das ist noch schlimmer – auf der sogenannten Rosa Liste. Die Polizei führt nämlich regelrecht Buch über die sogenannten „175er". So werden Schwule in Anlehnung an den Strafrechtsparagrafen spöttisch genannt.

RECHTS
Sternschanzenpark 1980: Polizeigewalt gegen Schwule. Rechts der VW-Bulli, aus dem heraus gefilmt und fotografiert wurde

Wolfgang Krömer wächst in Eckernförde auf. Sein Vater ist Berufssoldat. Als der Sohn sich 1969 mit 17 Jahren als schwul outet, sind seine Eltern längst getrennt. „So hat mein Vater nie von meiner Homosexualität erfahren, und das ist auch gut so", sagt er. Und die Mutter, wie hat die reagiert? Er grinst. „Der habe ich es gesagt, als ich 21 wurde und an der PH in Flensburg studierte. Sie meinte nur: ‚Och, das habe ich mir immer schon gedacht.'"

Krömer arbeitet von 1974 bis 1976 als Grund- und Hauptschullehrer in Geesthacht, erkennt dann aber, dass der Beruf nichts für ihn ist. „Jemandem, der immer nur nett ist, dem tanzen die Schüler schnell auf der Nase herum", sagt er. Also wird er Korrektor und fängt bei der „Bergedorfer Zeitung" an.

In den späten 1960er Jahren wandelt sich das gesellschaftliche Klima in der Bundesrepublik. Erst gehen Studenten auf die Barrikaden, dann sind

es die Frauen, die um ihre Rechte streiten – und schließlich folgen die Homosexuellen diesem Beispiel. Krömer erinnert sich: „Wir jungen Schwulen zeigten der Obrigkeit einfach den Stinkefinger. „‚Der Staat? Der kann uns mal!‘ – das war unsere Haltung. Wir lebten, wie wir es wollten. Deswegen habe ich diese Zeit als unglaublich turbulent in Erinnerung und als sehr befriedigend, weil wir politisch so viel erreichten."

Der Startschuss der Schwulen- und Lesbenbewegung fällt im New York des Jahres 1969: Am 28. Juni kommt es in der Schwulenbar „Stonewall" in der Christopher Street zum Aufstand. Schwule wollen sich nicht länger von der Polizei terrorisieren lassen und wehren sich. Es kommt zu tagelangen Straßenschlachten, den „Stonewall Riots". Im selben Jahr wird in der Bundesrepublik der Paragraf 175 zwar noch nicht abgeschafft, aber wenigstens abgemildert. In Hamburg kommt „Du & Ich" auf den Markt, die älteste Schwulen-Zeitschrift in Deutschland.

Das Selbstbewusstsein Homosexueller – es wächst von Jahr zu Jahr. 1971 dreht Rosa von Praunheim einen Film mit dem Titel: „Nicht der Homosexuelle ist pervers, sondern die Situation, in der er lebt". Damit wird Praunheim zum Wegbereiter der politischen Schwulen- und Lesbenbewegung in der Bundesrepublik.

1978 bekennen im „Stern" 682 deutsche Männer: „Wir sind schwul" – einer davon Wolfgang Krömer. Bei der Bürgerschaftswahl im selben Jahr

kandidiert er für die Bunte Liste, einen Vorläufer der Grünen. Dann kommt das Jahr 1980. „Uns fiel auf, dass andere uns weit voraus waren. Schon in allen großen deutschen Städten gab es Demos am ‚Christopher Street Day'", erzählt Krömer, „sogar in Bremen", wie er schmunzelnd einschiebt, „nur bei uns nicht." So wird beschlossen, dass Ham-

OBEN LINKS
Die Spitze des Demonstrationszugs 1980: „Gegen die Diskriminierung der Homosexualität"

OBEN RECHTS
Wolfgang Krömer gehörte zu den Organisatoren des ersten CSD.

LINKS
Rechts im Bild: Corny Littmann

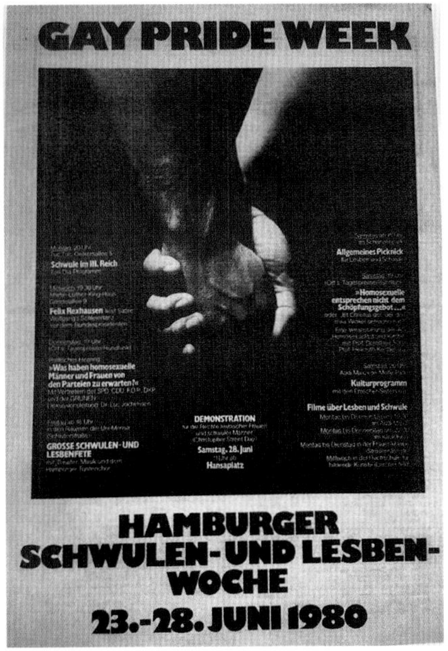

burgs erste Schwulen- und Lesben-Woche vom 23. bis 28. Juni 1980 stattfindet. Und dass es zum krönenden Abschluss samstags einen Umzug durch die Stadt gibt.

Anders als heute wird der CSD damals nicht Wochen vorher angekündigt. Im Gegenteil: Nur die einschlägige Community ist informiert. So ahnen die allerwenigsten Bürger, was sich an diesem Samstag am Rande ihres Einkaufsbummels in der City abspielen wird. „Wir hatten anfangs große Angst, dass gar keiner kommt“, erzählt Krömer.

OBEN
Plakat des ersten CSD in Hamburg

RECHTS
Zum ersten Mal gingen in Hamburg Schwule und Lesben in großer Zahl auf die Straße.

„Und waren sehr erleichtert, als sich auf dem Hansaplatz in St. Georg, wo es losgehen sollte, dann doch nach und nach 1500 Menschen einfanden.“

Fotos aus dem MOPO-Archiv zeigen, wie der erste CSD ablief. Auf ihnen sind Frauen zu sehen, die einander küssen und Hand in Hand gehen, und Männer mit Stöckelschuhen, Minirock und Perücke. Mitten in der Menge ist Corny Littmann zu erkennen, heute ein bekannter Theaterintendant. Damals ist er auf Rollschuhen unterwegs und trägt eine Frauenstrickjacke, die aussieht, als hätte er sie sich bei seiner Oma geliehen. Was die Schwarz-Weiß-Aufnahmen auch sehr gut dokumentieren: dass viele Passanten ziemlich irritiert und vielleicht auch ein bisschen angewidert sind von diesen Paradiesvögeln, die so gar keinen Hehl machen aus ihrer (etwas anderen) sexuellen Orientierung.

Und dann stellen diese Menschen auch noch Forderungen! „Gegen die Diskriminierung der Homosexualität!“ steht auf dem riesigen Banner, das die Aktivisten an der Spitze des Demonstrationszuges vor sich hertragen. Auf anderen Plakaten ist zu lesen: „Lesbisch sein ist schön“, „Lieber ein warmer Bruder als ein kalter Krieger“ und „Homosexualität ist gesund“ – eine Anspielung auf religiöse Spinner, die Homosexualität für eine Krankheit halten. Besonders zum Schmunzeln ist dieser Slogan: „Wir fordern für alle Lesben bezahlten Urlaub für lesbische Flitterwochen.“

Immer mit dabei: die Polizei. Bei einer Zwischenkundgebung auf dem Gerhart-Hauptmann-Platz fällt den Demonstranten ein weißer VW-Bus

auf, aus dem heraus zivil gekleidete Menschen filmen und fotografieren. „Wir haben sie gefragt, wer sie sind, und sie haben sich als ‚Jugendschutztrupp‘ der Polizei zu erkennen gegeben.“

Am Ende der Demo versammeln sich die Teilnehmer im Sternschanzenpark, wollen dort picknicken. Wieder wird aus dem weißen VW-Bus heraus fotografiert. Ein Beamter sagt auf Nachfrage, dies geschehe zur „Auffrischung der Karteien“. Und dann wird's brenzlig. Die Demonstranten reagieren wütend, verlangen die Herausgabe des Filmmaterials. Es kommt zum Handgemenge. Daraufhin werden weitere Polizeibeamte hinzugezogen, und die gehen gegen gewaltlose Demonstranten brutal vor. Tritte, Schläge. Und mit dem Einsatz von Reizgas endet der erste CSD der Hamburger Geschichte. Ein skandalöses Verhalten, das für die Polizei aber ohne Folgen bleibt.

Aber Corny Littmann, Spitzenkandidat der Hamburger GAL, revanchiert sich schon wenige Tage später: Mit einem simplen Hammer löst er einen Skandal aus, der hohe Wellen schlägt und die Staatsgewalt diesmal nachhaltig alt aussehen lässt: In einem öffentlichen WC unterm Rathausmarkt schlägt er die Spiegel ein und beweist, dass es die polizeiliche Bespitzelung von Schwulen durch Polizeibeamte auf den Klos tatsächlich gibt. Innensenator Werner Staak (SPD) gerät ganz schön in Erklärungsnot. Kurz darauf werden sämtliche Überwachungseinrichtungen in den Toiletten beseitigt. Für immer.

OBEN
Corny Littmann – auf Rollschuhen – hält einem Polizisten ein Blümchen hin.

Wenige Tage nach dem CSD 1980: Corny Littmann zertrümmert die Überwachungsspiegel auf den öffentlichen Toiletten.

Trotz Verbots kamen mehr als 100 000 Menschen, und die Polizei ging rigoros gegen die Demonstranten vor.

Die große Schlacht um Brokdorf

Brokdorf ist eine winzige Gemeinde südwestlich von Itzehoe direkt am Elbufer gelegen. Etwas mehr als tausend Einwohner hat der Ort. Unter normalen Umständen würde seinen Namen außerhalb von Schleswig-Holstein kaum jemand kennen. Aber die Umstände waren alles andere als normal damals, Ende der 1970er, Anfang der 1980er Jahre. Da wurde Brokdorf zum Symbol – für den Kampf gegen die Atomenergie und auch für das rigorose Vorgehen der Staatsgewalt.

Die Vorgeschichte beginnt im Herbst 1973, als die CDU-geführte Landesregierung Schleswig-Holsteins mit Ministerpräsident Gerhard Stoltenberg an der Spitze Planungen öffentlich machte, in der Wilstermarsch ein Kernkraftwerk zu bauen. Anfangs herrschte noch gesellschaftliche Einmütigkeit darüber, dass der Atomkraft als unerschöpflicher, Ressourcen schonender Energiequelle die Zukunft gehöre. Aber schon bald begann der Atomkonsens zu bröckeln. Erste Bürgerinitiativen gründeten sich – und dann immer mehr.

Stoltenberg war entschlossen, das Projekt um jeden Preis durchzusetzen. Von „linken Spinnern“ wollte er sich davon nicht abhalten lassen. Obwohl die Gerichte über einige Einsprüche gegen das AKW noch gar nicht entschieden hatten, ordnete er am 25. Oktober 1976 den sofortigen Baubeginn an. Noch in derselben Nacht rückten Bautrupps an und schufen Tatsachen: Sie verbarrikadierten das 300 Hektar große Gelände, sodass die Baustelle bald dem Todesstreifen an der innerdeutschen Grenze ähnelte – Wassergräben, Betonwände, Stacheldraht, Flutlicht und Hundestreifen. „Brokdorfer Mauer“ wurde diese Festung spöttisch genannt.

Zur Ruhe kam Brokdorf von da an nicht mehr. Es gab so viele Proteste, dass selbst die Atomkraftgegner irgendwann anfingen, die Kundgebungen durchzunummerieren, um sie noch voneinander unterscheiden zu können: Brokdorf I, Brokdorf II, Brokdorf III, Brokdorf IV.

An Brokdorf I am 30. Oktober 1976 beteiligten sich lediglich 5000 Teilnehmer. Im November 1976 waren es bei Brokdorf II schon 30 000 – und es kam zu gewalttätigen Auseinandersetzungen. Am Ende waren 81 Polizeibeamte und etwa 500 Demonstranten verletzt. Bei Brokdorf III reisten im Februar 1977 50 000 Atomkraftgegner an – es handelte sich um die vorläufig letzte Protestveranstaltung, denn kurz darauf verfügte das Oberverwaltungsgericht Lüneburg einen unbefristeten Baustopp und reagierte so darauf, dass die Frage der Entsorgung des Atommülls noch überhaupt nicht geklärt war. Ein Sieg für die Atomkraftgegner.

Doch dann, im Januar 1981, hob das Gericht den Baustopp wieder auf. Die Atomkraftgegner reagierten sofort und riefen dazu auf, am 28. Februar 1981 nach Brokdorf zu kommen: Brokdorf IV also. Zwar erließ das Oberverwaltungsgericht Lüneburg mit Blick auf zu erwartende Ausschreitungen ein Demonstrationsverbot. Doch zu dem Zeitpunkt, als diese Entscheidung fiel – nämlich in der Nacht vor der geplanten Demo –, waren die Teilnehmer längst unterwegs oder bereits angereist.

Der 28. Februar 1981 war ein bitterkalter Tag. Ein eisiger Ostwind fegte über Norddeutschland. 10 000 Polizeibeamte versuchten zunächst, das Demonstrationsverbot durchzusetzen und die Demonstranten gar nicht erst in die Nähe von Brokdorf kommen zu lassen. Beim Horster Dreieck sperrten Beamte stundenlang die A7. Und auch vor Itzehoe war eine Straßensperre errichtet.

Doch die meisten Protestler erreichten ihr Ziel, indem sie die Absperrungen umgingen, sich ihren Weg über Felder und zugefrorene Gräben bahnten. Zunächst lief alles friedlich. Aber am Nachmittag, als die meisten

Mit Helm und Schilden: Die Polizei rechnete ganz offensichtlich mit gewalttätigen Protesten.

bereits auf dem Rückweg waren, wurde es plötzlich ungemütlich. Wie genau es begann, ist bis heute umstritten.

Tatsache ist, dass eine Handvoll Demonstranten damit begann, Steine und Brandflaschen zu werfen. Dramatisch wurde es, als ein Polizeibeamter in einen Wassergraben rutschte und von zwei Männern von oben mit Schaufel und Knüppel malträtiert wurde – er hatte Glück, ihm geschah nichts Schlimmeres. Wütende Polizisten begannen damit, die Demonstranten vor sich herzutreiben. Auf den Wiesen wurde gekämpft, Hubschrauber kreisten in der Luft. Polizisten setzten Schlagstöcke und Tränengas ein. Die Bilanz: 128 Beamte und Hunderte Atomkraftgegner verletzt.

Das Ziel, das Kernkraftwerk Brokdorf zu verhindern, erreichte der Protest nicht, denn im Frühjahr 1981 wurde weitergebaut. Im Oktober 1986 – vier Monate nach der Nuklearkatastrophe von Tschernobyl – ging Brokdorf in Betrieb. Die Großdemonstration von 1981 hatte indes juristische Folgen. Vor allem beschäftigte sich das Bundesverfassungsgericht mit der Demo – und zwar mit der Frage, ob das Demonstrationsverbot zulässig gewesen war. Am 14. Mai 1985 fällten Deutschlands oberste Richter ihr aufsehenerregendes Urteil: Friedfertige Bürger hätten ein Recht auf Versammlungsfreiheit, und zwar auch dann, wenn mit Ausschreitungen Einzelner zu rechnen sei. Sprich: Die Demonstration in Brokdorf hätte nicht verboten werden dürfen.

In dem Urteil heißt es wörtlich: „Würde unfriedliches Verhalten Einzelner für die gesamte Veranstaltung und nicht nur für die Täter zum Fortfall des Grundrechtsschutzes führen, hätten diese es in der Hand, Demonstrationen ‚umzufunktionieren‘ und entgegen dem Willen der anderen Teilnehmer rechtswidrig werden zu lassen. Praktisch könnte dann jede Großdemonstration verboten werden.“ Die Grundsatzentscheidung, die da lautet „im Zweifel für die Versammlungsfreiheit“, hat die politische Kultur in Deutschland verändert. Sie wirkt bis heute nach. Und manche Entscheidung, die ein Gericht auf dieser Grundlage trifft, ist umstritten: Zum Beispiel dann, wenn es um Demonstrationen von Rechtsextremisten geht. Der Staat muss – auch, wenn es schwer auszuhalten ist – ihr Recht auf Versammlungsfreiheit genauso schützen.

OBEN
Wasserwerfer-Einsatz gegen die Demonstranten. Der Polizei wurde vorgeworfen, Gewalt provoziert zu haben.

UNTEN
Fast wie an der Grenze zur DDR: Mit Stacheldraht ist die Baustelle abgeriegelt.

Ein „Spiegel"-Artikel löste einen der größten Politskandale der Nachkriegszeit aus.

Als „König Albert" die Neue Heimat gegen die Wand fuhr

Die Neue Heimat war einst der größte Wohnungsbaukonzern Europas. Lange war das gewerkschaftseigene Unternehmen der ganze Stolz des DGB, doch dann wurde er zu dessen größter Belastung: Am 8. Februar 1982 berichtete der „Spiegel", mit welchen Tricks Neue-Heimat-Boss Albert Vietor das gemeinwirtschaftliche Unternehmen zum Selbstbedienungsladen umfunktioniert hatte.

Hauptsitz der Neuen Heimat ist damals ein Hochhaus an der Lübecker Straße in St. Georg. Was sich hier an einem Sonnabend im Januar 1982 ereignet, wäre eine exzellente Vorlage für einen Wirtschaftskrimi: Der gerade erst gefeuerte Pressesprecher John Siegfried Mehnert, der nach wie vor Zugang zur Firmenzentrale hat, dringt in die Vorstandsbüros ein und sucht nach belastendem Material. Er sinnt auf Rache.

Mehnert erinnert sich später, dass er vor Glück jubelte, als er in einem Schrank tatsächlich fündig wurde. Er sei so aus dem Häuschen gewesen, dass er mit den Akten sogar rausgelaufen sei aus dem Zimmer. „Ich war so überrascht, so erfreut, dass ich prompt jemandem hätte in die Arme laufen können." Doch er hat Glück. Niemand ist da. Mehnert verkauft das Material an den „Spiegel", und der Artikel „Die dunklen Geschäfte von Vietor und Genossen", der kurz darauf erscheint, löst ein Erdbeben aus, dessen Erschütterungen der DGB bis heute spürt.

In den Papieren, die Mehnert in die Hände fallen, steht nämlich schwarz auf weiß, wie der Neue-Heimat-Boss und andere Manager seit Jahren in die eigene Tasche wirtschaften. Zu diesem Zweck unterhalten sie über Strohmänner Privatfirmen. Eine davon hat nur einen Zweck: Wohnungen billig aufzukaufen, um sie teuer an die Neue Heimat weiterzuverkaufen. Oder aber es sind Firmen, denen sie in großem Stil Aufträge zuschanzen. Wie etwa die Firma Teletherm, ein Fernwärmeunternehmen, das die Häuser der Neuen Heimat beheizt. Die Mieter ahnen nicht, dass das Geld, das sie für die Heizung zahlen, direkt auf die privaten Konten von Vietor & Co. fließt ...

„Neue Heimat" – heute ein Synonym für Korruption und Misswirtschaft. In Vergessenheit geraten ist dabei, dass sich die Firma in der Nachkriegszeit große Verdienste beim Wiederaufbau erworben hat. Die Gartenstadt Farmsen und Lohbrügge-Nord sind zwei der Großsiedlungen, die – das ist das Prinzip der Gemeinwirtschaft – mit dem Ziel gebaut worden sind, günstigen Wohnraum für die einfache Bevölkerung zu schaffen.

LINKS
Wirtschaftete in die eigene Tasche und fuhr die Neue Heimat an die Wand: Albert Vietor (1922–1984)

kaum ins Gewicht. Die Neue Heimat ist pleite. Und als die Kohl-Regierung signalisiert, von ihr sei keine Hilfe zu erwarten, bleibt dem DGB gar nichts anderes übrig, als die Neue Heimat abzustoßen. Auffanggesellschaften werden gegründet: So geht der Wohnungsbestand in Hamburg an die GWG, die heute ein Teil der SAGA ist.

Die Folgen des Neue-Heimat-Skandals sind weitreichend: Der Anspruch der Gewerkschaften, mit ihren Firmen ein antikapitalistisches Gegenmodell zum gewinnorientierten Unternehmertum zu sein, ist diskreditiert. Der DGB verkauft fast panikartig alle Beteiligungen und alle gewerkschaftseigenen Firmen wie beispielsweise die „Volksfürsorge". Es ist das Ende der Gemeinwirtschaft.

LINKS
Der SPIEGEL-Titel, der die Affäre ins Rollen brachte

RECHTS
Die Zentrale der Neuen Heimat an der Lübecker Straße in St. Georg

UNTEN
Gigantomanische Planung der Neuen Heimat: das Alsterzentrum, das zum Glück nie realisiert wurde

Als Albert Vietor 1963 die Leitung übernimmt, hat die Neue Heimat schon einen Wohnungsbestand von 200 000. Das reicht „König Albert", wie seine Mitarbeiter ihn nennen, aber nicht. Trotz geringen Eigenkapitals expandiert er. Er baut in Malaysia, Afrika, Südamerika, in den USA und in ganz Europa – und macht überall Verlust. Vietor hat geglaubt, der Bauboom der 1950er und 1960er Jahre werde ewig anhalten. Als dann in den 1970er Jahren eine Flaute auf dem Wohnungsmarkt einsetzt, bleibt die Neue Heimat auf teurem Baugrund sitzen.

Wie schlimm es um das Unternehmen steht, kommt erst heraus, nachdem der Artikel über Vietor im „Spiegel" erschienen ist. Im Vergleich zu den Milliardenverlusten, um die es insgesamt geht, fallen die Gelder, die der Vorstandsboss und seine Komplizen in die eigene Tasche gewirtschaftet haben,

1985 starb Mehmet Kaymakçı in Langenhorn. Es dauerte 36 Jahre, bis ihm ein Gedenkstein gewidmet wurde.

Erschlagen mit einem Betonklotz

Sie schlugen ihn. Traten ihm ins Gesicht. Immer wieder. Es war purer Hass, der die Täter antrieb. Und als Mehmet Kaymakçı nur noch röchelnd und wahrscheinlich schon sterbend dalag, hoben die drei Täter einen Steinblock von 94 Kilo Gewicht an und ließen ihn fallen. Er zertrümmerte den Kopf des 29-jährigen türkischen Maurers.

Rassismus und Fremdenfeindlichkeit. Davon waren die 1980er Jahre geprägt. Während die Bundesrepublik in einer Wirtschaftskrise steckte, stieg die Zahl der Asylbewerber rasant. Gleichzeitig begannen viele damals sogenannte Gastarbeiter damit, ihre Angehörigen nachkommen zu lassen, die zunächst in der Heimat geblieben waren. Im gleichen Maße, wie die Arbeitslosigkeit zunahm, wuchsen nun in einem Teil der Bevölkerung fremdenfeindliche Aggressionen. „Die Ausländer", so die völlig irrationale Angst, „nehmen uns die Arbeitsplätze weg!" Teile von Politik und Medien befeuerten diese rassistische Stimmung noch durch Kampagnen gegen „Scheinasylanten", „Asylschmarotzer" und „Wirtschaftsflüchtlinge" – der perfekte Nährboden für Rechtsextremismus.

Am 22. August 1980 attackierten Neonazis eine Unterkunft für Geflüchtete in der Halskestraße in Billwerder und ermordeten zwei junge vietnamesische Flüchtlinge: Nguyen Ngoc Châu und Do Anh Lân. Im Juni 1982 wurde in Norderstedt der 26-jährige Türke Tevfik Gürel vor einer Disco ermordet – nur weil er ein deutsches Mädchen angesprochen hatte. Am 17. Oktober desselben Jahres wurde der 16-jährige Adrian Maleika, Werder-Bremen-Fan und Sohn einer oberschlesischen Spätaussiedlerfamilie, von rechtsextremistischen HSV-Hooligans in der Nähe des Volksparkstadions erschlagen.

Und dann Mehmet Kaymakçı: 1980 war er gemeinsam mit seinem Onkel nach Deutschland gekommen und arbeitete im Tiefbau, bis er ein Magengeschwür bekam. Seither war er arbeitslos. Seine deutsche Ehefrau Gisela erzählt, dass er aus Frust häufig getrunken habe. So auch am Abend des 24. Juli 1985. Er besuchte das Lokal „Bei Ronnie" in der Fibigerstraße. Sein großes Unglück war, dass dort auch diese drei Gäste Bier tranken: Frank-Uwe P. (20), Mario B. (19) und Bernd M. (20). Frank-Uwe P., ehemaliger Bundesgrenzschützer, hatte eine ausgiebige Neonazi-Vergangenheit und war der Polizei schon als militanter HSV-Fan aufgefallen. Nach Fußballspielen in Hamburg und bei Schalke 04 in Gelsenkirchen hatte er demonstrativ den Arm zum Hitler-Gruß gehoben. Einmal war er mit anderen Nazi-Glatzen zur St. Pauli Hafenstraße gezogen, um Hausbesetzer und Punker zu verprügeln – die Polizei konnte dies im letzten Moment verhindern.

An diesem Abend im Lokal „Bei Ronnie" kam es zwischen den drei jungen Deutschen und Mehmet Kaymakçı zum Streit. In einem Wortgefecht soll es auch um die deutsche Ausländerpolitik gegangen sein. Zunächst blieb es bei einer Rangelei. Aber als sich Mehmet Kaymakçı gegen Morgengrauen auf den Heimweg machte, folgten ihm die drei, einer mit dem Rad, die anderen zu Fuß. In der Straße Hohe Liedt schlugen und traten Frank-Uwe P., Mario B. und Bernd M. den Türken brutal zusammen, schleiften den nur noch röchelnden Mann hinter eine Hecke, wo sie weiter auf ihn einschlugen.

Es war Frank-Uwe P., der auf die Idee kam, Kaymakçı „kaltzumachen". Das Opfer sollte zum Schweigen gebracht werden, denn, so gab Frank-Uwe P. später vor Gericht zu, „wir hatten Angst vor der Rache der anderen Türken". Bernd M. war es schließlich, der den Steinblock entdeckte und die anderen aufforderte, mal mit anzufassen. Mario B. weigerte sich, wollte nichts damit zu tun haben. Auch Frank-Uwe P. zögerte. Aber dann packte Bernd M. den Kumpel bei der „Ehre" (oder was er dafür hielt): „Ich denke, du bist ein Skinhead. Wenn du nicht mit anfasst, bist du ein Vaterlandsverräter!" Damit war das Schicksal des Türken besiegelt. Gegen vier Uhr am Morgen starb Kaymakçı. Ein Krankenhaus-Pfleger, der mit dem Rad zum Dienst fuhr, entdeckte die Leiche gegen fünf Uhr. Schon wenig später wurden die drei Täter festgenommen. Frank-Uwe P. sagte in seiner ersten Vernehmung: „Wir wollten den Türken fertigmachen."

Trotzdem waren Politik und Justiz bemüht, die Tat als eine aus dem Ruder gelaufene Wirtshausschlägerei darzustellen. Nicht auch der Staatsschutz, wie in politisch motivierten Fällen üblich, sondern allein die Mordkommission ermittelte. Vor Gericht klammerte der

Staatsanwalt die politischen Hintergründe ebenfalls aus. Die Verbindung zu Nazi-Skin-Gruppen wurde ignoriert. Angeklagt wurden die Täter wegen „Körperverletzung mit Todesfolge" und „Mordversuchs". Zwei der Täter wurden zu acht Jahren, einer zu sieben Jahren Haft verurteilt.

Kein halbes Jahr nach dem Tod von Mehmet Kaymakçı überfielen Nazi-Skins am Bahnhof Landwehr den 26-jährigen Ramazan Avci, der das Pech hatte, an einer Kneipe vorüberzugehen, vor der sich gerade Neonazis aufhielten. Von dreißig Männern wurde Avci durch die Straßen gehetzt und schließlich mit Keulen so lange verprügelt, bis er bewusstlos war. Avci starb am 24. Dezember 1985 im Krankenhaus. Auch diesmal versuchte die Politik, die Tat als unpolitisch darzustellen. Innensenator Rolf Lange (SPD) sagte, es handele sich um einen Einzelfall. Oppositionsführer Hartmut Perschau (CDU) mochte „nicht an eine gezielte Aktion gegen Ausländer" glauben. Er war überzeugt, Avci sei zufällig zum Opfer geworden.

Doch Hamburgs „Gastarbeiter" hatten da längst andere Erfahrungen gemacht. Zornige türkischstämmige Jugendliche wollten nicht länger Opfer sein, sondern sich gegen rassistische Gewalt zur Wehr setzen. Sie schlossen sich zu Straßengangs zusammen, gründeten „Selbstverteidigungskomitees" und kündigten an, sich zur Wehr zu setzen, wenn sie angegriffen werden. Auf der Straße kam es daraufhin immer wieder zu Zusammenstößen zwischen rechten Skins und ausländischen Jugendlichen.

Juli 2021: 36 Jahre nach dem Tod von Mehmet Kaymakçı wurde am Tatort, dem Kiwittsmoorpark, ein Gedenkstein eingeweiht. Yener Kaymakcı (40), ein Neffe, sprach davon, dass er erst fünf, sechs Jahre alt war, als sein Onkel ermordet wurde, er sich aber gut an ihn erinnern könne. „Immer wenn er während seines kurzen Lebens im Urlaub in der Heimat zu Besuch war, brachte er mir Pralinen, Bonbons und Spielzeug mit. Dinge, die es bei uns nicht gab. Mein Onkel war für mich wie Weihnachten, Ostern, Geburtstag und Bayram zugleich." Als Kind habe er dann gar nicht begriffen, weshalb der Onkel eines Tages im schwarzen Sarg nach Hause zurückkam. „Erst sehr viel später, als ich älter war, wurde mir klar, dass es Monster in Menschengestalt waren, die meinen Onkel ermordet hatten. Jahrzehnte vergingen, der Schmerz in unserer Familie ließ aber nie nach."

Yener Kaymakçı bezeichnete diejenigen, die dafür gesorgt haben, dass ein Mahnmal für seinen Onkel errichtet wurde, als „Helden". „Vielleicht werden auch die Mörder, die jetzt Mitte 50 sein müssten, dieses Mahnmal besuchen. Ich weiß nicht, ob dann ihre Herzen schmerzen werden. Für uns ist es sehr wichtig, dass die Erinnerung an Mehmet Kaymakçı wachgehalten wird. Das wird unseren Schmerz nicht beseitigen, aber vielleicht verhindert das Gedenken an ihn, dass andere ähnliche Schmerzen durchleben müssen."

LINKE SEITE
Mehmet Kaymakci (1956–1985)

Einweihung eines Gedenksteins im Juli 2021: Ein Vertreter des türkischen Konsulats legte Blumen nieder.

Ganz in der Nähe des Gedenksteins war Mehmet Kaymakçı im Juli 1985 von Neonazis erschlagen worden.

Eine brutale Art der Beweissicherung, aber Senator Olaf Scholz erlaubte diese umstrittene Methode. Ein 22-jähriger Nigerianer überlebte die Prozedur nicht.

Achidi John und der Tod durch Brechmittel

Niemand darf der Folter oder unmenschlicher oder erniedrigender Strafe oder Behandlung unterworfen werden.“ Artikel 3 der Europäischen Menschenrechtskonvention. Am 11. Juni 2006 verurteilte der Europäische Gerichtshof für Menschenrechte die Bundesrepublik Deutschland, weil sie gegen genau dieses Folterverbot verstoßen hatte. Der Einsatz von Brechmitteln im Kampf gegen Drogendealer, so die Richter, sei unverhältnismäßig, sei unmenschlich und entwürdigend, ein Eingriff in die physische und psychische Unversehrtheit. Also: Folter.

12. DEZEMBER 2001

Das Urteil aus Straßburg war eine schallende Ohrfeige für die deutsche Justiz und die politischen Entscheidungsträger und sorgte dafür, dass Hamburg damit aufhörte, Menschen zwangsweise zum Erbrechen zu bringen. Für ihn kam das Urteil allerdings zu spät: Achidi John, der eigentlich Michael Nwabuisi hieß und der 2001 in Hamburg starb.

Es ist der 9. Dezember 2001. St. Georg. Danziger Straße. Drei Polizisten beobachten Michael Nwabuisi und sehen, dass der 22-jährige Nigerianer etwas Weißes im Mund hat – in Cellophan eingewickelte Drogen, vermuten die Fahnder. Als sich die Uniformierten nähern, passiert das, was viele Dealer tun, um Beweise verschwinden zu lassen: Der Verdächtige schluckt die Kügelchen herunter, und damit beginnt das Drama: Um die Beweismittel zu sichern, wird der mutmaßliche Dealer in die Rechtsmedizin am UKE gebracht. Michael Nwabuisi wehrt sich heftig, schlägt um sich. Laut Ermittlungsakte haben ihn die Polizisten in den Untersuchungsraum getragen und auf den Boden gelegt. Als es ihnen nicht gelingt, ihn für den Brechmitteleinsatz auf den Rücken zu drehen, rufen sie Verstärkung. Die Besatzung eines weiteren Streifenwagens trifft ein.

Es kommt zu unglaublichen Szenen: Ein Beamter setzt sich auf das Becken des Liegenden, zwei drücken die Beine auf den Boden, der vierte hält die Fußfesseln, der fünfte presst sein Knie auf die rechte Schulter des Afrikaners und mit der Hand dessen Kopf gegen das andere Knie. „I will die“, brüllt der junge Mann, „ich werde sterben.“ Den Delinquenten „eingehend zu untersuchen“, wie es vor den umstrittenen Brechmitteleinsätzen Vorschrift ist, gelingt der Rechtsmedizinerin Professorin Ute L. (37) nicht, dazu wehrt sich der Mann viel zu heftig. An einen Abbruch der gewalttätigen Aktion denkt die Ärztin aber offenbar nicht. Sie macht weiter: Zweimal versucht sie vergeblich, eine Magensonde durch die Nase des sich immer noch heftig Wehrenden einzuführen. Erst als ein Beamter den Kopf des Mannes so stark nach vorne drückt, dass das Kinn die Brust berührt, hat die Ärztin Erfolg. Fünfzig Zentimeter tief schiebt sie die Sonde bis zum Magen und flößt das Brechmittel ein:

LINKS
Er nannte sich Achidi John, sein wahrer Name war Michael Nwabuisi.

RECHTS
Mit Sirup aus der Ipecacuanha-Wurzel wurden Dealer zum Erbrechen gebracht.

Dreißig Milliliter eines Sirups der Ipecacuanha-Wurzel, verdünnt mit 800 Milliliter Wasser.

An Michael Nwabuisis Daunenjacke ist ein Ärmel zerrissen, von seiner bis zu den Kniekehlen heruntergezerrten Jeans ist ein Knopf abgesprungen. Der so Malträtierte zittert, schnaubt, prustet, röchelt, nässt sich ein – und rührt sich plötzlich nicht mehr. Ärztin Ute L. glaubt an Simulation und lässt ihn – immer noch gefesselt – auf dem Boden liegen. Man habe ihn „nicht stören wollen“, sagt sie später der Polizei. Irgendwann fällt der Medizinstudentin Uta R. auf, dass etwas nicht stimmt. Sie fühlt keinen Puls mehr. Nun endlich werden Notärzte gerufen. 13 Minuten (!) dauert es innerhalb des UKE, bis sie da sind. Sie reanimieren den Patienten. Das Herz schlägt wieder. Doch Michaels Hirn ist zu diesem Zeitpunkt vermutlich längst tot.

Noch 76 Stunden und 35 Minuten halten Anästhesisten die Körperfunktionen des jungen Mannes aufrecht. Am 12. Dezember 2001 um 14.23 Uhr werden die Geräte abgeschaltet.

Um zu verstehen, wie es so weit kommen konnte, müssen wir uns die politischen Verhältnisse ab Anfang der 1990er Jahre ansehen. Beherrschendes Thema in Hamburg ist die innere Sicherheit. Einbrüche, Straßenraub

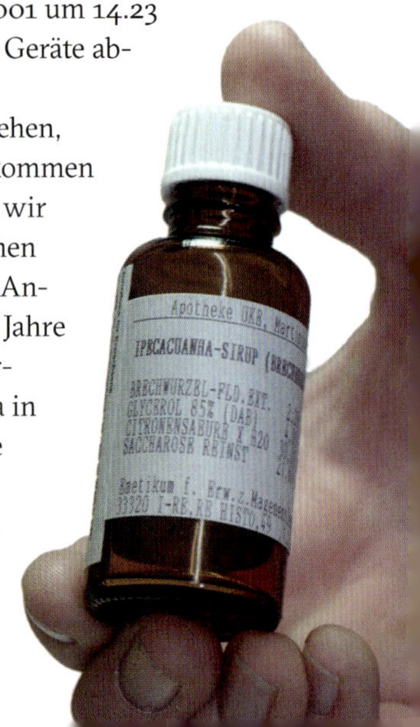

und Drogenhandel nehmen zu. Spektakuläre Fälle wie der Mord an dem 73-jährigen Lebensmittelhändler Willi Dabelstein, der im Juni 1998 von zwei Jugendlichen erstochen wird, erschüttern die Öffentlichkeit. Von den Medien wird über das Thema Kriminalität mit zunehmender Aufmerksamkeit berichtet, sodass sich sogar Menschen in Stadtteilen, in denen es kaum Straftaten gibt, bedroht fühlen. Die Springer-Presse setzt Politik und Justiz unter Druck, fordert ein härteres Vorgehen – vor allem gegen die schwarzafrikanischen Dealer, die in St. Georg, aber auch in der Schanze unter freiem Himmel Koks und Crack handeln. Die Drogen transportieren sie im Mund – und schlucken sie einfach runter, wenn sie erwischt werden. Ohne Beweise muss die Polizei sie wieder laufen lassen, und am nächsten Tag stehen sie wieder da.

Bereits Anfang der 1990er Jahre diskutieren Hamburger Drogenfahnder und Staatsanwaltschaft die Möglichkeit, Dealern mithilfe eines Brechmittels das Handwerk zu legen. Die Expertenmeinung von Professor Klaus Püschel wird eingeholt, der damals schon Leiter der Rechtsmedizin ist. Er spricht sich 1991 unmissverständlich dagegen aus: „Es besteht beim Erbrechen eine nicht unerhebliche Gesundheitsgefährdung, zum Beispiel durch Verletzung der Speiseröhre oder Einatmung von Erbrochenem", sagt er.

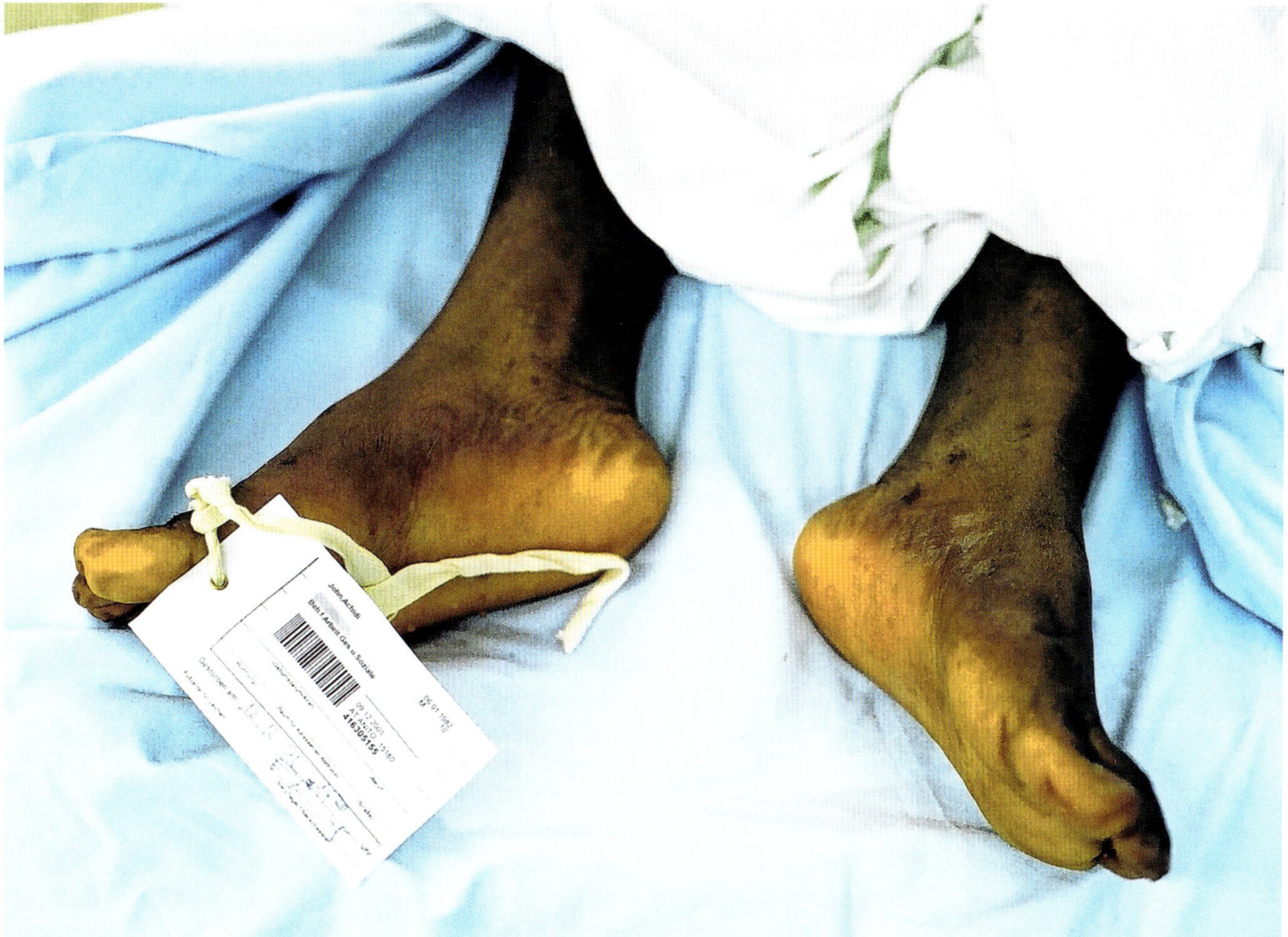

OBEN
Foto aus dem Hamburger Institut für Rechtsmedizin. Die Leiche von Achidi John.

Zehn Jahre später, im Herbst 2001, stehen Bürgerschaftswahlen an. Es sieht gar nicht gut aus für die Regierungskoalition aus SPD und GAL. Richter „Gnadenlos" Ronald Schill inszeniert einen unglaublichen Medienrummel, wird zum Star dieses Wahlkampfs. Als Amtsrichter fällt der Rechtspopulist drakonische Urteile, verspricht als Wahlkämpfer für seine neu gegründete „Partei Rechtsstaatlicher Offensive" zusätzliche Polizisten einzustellen, hart gegen Straftäter vorzugehen und aufzuräumen in der Stadt. Das kommt bei manchen Wählern gut an.

In der Hoffnung, das Ruder herumreißen und den Machtverlust verhindern zu können, ernennt Bürgermeister Ortwin Runde (SPD) in dieser Situation Olaf Scholz zum neuen Innensenator. Jahrelang hat sich die rot-grüne Koalition vehement gegen Brechmitteleinsätze ausgesprochen, hat immer wieder betont, wie überflüssig sie sind. Nun aber gibt Scholz – gegen den Widerstand des Koalitionspartners GAL und vermutlich sogar gegen seine eigene Überzeugung – grünes Licht für diese Zwangsmaßnahme. Indem er die Dealer „kotzen" lässt, will Scholz beweisen, dass der Staat durchgreift. Professor Püschel, eben noch ein entschiedener Gegner, hat plötzlich nichts mehr ein-

zuwenden. Doch Scholz' Rechnung, dass er, wenn er selbst den Law-and-Order-Mann mimt, Schill verhindern kann, geht nicht auf. Die SPD wird zwar bei der Wahl stärkste Fraktion in der Bürgerschaft, aber CDU, Schill und FDP erringen genug Sitze, um eine neue Regierung zu bilden.

Der neue Innensenator Ronald Schill hält nicht nur am Brechmitteleinsatz fest, er senkt sogar die rechtliche Schwelle für dessen Anwendung: Ein Tatverdächtiger muss nicht mehr einschlägig polizeibekannt sein, damit ein Staatsanwalt die Vergabe anordnen kann. Drei Tage später stirbt Michael Nwabuisi. Es ist der 26. Brechmitteleinsatz in der Hansestadt.

OBEN
Das Foto aus Namibia zeigt die Familie Nwabuisi, Michael ist der Zweite von rechts.

Geboren und aufgewachsen ist er im Dorf Umuezeala Ndume, rund 450 Kilometer südöstlich der nigerianischen Millionenstadt Lagos, in einem Haus, das aus einem Wohn- und einem Schlafzimmer besteht und einer Küche ohne Dach, in deren Mitte ein Feuer lodert. Michaels Vater hat noch sechs weitere Kinder, lebt davon, dass er auf einem kleinen Acker Cassava-Knollen anbaut und an der Straße verkauft. Der Erlös reicht nicht, um alle Kinder zur Schule zu schicken. Sohn Michael ist die große Hoffnung: Er soll die Familie aus der Armut befreien. Im Juli 2000 bricht er mit einem erschlichenen Visum nach Deutschland auf. Er befolgt, was ihm die Schlepper geraten haben: Seinen Pass wirft er weg und denkt sich einen neuen Namen und eine neue Nationalität aus. Als Achidi John, 18 Jahre alt, geboren in Kamerun, beantragt er in Jena Asyl.

Der Antrag wird abgelehnt. Aber den jungen Mann abzuschieben ist nicht möglich – die Ausländerbehörde weiß ja nicht mal, aus welchem Land er kommt und wer Achidi John wirklich ist. Er bekommt eine Duldung und ein Bett in einem Asylbewerberheim in der thüringischen Kleinstadt Ellrich. Von seinen Zimmergenossen erfährt er, wie sie ihr „Taschengeld" aufbessern – und er fängt an, es genauso zu machen: Er wird Straßendealer in Hamburg, verkauft Crack und Kokain. Die Ware bekommt er von einem Nigerianer, der wiederum von einem albanischen Großdealer beliefert wird.

Zwanzig bis dreißig Mark kassiert Michael für eine der kleinen Kugeln, die er in seinem Mund transportiert – mehr als die Hälfte muss er seinem Lieferanten zahlen. Der Verdienst reicht immerhin, um einen verrosteten VW Santana, einen Videorekorder und einen Teppich zu kaufen. Alles zusammen verschifft er in die Heimat. Danach hört die Familie länger nichts von ihm, bis sie im Dezember 2001 die Nachricht seines Todes erhält.

41 Drogenkügelchen mit insgesamt fünf Gramm Crack haben die Rechtsmediziner aus Michaels Magen geholt. Dr. Frank Ulrich Montgomery, damals Präsident der Hamburger Ärztekammer und vehementer Kritiker der Brechmitteleinsätze, fragt bei Gericht nach, welche Strafe Michael Nwabuisi dafür zu erwarten gehabt hätte. Antwort: Arbeitsauflagen oder eine Jugendstrafe von etwa zehn Monaten auf Bewährung. Für Montgomery ist das der Beleg, wie unverhältnismäßig der Brechmitteleinsatz ist. Deshalb fordert er: „Der Senat muss aufhören, Menschen mit Gewalt umzubringen."

Weil Ärzte Leben retten und nicht zerstören sollen, fordert Dr. Bernd Kalvelage, niedergelassener Internist in Hamburg, dass die Ärztekammer gegen jeden Mediziner standesrechtlich ermitteln solle, der sich an dem Brechmittel-Zwangseinsatz beteiligt, denn dabei handele es sich um eine „Todesstrafe durch die Hintertür". Der linke St.-Pauli-Pastor Christian Arndt wirft den Brechmittelbefürwortern öffentlich vor, die Bevölkerung aufgeputscht und dumpfes, rassistisches Potenzial geweckt zu haben: „Jetzt will man die Schwarzen kotzen sehen." Und am UKE kommt es zu einem höchst ungewöhnlichen Aufstand der Ärzte: 57 von 98 Anästhesisten protestieren dagegen, dass Mediziner sich für so etwas hergeben. Bei einer Diskussionsrunde der Evangelischen Akademie greift das Publikum – vornehmlich Medizinstudenten – Klaus Püschel scharf an: „Sie sind das Brechmittel!" Püschel bekennt sich als Institutsleiter zu seiner Verantwortung. Als er seine Haltung begründen möchte, wird er von Zwischenrufen übertönt: „Rassist!"

Strafrechtliche Konsequenzen hat der Tod von Michael Nwabuisi nicht. Die Obduktion, die in Berlin durchgeführt wird, kommt zu dem Ergebnis, dass er erstens selbst Kokain konsumierte und zweitens einen schweren Herzfehler hatte. In Verbindung mit dem Stress der Brechmittelvergabe hätten diese Faktoren mit an Sicherheit grenzender Wahrscheinlichkeit zu seinem Tod geführt. Die Staatsanwaltschaft stellt daraufhin die Ermittlungen ein – dabei wird möglicherweise auch der Umstand eine Rolle gespielt haben, dass sie andernfalls gegen sich selbst hätte ermitteln müssen, denn sie war es ja, die den Brechmitteleinsatz befürwortet hatte.

Ein Klageerzwingungsverfahren, das die Hamburger Anwältin Gabriele Heinecke im Auftrag der Familie anstrengt, bleibt erfolglos.

Viele Bundesländer stellen nach Michael Nwabuisis Tod den Brechmitteleinsatz ein. Der Hamburger Senat unter Ole von Beust (CDU) aber macht weiter. Genauso Bremen, wo am 7. Januar 2005 ein weiterer Mensch ums Leben kommt: der Asylbewerber Laye-Alama Condé aus Sierra Leone. Anders als in Hamburg hat dieser Todesfall ein juristisches Nachspiel: Ein Strafverfahren gegen den Polizeiarzt wird 2013 nur unter der Auflage eingestellt, dass dieser 20 000 Euro an die Mutter des Opfers zahlt. Außerdem erstreitet Condés Mutter vom Land Bremen ein Schmerzensgeld von 10 000 Euro. Sogar Bürgermeister Henning Scherf (SPD) wird vor Gericht zitiert und erhält eine Ordnungsstrafe, weil er nicht rechtzeitig erscheint.

Von 2001 bis zum Urteil des Europäischen Gerichtshofs für Menschenrechte werden in Hamburg an insgesamt 530 Personen Brechmittel verabreicht. Auffällig (nicht nur für Rassismus-Kritiker): Neunzig Prozent sind Schwarzafrikaner. Skandalös (nicht nur für Menschenrechtler): Bei einem Drittel der Personen werden im Erbrochenen gar keine Drogen gefunden. Auch nach dem Urteil des Europäischen Gerichtshofs für Menschenrechte werden weiter Brechmittel eingesetzt – allerdings nur noch auf freiwilliger Basis. Erst im Juli 2021 ist damit endgültig Schluss. Als Alternative gilt jetzt die natürliche Ausscheidung von Drogen, die entsprechend überwacht wird, heißt es in einer Mitteilung der Justizbehörde.

Inzwischen ist Olaf Scholz Bundeskanzler. Wir haben um eine Stellungnahme zum Fall Michael Nwabuisi gebeten. Gerne hätten wir von ihm gehört, ob er es heute bedauert, 2001 eine Entscheidung getroffen zu haben, die einen Menschen das Leben kostete. Eine Antwort haben wir nicht erhalten. Der mittlerweile pensionierte Rechtsmediziner Klaus Püschel sagt, er bedaure den Tod Michael Nwabuisis. Er aber habe „damals das getan, was die Innenbehörde unter dem SPD-Senator Olaf Scholz und die Wissenschaftsbehörde unter der grünen Senatorin Krista Sager angeordnet hatten. Das war Innenpolitik der Stadt Hamburg, die ich umzusetzen hatte.“ Püschel zum Rassismus-Vorwurf: „Ich bin in vielen Ländern gewesen – im arabischen Raum wie in Afrika –, um Menschen zu helfen. Wenn irgendjemand kein Rassist ist, dann bin ich das.“

OBEN
Am 22. Dezember 2001, kurz nach dem Tod des Dealers, demonstrierten in der Hamburger City Hunderte Menschen gegen den Brechmitteleinsatz.

BILDNACHWEIS

Akg-Images: 70 (l. o.)
Archiv Breckwoldt: 126, 127, 128, 129
Archiv Gerstenberg: 117 (l. u.)
Archiv Wilfried Weinke: 93 (r. o.)
ARD: 43
Deutsche Bahn Stiftung: 53 (beide), 54 (u.)
dpa: 11 (r.), 17 (r.), 114 (l. u.), 130, 141
Familienarchiv Adiv: 34, 35 (beide), 36, 37
Familienarchiv Franken: 91 (r. u.)
Familienarchiv Levy: 91 (r. o.)
Familienarchiv Maus: 72, 73 (alle)
Rüdiger Gärtner/MOPO: 157
Anke Geffers/MOPO: 110
Germin: 48, 49, 68
Geschichtswerkstatt Horn: 20, 22 (l. o.)
Max Halberstadt/IISG, Amsterdam 93 (r. u.)
Max Halberstadt/Privatbesitz: 94 (l. o.)
Max Halberstadt/Sammlung Rosenthal, USA: 95
Max Halberstadt/Sammlung Spangenthal, England: 92, 93 (l.), 94 (r.)
Hamburg Süd: 91 (r. M.)
Heilige Dreieinigkeitskirche: 13 (beide)
Thomas Hirschbiegel/MOPO: 144, 145 (l. o., l. u.), 146 (beide), 147 (l.)
Imperial War Museum: 116 (l. u.), 119
Internationales Maritimes Museum Hamburg: 61 (beide), 62 (alle), 63 (alle)
Jürgen Joost (71, r. o.)
Landesarchiv Schleswig-Holstein: 137
Corny Littmann: 147 (l.)
MARKK: 64 (o.), 66 (r. u.)
MOPO-Archiv: 8, 9 (alle 3), 11 (l.), 18 (beide), 19 (l.), 22 (u.), 40 (l.), 41 (alle), 60, 64 (u.), 65 (u.), 65 (o.), 66 (l. o.), 82 (r. u.), 84, 85 (beide), 86 (beide), 115 (r. o.), 115 (l. u.), 123 (l. u.), 122, 131 (alle), 140, 142 (alle), 143 (beide), 150, 151 (alle), 152, 154 (beide), 155, 156
NDR: 89 (drei Fotos oben), 90 (r. u.), 91 (l. o.)
Panoptikum: 32, 33 (alle)
Picture-alliance/United Archives: 133 (l. o.)
Polizeimuseum Hamburg: Titelfoto, 38, 39 (alle), 58, 59
Marius Röer/MOPO: 153 (beide)
Sammlung Brigitte Pettersson: 123 (o.)
Sammlung Verein Schwulenkultur e.V.: 123 (r. u.)
Sammlung Olaf Wunder: 21 (alle), 55 (o.), 57 (l.), 100, 101 (u.), 120 (l. o., l. u.)
Spiegel: 125
Staatsarchiv Hamburg: 10 (beide), 12 (r.), 14, 15 (beide), 16, 17 (l.), 19 (r.), 23 (r. o.), 25 (alle), 26, 27, 50, 51 (beide), 52, 55 (o.), 56, 57 (r.), 67 (beide), 71 (l. o.), 74, 75, 76, 77, 78, 79, 80, 81, 82 (l. o.), 83 (r. o. und l.), 90 (l. o.), 104, 105 (beide), 106, 107 (beide), 112, 113 (beide), 114 (l. o., r. u.), 118, 120 (alle), 121, 124, 125 (l. o, l. u.)
State Library New South Wales: 28, 29 (beide), 30, 31
Stiftung Günter Zint: 68 (o.), 69 (r. u.), 71 (r. u.), 133 (r. o.), 134 (beide), 148, 149 (beide)
SUB Hamburg: 40 (r.), 42 (alle), 44 (alle), 45 (alle), 46, 47 (alle), 108 (alle), 109 (alle), 111
Patrick Sun/MOPO: 82 (r. u.)
Tess Carvalho Family Collection: 88, 89 (r. u., l. u.)
Tierpark Hagenbeck: 22 (r. o.), 23 (l. u. und r. u.)
Verein Alexandra-Freunde: 138 (beide), 139 (l.)
VVN-BdA: 96, 97, 98, 99
WDR: 136
Olaf Wunder: 12 (l.), 24, 55 (u.), 87, 101 (o.), 102 (r.), 103, 116 (r.), 117 (r. o.), 135, 139, 145 (r.)
Günter Zint/K & K: 132

Mit großer Sorgfalt haben wir uns um die Ermittlung der Bildrechteinhaber bemüht. Sollten trotzdem Inhaber von Bildrechten nicht berücksichtigt worden sein, werden ihre Rechte hiermit ausdrücklich anerkannt. In diesem Fall bitten wir um Kontaktaufnahme mit dem Morgenpost Verlag, olaf.wunder@mopo.de.

Morgenpost Verlag GmbH
Barnerstraße 14
22765 Hamburg
www.mopo.de

Junius Verlag GmbH
Stresemannstraße 375
22761 Hamburg
www.junius-verlag.de

Chefredaktion: Maik Koltermann
Texte: Olaf Wunder
Design, Layout & Satz:
Benjamin Wolbergs, Berlin

Printed in the EU
1. Auflage 2024
ISBN 978-3-96060-590-4

Die Deutsche Nationalbibliothek
verzeichnet diese Publikation in der
Deutschen Nationalbibliografie,
detaillierte bibliografische Daten sind
im Internet über http://dnb.dnb.de
abrufbar.